中国社会科学院文学与阐释学研究中心
中国社会科学院大学阐释学高等研究院　　联合主办
中国文学批评研究会

阐释学学刊

主　编　张　跣
副主编　李　俊　袁宝龙

第三辑

中国社会科学出版社

图书在版编目（CIP）数据

阐释学学刊．第三辑／张跣主编．—北京：中国社会科学出版社，2022.12
ISBN 978-7-5227-1589-6

Ⅰ.①阐…　Ⅱ.①张…　Ⅲ.①阐释学—研究—丛刊　Ⅳ.①B089.2-55

中国国家版本馆 CIP 数据核字（2023）第 045240 号

出 版 人　赵剑英
责任编辑　张　潜
责任校对　党旺旺
责任印制　王　超

出　　版　中国社会科学出版社
社　　址　北京鼓楼西大街甲 158 号
邮　　编　100720
网　　址　http://www.csspw.cn
发 行 部　010-84083685
门 市 部　010-84029450
经　　销　新华书店及其他书店

印　　刷　北京君升印刷有限公司
装　　订　廊坊市广阳区广增装订厂
版　　次　2022 年 12 月第 1 版
印　　次　2022 年 12 月第 1 次印刷

开　　本　710×1000　1/16
印　　张　20.5
插　　页　2
字　　数　306 千字
定　　价　109.00 元

《阐释学学刊》编委会

目　录

阐释的张力

诠释学与文学 …………………………… 乔纳森·卡勒著/李建盛译（3）
文本阐释与实践智慧 ………………………………………… 刘月新（22）
“阐释限度”为何会“成为”一个问题？
——论文学阐释学中“主体”观念的
历史变迁及影响 ………………………………… 周海天（36）
文本同一性对于文学阐释意义确定性的重构 ……… 王子威（53）
公共阐释学视域下的比较文学中国学派研究 ……… 邓海丽（72）

历史的维度

先秦两汉时期“经”“典”的传承与“经典”的
生成 ………………………………………………… 袁宝龙、蒲艺涵（91）
13 世纪哲学家邓牧的生平与思想阐释 …… 傅乐淑著/陈龙译（107）
20 世纪中国文论中的域外因素
——以文学概论/理论著作为中心 ………………… 王　波（165）

域外新论

对话与符号：贝蒂阐释学的语言之维 ………………… 李　岳（187）

阿甘本“homo sacer”概念的阐释与延展………………… 崔子鹏（206）
阐释学中的间距问题与理解的合理性、超越性 ……… 姚亚峰（220）

批评的胜境

“述而不作”的阐释学视角之阐释………………………… 任　龙（237）
改革开放以来中国当代作家结构阐释
——以四大文学奖获得者为例 ………… 王　炜、陈　龙、
张立龙、文　缘（252）
中西比较视域下的审美前理解 ………………………… 潘　越（273）

2021 年阐释学重要文献辑录摘要 ………………………… 陈　龙（286）

阐释的张力

诠释学与文学*

乔纳森·卡勒著　李建盛译**

摘　要： 在西方传统中，诗学和诠释学都起源于古希腊，但在大部分历史时间里，西方对文学的讨论并不依赖于诠释学，而是基于模仿的一般范畴。文艺复兴的批评背离了中世纪诠释学的解释层面，致力于恢复古典文本。19 世纪，文学概念从行为的模仿到作者的表现的转变与现代诠释学的发展密切相关，它启发了德国思想家提出一种一般诠释学。至少在 20 世纪中期以前，大多数关于文学的讨论仍然是评价性的，而不是解释性的。20 世纪，文学的模仿模式被文学的表现模式取代，关注的问题是作品表达什么，而在我们这个时代已经成为所谓“流派”的批评或文学批评方法的基础，但关于什么类型的意义作品被用来体现或表达的争论却很少借鉴诠释学传统。对 20 世纪诠释学最著名的理论家伽达默尔来说，文学为诠释学提供了一个范例：作为最需要解释的书写形式，文学也是最充分经验过去对现在的要求的形式，但探讨的主要是关于理解的性质。在英美新批评和结构主义诗学中，诠释学的传统几乎没有发挥作用。

---

* 本文译自 Jonathan Culler, “Hermeneutics and Literature”, in Michael N. Forster and Kristin Gjesdal, eds. *The Cambridge Companion to Hermeneutics*, Cambridge: Cambridge University Press, 2019, pp. 304-335。

** 乔纳森·卡勒，美国著名文学理论家，著有《论解构》《结构主义诗学》；李建盛，北京外国语大学中文学院教授（二级）、博士研究生导师，主要从事诠释学、文艺理论、美学和文学研究。

关键词：诠释学　诗学　文学研究　文学批评①

对于20世纪诠释学最著名的理论家汉斯-格奥尔格·伽达默尔来说，文学为诠释学提供了一个范例：作为最需要解释的书写形式，文学也是最充分经验过去对现在的要求的形式。因此，“历史理解被证明是一种显而易见的文学批评”②。文学文本的解释成为解读其他文本的典范。因此，具有讽刺意味的是，尤其是在海德格尔和伽达默尔都非常重视诗歌的情况下，现代诠释学的传统在文学研究中并没有发挥重要作用。说明情况为什么会这样是本文的主要任务之一。然而，从古代到中世纪，古代诠释学确实对文学的思考产生了影响；人们还可以说，在18世纪末出现的新文学概念对现代诠释学的发展发挥了重要作用。这段历史将是本文的另一个重点。

一　诠释学与诗学

这一讨论的框架，让我注意到，在文学研究中，诠释学和诗学之间有一个原则上相当简单和直接的区别。给定一个文本，诠释学会问它意味着什么，力图发现一个意义——无论是某种原初的意义，还是在今天的情况下对读者的意义，或者通常是两者的结合——正如我们所说，这个文本是“真正关于”什么的。另外，诗学则提出了这样一个问题：是什么样的规则和惯例使文本能够对读者，对那些参与文本所涉及的传统的人产生意义和效果。换句话说，诗学从文本及其意义开始，询问其可能性或可理解性的条件，而不是询问文本真正所指的是什么。在这方面，诗学类似于语言学，它并不致力于发现英语句子的真实、更深层的意义，而是问，是什么语言的规则和惯例使这些

① 摘要和关键词为译者所加。

② Hans-Georg Gadamer, *Truth and Method*, trans. Joel Weinsheimer and Donald Marshall, New York: Continuum, 2004, p. 35.

声音或字母序列能够像它们那样发挥作用，成为有意义的表达。例如，罗兰·巴特将批评（la critique）与他称之为“文学的科学”（une science de la littérature）的诗学区分开来：前者试图弄清文本的意义，把它放在一个语境中，把一种特定的语言应用到文本中，而后者不会赋予意义，甚至不会发现意义，而是描述读者根据文学惯例产生可接受意义的逻辑，就像语言的句子被言说者的语言直觉接受一样。[①]

在这个图式中，诗学和诠释学朝着不同的方向发展：诠释学从文本走向意义，而诗学从效果或意义回到意义可能存在的条件。这一区别在理论上是明确的，但在实践中往往是模糊的，对于那些开始解释的人来说，可能需要尝试描述那些使他们能够假定特定意义的惯例，而那些声称从事诗学而不是诠释学的人，经常受到诱惑，不仅在他们进行的过程中提供解释，而且得出结论，这个文本真正涉及的是文学本身的性质，以及人们在这一过程中确定的准则和惯例。[②] 各种各样的诗学事业对文学研究至关重要，毕竟，文学研究的目标是（或应该是）理解文学是如何发挥作用的，而不是对个别作品提出新的解释；但是诗学的研究往往被用作解释的方法：因此，诺思罗普·弗莱的《批评的剖析》，试图为思考文学及其可能的形式提供一个全面的理论框架，产生了“神话批评”。但是，尽管批评家们倾向于把一切都投入到解释的服务中，诗学与诠释学之间的对立有助于理解文学批评所从事的各种筹划。

在西方传统中，诗学和诠释学都起源于古希腊。亚里士多德的《诗学》对模仿文学的形式及其建构规律给予了权威性的描述，并为文艺复兴时期开始崭露头角的风格理论提供了一个框架。与此同时，诠释学出现了，因为需要解释荷马史诗，阐释他们古老的语言，但特别是针对柏拉图和其他人的批评进行辩护，这些批评认为这些史诗通

---

① Roland Barthes, *Critique et vérité*, Paris: Seuil, 1966, pp. 62-63.

② 在巴特对文学诗学最明确的尝试中，他坚持认为他将描述巴尔扎克中篇小说《萨拉辛》的可理解性的代码，而不是产生一种解释；但他仍然得出结论：“《萨拉辛》体现了再现的干扰。” *S/Z*, Paris: Seuil, 1970, p. 222.

过确定其真正所说的内容，包含了神学和道德上不适当或错误的主张。从公元前5世纪到斯多葛派和新柏拉图派，甚至更晚，寓言解释都试图揭示寓言背后的真相。波尔菲里（Porphyry）是一位3世纪的哲学家，他也写过关于荷马的语文学评论，产生了被称为“欧洲传统中现存最早的解释性批评文章”，这是对荷马在《奥德赛》第13卷中《仙女洞穴》一集的广泛解释，是一个灵魂沉入世界的寓言。[①] 随着基督教的出现，异教徒神话和诗歌寓言的恢复变得更为重要，因为对古典文本的研究成了教育的中心，成了语法学的基础部分，学生们需要通过说明他们应该从这些文本中学到什么来保护他们免受异教徒古代的诱惑。中世纪评注的传统不仅提供了有关文本的组织和修辞手段的信息，还提供了强调其教学和道德效用的解释。[②] 正如奥古斯丁所说，“他们（异教徒）所说的话应该从他们那里拿走，就像从不公正的占有者那里拿走一样，转化为我们所用”[③]。寓言性的解释把荷马笔下的诸神视为特殊美德或力量的代表，就像12世纪康切斯的威廉所作的详尽解释一样：

> 考虑到朱庇特切掉了他父亲的睾丸，把它们扔到海里，这样维纳斯就诞生了。这只不过是睾丸象征着大地的果实，随着时间的推移，来自地球内部的种子越来越扩散。朱庇特切掉了时间之神柯罗诺斯的睾丸，这只不过是表层元素的温暖使水果成熟，并使它们准备好收割和采集。这些果实被抛入大海，也就是人类腹

① Robert Lamberton, *Homer the Theologian*: *Neoplatonist Allegorical Reading and the Growth of the Epic Tradition*, Berkeley: University of California Press, 1989, p. 120. 他继续说：“如果我们把亚里士多德的《诗学》、贺拉斯的《诗艺》、朗吉弩斯的《论崇高》看作古代文学批评的开创性著作，主要是因为它们的巨大影响。古代批评中的解释传统也没有得到很好的发展，今天在很大程度上已经失去或被忽视了。”关于这个文本，请参阅 Porphyry, *On the Cave of the Nymphs*, trans. Robert Lamberton, Barrytown: Station Hill Press, 1983。

② 请参阅 A. J. Minnis and A. B. Scott, eds., *Medieval Literary Theory and Criticism*: *The Commentary Tradition*, Oxford: Oxford University Press, 1988。

③ Saint Augustine, *On Christian Doctrine*, trans. D. W. Robertson, Indianapolis: Bobbs Merrill, 1980, p. 75.

部的凹处，因此维纳斯——也就是肉欲之乐——诞生了。①

在犹太传统和基督教传统中，对神圣文本的评论实践为文学批评提供了诠释学资源，基督教诠释学阐述了《圣经》四重意义的概念，被总结在达西亚的奥古斯丁的对句中："Littera gesta docet，quid credas allegoria，/Moralis quid agas，quid speres anagogia."（字面意义上的阅读告诉我们发生了什么，寓言意义上的阅读告诉我们应该相信什么，道德意义上的阅读告诉我们应该做什么，奥秘意义上的阅读告诉我们应该期待什么。）尽管神学家否认了将经文释义的技术应用于世俗文学的恰当性，然而但丁在他自己的诗歌《飨宴》中写道："解释应该是字面的和寓言的。为了理解这一点，应该认识到文本是可以被理解的，并且应该主要从四个层次上来阐释。"② 但在实践中，但丁很少超越寓言的解释。文学批评源于圣经诠释学，最重要的是找到方法，让一个具体特定的文本产生一种适当的意义，这是一种预先大致知道的意义。正如索尔兹伯里的约翰（John of Salisbury）所写的："考察维吉尔或卢西安，无论你信奉什么哲学，你都能找到它的基础。"③

然而，在其历史的大部分时间里，西方对文学的讨论并不依赖于诠释学，而是基于模仿的一般范畴——根据所表现的不同的风格。这样的诗学，从文学可能性和每种规则或惯例可能性的一般描述的意义上来说，是西方批评传统的中心，正如亚里士多德的《诗学》为戏剧的评价提供了许多世纪的规范。与诗学的一般定位相联系的是有关

① 引用于 E. R. Dronke，*Fabula*：*Explorations into the Uses of Myth in Medieval Platonism*，Leiden and Köln：Brill，1974，p. 26。有关此类实践的简要讨论，请参阅 Peter Szondi，*Introduction to Literary Hermeneutics*，trans. Martha Woodmansee，Cambridge：Cambridge University Press，1995，pp. 5-13.

② Dante Aligheri，*Il Convivio*，book 2，chap. 1. https：//digitaldante. columbia. edu/library/dantes-works/ the-convivio/book-02/.

③ John of Salisbury，*Metalogicon*，I. 24，quoted in *Alistair Minnis and Ian Johnson*，*eds.*，*The Cambridge History of Literary Criticism*，vol. 2，Cambridge：Cambridge University Press，2005，p. 23.

诗歌的写作，如贺拉斯的《诗学》和杰弗里·德·温沙夫（Geoffrey de Vinsauf）的《新诗学》，它们在讨论作曲技巧和修辞策略时向诗人提供建议，但并不讨论诗歌的解释。

文艺复兴的批评背离了中世纪诠释学的解释层面，致力于恢复古典文本，探索民族文学、白话文学的可能性及其与古典过去及其模式的关系。17 世纪和 18 世纪的批评性写作延续了评价性模式，同时也为文学与受众的关系以及趣味观念的讨论奠定了基础。约翰·德莱登将批评定义为“一种判断好坏的标准，其中最主要的部分是考察那些使理性的读者感到满意的优秀品质”①。亚历山大·蒲柏的（Alexander Pope）《论批评》（*Essay on Criticism*）内容丰富，被大量引用，在详细讨论诗歌评价的冲突时，甚至没有提到弄清楚一首诗的含义或解释的可能性的问题；塞缪尔·约翰逊（Samuel Johnson）论文学的文章，往往仔细审视文学技巧（他用一整篇《漫步者》的文章《英语诗歌中的停顿、调整》来描述弥尔顿无韵诗中的停顿②），对作品的各个方面进行评价，同时谈到了作者、他们的性格和成就，但他的作品缺乏一个诠释学的维度。

二 文学与 19 世纪的诠释学

文学概念上的革命发生在 18 世纪末和 19 世纪初的普遍革命时期，它打破了文学与一般规范相联系的概念。从作为模仿的文学概念——一种行为的模仿——到作为作者表现的文学概念的转变颠覆了评价性批评的主要压力：根据体裁规范性、真实性和恰当表达来评价作品。尽管如此，至少在 20 世纪中期以前，大多数关于文学的讨论仍然是评价性的，而不是解释性的，并且这种关于文学的写作主要不是评价性的，而是将文学视为一种历史现象，与其产生语境相关：一

① “The Author's Apology for Heroic Poetry and Poetic Licence”, *Essays of John Dryden*, ed. W. P. Kerr, Oxford: Clarendon Press, 1926, Vol. 1, p. 179.

② Samuel Johnson, Rambler # 90. www. johnsonessays. com/the-rambler/english-poetry-adjusted/.

种文学影响和时代精神的产物。在批评史上著名人物的文学著作中，几乎没有对具体作品的解释：柯勒律治（Coleridge）、马修·阿诺德（Matthew Arnold）、圣佩韦（Sainte-Beuve）、丹纳（Taine）、爱默生（Emerson）、弗里德里希·施莱格尔（Friedrich Schlegel）、歌德（Goethe）。[事实上，“诠释学”一词甚至没有出现在维姆萨特（Wimsatt）和布鲁克斯（Brooks）《文学批评简史》长达22页的索引中，在勒内·韦勒克（René Wellek）关于18世纪晚期的《文学批评史》中只有一次。] 我们可以补充一下，20世纪中叶以前的文学教育很少涉及解释：学生们翻译、模仿、记忆文学作品，了解作者和文学史，但不要求学生进行解释。

然而，文学概念的这种变化——从行为的模仿到作者的表现——与现代诠释学的发展密切相关，因为它启发了德国思想家提出一种一般诠释学，而不是专注于《圣经》或古典文本的特殊诠释学。约翰·戈特弗里德·赫尔德（Johann Gottfried Herder）是哲学诠释学的早期倡导者，他是一个诗人、批评家和青年歌德的导师，也是德国浪漫主义和狂飙突进运动的主要人物。受到荷马、品达、圣经诗歌和民间文学天才的启发，他写了一本纪念莎士比亚的小书，敦促人们不要根据亚里士多德的悲剧准则来评判他：我们必须“说明他，像他那样感受他，利用他——并在可能的情况下——把他带到我们德国人的生活中”①。在《近来德国文学片段》中，强调了不同语言和文化之间的差异，挑战了启蒙运动关于人性处处相同的观念；相反，赫尔德看到了不同时代和国家的人民之间的巨大差异。他在《论语言的起源》一书中认为，语言是人类的起源，而不是神圣的起源，因为语言塑造了思想，每一种语言和每一个时代都有自己的精神，不应以另一种语言和时代的标准来判断。因此，语法或与文学的诠释学必须辅之以一种移情（Einfühlung）的过程，

① Johann Gottfried Herder, *Shakespeare*, trans. Gregory Moore, Princeton: Princeton University Press, 2008, p. 2.

一种人们进入作者的思想的感情。[①]

施莱尔马赫（Friedrich Schleiermacher）是耶拿作家和评论家圈子里的一员，他的讲座为现代诠释学概述了一个复杂模式，他深切关注外国文学，尤其是（古）希腊文学的翻译和比较研究，并拥护德国新文学。比较视角是18世纪兴起的人类学思潮的一部分，它使人们认识到不同文化对世界的理解有不同方式。我们需要一种新的诠释学，因为把读者与文本分开的距离不仅是语言和语法的问题，还是不同的概念框架的问题。[②] 诠释学不能仅仅是一门解释古代文本的文献学，而必须成为一门辨识每种语言和每个时代的天才的艺术，应该关注作为文本创造者的单个作者；对意义的探索包括对作者内在和外在世界及其创作过程的重构。施莱尔马赫坚持认为，在"语法"解释中，"个人……消失了，只作为语言的器官出现"，需要补充一种以作者为中心的解释模式，他称之为"技术的"（来自技艺、艺术）或后来的"心理"解释。其中，"具有决定性力量的语言消失了，只作为服务于他们个性的人的器官出现"[③]。这两种解释方式的结合产生了指向思想的理解，而思想始终是某个人的思想，他的思想是由具体的文化语言视域塑造的。

施莱尔马赫的著作为一种平衡的以文本为基础的诠释学奠定了基础，这种诠释学以各种各样的话语为导向，但受到了文学是作者的表达的新兴文学概念的影响，并很可能有助于对文学批评的重新定位，但他的诠释学理论的大部分仍未出版，主要由学生们传递；而且，尽

① 安德鲁·鲍伊（Andrew Bowie）写道："只有在语言理解的变化首次出现的历史时刻，这样的艺术和文学概念才成为可能，诠释学的必要性才开始在哲学和艺术中发挥核心作用。" *From Romanticism to Critical Theory*：*The Philosophy of German Literary Theory*，London：Routledge，1997，p. 89.

② 但迈克尔·福斯特（Michael Forster）坚持认为："在施莱尔马赫的诠释学中，几乎所有独特而重要的东西实际上都是由赫尔德在他之前发展起来的。" *After Herder*，Oxford：Oxford University Press，2010，p. 137.

③ Friedrich Schleiermacher，*Hermeneutics and Criticism and Other Writings*，ed. Andrew Bowie，Cambridge：Cambridge University Press，1998，p. 94. 正如斯丛狄等人所指出的那样，"心理学"一词导致了对施莱尔马赫诠释学的误解，该诠释学依赖公共证据来阐述关于作者意图的假设。

管受到他的影响，诠释学传统却朝着不同的方向发展。

三 文学与20世纪诠释学

文学的模仿模式一旦被文学的表现模式取代，问题就出现了，作品表达了什么：作者的思想、时代的精神、历史的结合，心灵的冲突，语言本身的功能？这种关于文本可能表现什么的概念，在我们这个时代已经成为所谓的“流派”的批评或文学批评方法的基础。但是，关于什么类型的意义作品可能被用来体现或表达的争论却很少借鉴诠释学传统。原因之一是诠释学本身发生了变化。从狄尔泰到海德格尔和伽达默尔的主流现代路线，主要集中在对理解的理解（the understanding of understanding）上。狄尔泰通过将其知识模式（Verstehen——理解）与科学（Erklräen——说明）区分开来，强调了施莱尔马赫理论的心理学方面，从而为历史研究打下了坚实的基础。施莱尔马赫认为误解的可能性是诠释学的出发点：“严格的实践假设误解是作为一个过程的结果。”① 但是，海德格尔没有把理解视为一个认识论的问题，而是一个本体论的问题，一种在世存在的形式。这条路线并没有对文学研究做出集中贡献。② 正如伽达默尔写道：“我的探究目的不是提供解释的一般理论和对其方法的不同描述。”“我不想详细阐述一套规则体系来描述，更不用说指导人文科学的方法论程序。我的目的也不是探究这些领域工作的理论基础，以便将我的发现付诸实践。”重点是“不是我们做什么或我们应该做什么，而是在我们想

① Schleiermacher, *Hermeneutics and Criticism*, p. 22.

② “诠释学仍然是英美文学理论中没有走的一条道路”，丽塔·费尔斯基指出，“诠释学思维的传统很少被承认（你多久会看到伽达默尔或利科在理论研究中讲授一次？更不用说解决、吸收或争论了）。”“Critique and the Hermeneutics of Suspicion”, *M/C Journal* 15：1（2012）. http：//journal. media-culture. org. au/index. php/mcjournal/ article/view/431. 杰拉尔德·布伦斯（Gerald Bruns）表示赞同：“诠释学显然与文学研究的大学生涯不兼容。在文学研究中，我们主要学习新的方法来处理旧文本，而从来没有想到过施莱尔马赫。”*Hermeneutics Ancient and Modern*, New Haven：Yale University Press, 1992, pp. ix-x.

要和做的之外发生了什么”①。

随着英美新批评的兴起，其革命性的影响是使单个诗歌成为优先研究的对象，并使文学研究的目标成为确定其各个部分对整体复杂意义的贡献方式，什么样的证据应该优先的问题成了人们经常激烈辩论的对象，但诠释学的传统在这里没有发挥作用。

20 世纪 50 年代初，著名的新批评家布鲁克斯和文学史学家道格拉斯·布什（Douglas Bush）就安德鲁·马维尔（Andrew Marvell）的《祝克伦威尔自爱尔兰班师颂歌》进行了一次著名的交流，特别是关于安德鲁·马维尔的政治态度的历史信息，能在多大程度上决定这首诗的意义，他对克伦威尔和最近被处决的查理一世的态度是微妙而难以把握的。②

在奥利弗·克伦威尔（Oliver Cromwell）残酷镇压爱尔兰叛乱后，马维尔写下了《祝克伦威尔自爱尔兰班师颂歌》。此前，奥利弗·克伦威尔曾在英国内战中领导议会取得胜利，并导致查理一世被处决。对布什来说，问题很明确：我们需要弄清楚这首诗的陈述在其历史语境中本来应该意味着什么，并避免引入我们作为现代读者的偏见。布鲁克斯虽然承认历史证据的重要性，但他认为解释这首诗并不是决定作者意图的问题。这是这首诗中一个造成困难的段落，也是他们争论的关键：

And now the Irish are asham'd
To see themselves in one Year tam'd:
So much one Man can do,
That does both act and know.
They can affirm his Praises best,

① Gadamer, *Truth and Method*, pp. xxviii, xxv- xxvi.

② Cleanth Brooks, “Literary Criticism,” *English Institute Essays*, New York: Columbia University Press, 1946, pp. 127 - 158; Douglas Bush, “Marvell's Horatian Ode”, *Sewanee Review*, Vol. 60, 1952, pp. 363-376; Cleanth Brooks, “A Note on the Limits of ‘History’ and the Limits of ‘Criticism’ ”, *Sewanee Review*, Vol. 61, 1953, pp. 129-135. 这次交流收录于 W. R. Keast, ed., *Seventeenth Century English Poetry: Modern Essays in Criticism*, Oxford: Oxford University Press, 1962。这个文本提供了对本版本的参考。

And have, though overcome confest
How good he is, how just,
And fit for highest trust.
(现在爱尔兰人感到羞愧
看到自己在一年内被驯服:
一个人能做的事太多了,
这既是行动,也是了解。
他们最能肯定他的赞美,
虽然克服了忏悔
他多么善良,多么公正,
并获得最高的信任。)

这是对爱尔兰人的滑稽、嘲笑、讽刺还是严肃的要求?布鲁克斯认为,如果这首诗有什么好的地方,那么这段话必须非常有意义。作为一个直截了当的要求——被击败的爱尔兰人承认他有多么善良,多么公正——这将是愚蠢的,是整首诗的一个缺陷,布鲁克斯认为这是一幅复杂的、平衡的、充满明智的肖像,但往往是对克伦威尔具有双重效果的赞扬。布鲁克斯在这里听到了一种令人沮丧的讽刺:被压垮的爱尔兰人(喉咙里插着一把剑)承认他是多么善良和公正。

布什认为这是一个"令人绝望的解决方案"。措辞中没有"一丝讽刺的意味;这是我们所能拥有的直截了当的陈述,无论我们多么不喜欢它"(349)。他并不担心这个陈述是否适合这首诗,也不担心它是否有瑕疵:"我们真的必须接受马维尔 1650 年作为英国人写的令人不快的事实;而且,对我们来说似乎奇怪的断言,我们必须说,他是沉浸在某种一厢情愿的想法中——克伦威尔是如此伟大的征服者,以至于连爱尔兰人也必须和英国人一样怀有同样的感情,接受历史的进程"(349)。①

① 布什对"接受历史的进程"的释义令人怀疑,与"承认他多么善良,多么公正"有很大不同,这表明他确实感到这首诗的实际措辞并不一致。

布鲁克斯坚持认为，考虑到这首作为评论家的诗，我们必须关注它的元素是否有助于艺术的统一——这个问题不会困扰文学史学家："如果我们把首诗视为一个统一体"，布鲁克斯写道，"如果说它反映了一个不确定、自相矛盾、有时愚蠢的人的不确定性和矛盾……那么我们可能有一个有用的历史文献，但我不确定我们拥有一首诗"（356）。虽然布什所关注的历史证据可以告诉我们马维尔在写颂歌时的想法，但对于布鲁克斯来说，这是一种"粗糙的方法"，不会告诉我们这首诗所说的内容，因为（1）即使我们知道马维尔在写这首诗的时候对克伦威尔的想法，这个人也和诗人不一样（比如，他在创作《贺拉斯颂》）；（2）即使我们知道诗人马维尔在他的诗中意图说什么，这也不能证明这首诗确实是这么说的。有一个问题是无意识在创作过程中的作用，以及诗人可能创作得比他所知道的更好。我们必须保持诗中所体现的总体态度与作者作为人和公民的态度之间的区别。我们试图阅读这首诗，并因此诉诸"这首诗本身的整个语境"，而不是马维尔的思想。对布鲁克斯来说，这是一个诗意组织的问题，而不是传记或历史。

布什对他所说的"如此武断的批评教条"提出怀疑（341）。他反对布鲁克斯把讽刺和模糊性等同起来，把自己塑造成一个历史学家，对他来说，文本意味着它所说的东西（给定的历史知识），并指责布鲁克斯强行使这首诗符合一个优秀的现代自由主义者的偏见，在他看来，不用说，像马维尔这样聪明敏感的人是不可能崇拜"像克伦威尔那样粗鲁、无情的实干家，他一定有点像清教徒斯大林"（342）。①

这似乎是一种需要诠释学理论的情境——关于如何确定文本意义的争论。一种关注如何确定神圣文本或法律文本真实的、原始意义的语文学诠释学——如何通过解释这些文本的语法和词汇来克服我们与

① 布鲁克斯回答说："唉，'自由主义者'这个头衔是我几乎没有资格声称的。我经常被称为反动派，我也被称为原法西斯分子。"（354）布什从布鲁克斯的文本中错误地推断出其历史作者克利斯·布鲁克斯所谓的自由主义观点，这表明人们不能假设文本所说的内容与历史个体所相信的内容之间存在连续性。

这些文本的语言之间的距离——可能会提供一些指导，但一种关注理解结构的哲学诠释学几乎没有什么帮助。正如彼得·斯丛狄（Peter Szondi）所说，“事实上，一种具体的文学诠释学今天几乎不存在，这源于实际存在的诠释学的性质，而诠释学实际上确实存在”。“诠释学曾经是一个专门的规则体系，而今天它只是一个理解理论。”① 随着从确定意义的规则或程序转向对理解性质的反思，它不再寻求为如何解释提供指导。一个伽达默尔派可能会说，布鲁克斯和布什都在实施视域融合（Horizontverschmelzung）的行为，只是他们处理文本的期待视域不同，这涉及一部文学作品与历史语境的关系的不同概念。

英美新批评最基本的贡献并不是人们通常认为的细读技巧，而是它成功地确立了这样一个前提，即判断对文学研究的任何贡献的标准是它是否能够使我们对具体的文学作品产生新的和优越的解释，因此，文学研究的目标是产生对文学作品的解释。这是对文学处理方式的一个重大转变，以前文学的评价要远多于对文学的解释。而批评作为一种职业活动，与文学阅读脱节：读者对文学作品的许多方面都感兴趣和愉悦，但通常不寻求产生解释。②

斯丛狄指出，解释的时代几乎没有从诠释学中继承什么，除了诠释学循环的概念之外，诠释学循环的概念常常成为未能对人们证据性质进行反思的借口（如果无法避免循环性，为什么要担心?）。③ 在解

① Szondi, *Introduction*, pp. 1-2.

② 一些读者对人物特别感兴趣，并对他们非常投入；最重要的是，其他人遵循情节，不试图把人物的丰富概念放在一起；这两类读者可能都会跳过描述的段落；而其他读者可能对另一个时间和地点的回忆特别感兴趣。罗兰·巴特提供了一种相当随意的读者类型——恋物癖、强迫、偏执和歇斯底里——这提醒我们，非专业读者对文学作品的投入是非常不同的。*Le Plaisir du texte*, Paris: Seuil, 1973, pp. 99-100. 在其他地方，他区分了五种阅读方式：*en piqué*, spearing, picking out flavorful phrases here and there; *en prisé*, savoring, taking in fully a particular development; *en déroulé*, proceeding swiftly and evenly; *en rase-mottes*, nose-to-the ground, taking in every word; and *en plein ciel*, taking overviews, seeing the text in a wider context. *Sollers écrivain*, Paris: Seuil, 1979, pp. 75-76。文学的实际读者会以不同的方式进行阅读，对整体的关注以及将作品的尽可能多的方面整合到解释中的诠释学，在专业领域之外并不常见。

③ Szondi, *Introduction*, p. 6.

释时代，关于解释的大多数问题并不像布什和布鲁克斯之间的争论那样直截了当。正如我所提到的，一旦文学被认为具有根本的表现力，文学作品表现什么的问题就可以得到各种各样的答案，这就产生了相互竞争的批评方法或流派。除了新批评阅读，目的是证明作品的不同方面对“有机整体”的贡献，戏剧性地体现了一种复杂的态度，马克思主义、精神分析、女权主义、解构主义、生态阅读都支持不同的观点，即应该从作品中梳理出什么样的意义，它们的基本内容是什么。(人们可以想象一个与《圣经》四重解释的目标语言的类比）这些语言往往以不同的方法呈现给一个作品，因此并非相互排斥，但仍然在争夺评论家和读者的注意力：这是一场基于对文学创作及其在我们生活中的地位的不同观点的竞争。① 近年来的许多批评论据都涉及过去的特定作品在多大程度上体现了对当时意识形态和社会实践的批判，如果真是这样，那么这些影响又在多大程度上是一个颠覆或遏制的问题——通过将颠覆能量导入文学来遏制它们。文学专业的学生会对为什么一种方法或取向可能优于其他方法或取向的争论感兴趣，这是哲学诠释学没有试图提供的争论，或者会对关于如何确定一种解释是不是误读的争论感兴趣。为了支持他们自己所提出的解释，批评者需要能够证明某些解释至少是误读；否则，他们就容易受到这样的指责：在文学研究中，任何事情都有可能发生，一种阅读不能被认为优于另一种。同样，20 世纪的哲学诠释学在这里也没有提供多少帮助。伽达默尔的《真理与方法》似乎对如何区分有效的解释和无效的解释的问题没有兴趣，如果真的能够认识到这一区别的话。

进入文学批评领域最突出的诠释学冒险是赫施（E. D. Hirsch）的《解释的有效性》，乍一看，它似乎试图解决如何确定一种解释的有效性的问题，以及如何裁决诸如布什与布鲁克斯之争等争议。赫施对新批评的意图谬误观念持严厉的批评态度——意图谬误的观点是，

① 值得强调的是，解释文学有许多不同的形式：通过保罗·策兰的一首诗，人们努力产生一种似是而非的释义。解释一部戏剧或一部小说可能涉及确定一个主要主题，将其与作者的其他作品联系起来，将其视为对其时代的陈述，或阐明我们今天在其中发现的特别富有刺激之处。

不能通过查阅作者，把作者的意图作为判断标准来确定文本的意义。他认为，事实上，只有当人们假定一个文本具有他试图恢复的意义，并且该意义与作者的意图表达的意义相一致时，解释行为才有意义。一定有一些解释可能是对的，或可能是错的，有一种不变的意义，否则混乱就会占上风。赫施对原始意义（original meaning）和他所说的意味（signification）进行了区分，认为原始意义是理解的对象，意味是解释的产物，即文本对诠释者可能意味着什么。当然，许多人批评对意义和意味进行这种区分的尝试，他们认为，任何被当代解释者假定为原始意义的东西，都已经是解释者当前处境的一个功能，人们无法逃脱这种情境（不知不觉中接受伽达默尔的一句话：所有的理解都是解释）。但是，大卫·霍伊（David Hoy）对赫施提出的更重要的批评是，最终赫施的模式并没有为解释提供指导：正如霍伊所说，它不能兑现，因为他的作者意图实际上是文本中表现出来的意图，而不是可以被独立了解的东西，也不能够作为评估一个人对文本所说内容的标准。① 赫施写道，作者的意图就是“言说主体”的文本的意义：

> 然而，言说主体与作者作为一个实际的历史人物的主体性并不完全相同……言说主体可以被定义为词语意义决定的最后的、最全面的意识层次。在说谎的情况下，言说主体假定他说的是真话，而实际的主体对他的欺骗保持一种私人意识。②

历史人物可能对文本的意义有着内心的想法，但“这种意识层面是不相关的，因为它是不可接近的”。最终，赫施的实际立场与他

① David Hoy, *The Critical Circle: Literature, History, and Philosophical Hermeneutics*, Berkeley: University of California Press, 1978, p. 32. 这在史蒂文·纳普（Steven Knapp）和沃尔特·本恩·迈克尔（Walter Benn Michaels）的一篇著名论战中更为明显，他们认为意义只是作者的意图，任何其他意义概念都是无法理解的。他们明确声称，这没有任何后果，因为它不涉及如何发现这一意义——只是当你对文本的意义提出主张时，根据定义，你是指作者的意图。“Against Theory”, *Critical Inquiry*, Vol. 8, 1982, pp. 723-742.

② E. D. Hirsch, *Validity in Interpretation*, New Haven: Yale University Press, 1967, pp. 243-244.

所攻击的维姆萨特的意图谬误的观点并没有太大的不同，也与伽达默尔没有什么不同，他也批评（至少，与撰写策兰的伽达默尔没有什么不同）。① 但在很大程度上，文学批评家认为赫施是在指导他们试图发现历史作者的意图，并使其成为有效性的标准，他们拒绝了这一指示，因为这样的原因使赫施不能真正坚持历史性个体的意图。

在文学研究中，人们普遍抵制把文本意义等同于作者的意图。狄尔泰和伽达默尔的传统将理解他人作为理解文本的模式，这使得文学批评不太可能寻求从现代诠释学中学习；批评家们倾向于利用有关文本语言的证据以及文本可能所处的过去和现在的各种语境。20 世纪 60 年代末的两篇著名文章——《作者之死》（巴特）和《作家是什么?》（福柯），拒绝将作品的作者视为其意义的决定者，并强调作者形象是一种文化建构，不同于传记个体——一种服务于意识形态功能的建构。对于巴特、福柯和法国结构主义来说，意义通常是由非个人系统产生的，这些非个人系统包括语言、心理、社会历史系统，是通过个人来实现的。

与他们同时代的法国哲学家保罗·利科（Paul Ricoeur）认为，结构主义和诠释学在原则上是互补的，而不是对立的，尽管诠释学传统需要改变，使其能够与涉及文本解释的现代学科进行富有成效的对话。利科探讨了一系列文学研究的核心话题，包括隐喻、符号、叙述的时间性和弗洛伊德的解释，他谴责在自然科学中寻求的说明（Erklären）与适用于人文和社会科学理解（Verstehen）之间的“毁

① 在讨论策兰时，伽达默尔采取了一种令人惊讶的反意向论立场：“但是，有必要了解诗人自己对一首诗的看法吗？重要的是这首诗实际上说了什么，而不是它的作者意图说什么，或者可能不知道如何说。当然，作者关于其主题‘事件’的原材料的暗示，即使对于一首完全独立的诗也可能有用，并且可以防止误解。但是，这样的暗示对于一首诗来说是非常有用的，但这样的暗示仍然是一根危险的拐杖。”Hans-Georg Gadamer, *Gadamer on Celan: 'Who Am I and Who Are You?' and Other Essays*, trans. Richard Heinemann and Bruce Krajewski, Albany: SUNY Press, 1997, p. 68. 在其他地方，他写道：“写下的文本，其完整含义，跨越空间和时间，对每个知道剧本和语言的人来说都是可以理解的。”Hans-Georg Gadamer, “The Eminent Text and its Truth”, *Bulletin of the Midwest Modern Language Association*, Vol. 13, 1980, p. 4.

灭性区分”。[①] 他坚持认为，没有诠释学的理解，就不可能有结构分析，而诠释学提供了辨别结构同源性的基础。存在一种理解（understanding）与说明（explanation）的辩证法。

在提倡一种可能整合结构分析的诠释学时，利科搁置了他所谓的“怀疑解释学”，这在文学和文化研究中很重要。马克思、尼采和弗洛伊德——“怀疑学派的三位大师”提供了相互排斥的去神秘化的程序，其中任何思想家的自我理解的缺陷都是主要目标。[②] 一系列现代学科和思维模式——语言学、心理分析、马克思主义、女权主义和各种历史主义——提供了证据，证明人们对自己不透明，不了解自己的动机，也不了解人们在语言、心理、社会政治等方面的力量，因此，通过他们的运作，解释不能满足他们自己对其意图或承诺的描述。这种批评既寻求理解，也寻求说明：要确定是什么因素产生了文本，使其成为现在这样，就要揭示其真正的意义。苏珊·桑塔格（Susan Sontag）著名的反对解释的观点把这种模式视为规范：“现代解释风格发掘、摧毁、挖掘‘背后’的文本，以找到真正的亚文本。”[③]

文学研究很少提到怀疑的“诠释学”，因为这个术语既意味着解释方法背后隐藏着一种心理态度，也暗示着一种统一，在这种统一中存在着各种各样的关注：女性主义批评家的怀疑方式与精神分析、历史决定论或生态批评家截然不同。但丽塔·费尔斯基（Rita Felski）建议用利科的术语来消除流行术语“批判”的光环，这有助于使自鸣得意的权威去神秘化。[④]

与哲学诠释学有着明确联系的解释性批评的一股潮流是所谓的接受美学。特别是汉斯·罗伯特·耀斯（Hans Robert Jauss）从诠释学

① Paul Ricoeur, *From Text to Action*, trans. Kathleen Blamey and John Thompson, Evanston: Northwestern University Press, 1991, p. 53.

② See Paul Ricoeur, “Stucture et herméneutique”, in *Le Conflict des interprétations*, Paris: Seuil, 1969, pp. 33-34, 57-59, 63.

③ Susan Sontag, *Against Interpretation*, New York: Dell, 1966, p. 6.

④ Felski, “Critique and the Hermeneutics of Suspicion.”

理论中提出了一种批评方法——尤其是伽达默尔所谓的效果历史意识（Wirkungsceschichtliches bewustsein）或“暴露给历史效果的意识”）——试图描述任何给定作品的期待视野，在作品中被创造出来以及在随后的接受历史中的期待视野。对于耀斯来说，作品没有内在的意义，而是作为对期望视界提出的问题的一种回答，期望视界可以被重构，但随着作品被接受和文学语境以及对流派的假设的改变，期望视域也会随着时间的推移发生变化。耀斯通过接受分析进行解释的计划是雄心勃勃的，不仅包括研究对具体作品的反映历史和重构造成这些反映的期望视野，而且还包括研究期待与创新作品的相互作用如何导致文学经典和美学规范的变化。但是，尽管有免责声明，他的表述经常表明，进行视域重构的原因是发现特定作品的原始意义，从而提供历史的权威解释。例如，他对歌德的《伊菲革涅亚》的研究似乎主要是为了表明这是一个真正原创和有趣的剧本：“作为一个隐含的答案，因此首先是作为社会过程的一个时刻，拉辛或歌德的《伊菲革涅亚》的意义只能通过可客观验证的反思阶段从他们那个时代的接受意识中确定。”①

耀斯对波德莱尔的一首抒情诗《忧郁》进行了更为详尽的分析，阐明了他所认为的审美理解和阐释的不同层次或过程：首先是初步阅读，侧重于读者对文本的逐步审美经验；然后是回溯性解读，将现代读者的最初经验转化为整体性解释；最后，重构这首诗出现的历史文学语境，探索这首诗的接受史，定位并完善刚刚产生的解释。② 因此，耀斯试图整合广泛的历史文学研究，研究作品与不同期待视野的关系，强调读者在具体化意义中的作用。这是一种试图包括批评家参与的许多不同类型活动的方法，拒绝在作品对原始受众的意义与读者今天的审美经验之间进行选择，但是，对读者活动的强调是以假设读

① Hans Robert Jauss, “De l'Iphigénie de Racine à celle de Goethe”, in *Pour une esthétique de la réception*, Paris: Gallimard, 1978, p. 249.

② Hans Robert Jauss, “The Poetic Text within the Change of Horizons of Reading: The Example of Baudelaire's ‘Spleen II’ ”, *Toward an Aesthetic of Reception*, trans. Timothy Bahti, Minneapolis: University of Minnesota Press, 1982, pp. 139-188.

者为代价的，因此，假定读者在某一特定时刻的一致性比文献可能记载更高。

现代哲学诠释学侧重于理解的性质，与解释性文学批评相比，它似乎更接近诗学，因为诗学感兴趣的是文学作品的可能性及可理解性的条件。但是，诗学的大多数筹划似乎与《真理与方法》所表现出的关注相当陌生。例如，叙事学关注的是如何描述叙事，以及各种叙事技巧，哪种类型的作者—叙述者—聚焦者—叙述者—读者是最合适的。（我们应该为每一个叙事假设一个叙述者吗？一个叙述是否意味着不止一个叙述受众？聚焦是如何发挥作用的？）在诗歌研究中，主要涉及韵律问题：恰当的韵律模式、韵律与韵律的关系、韵律与意义的关系，以及如何构思诗歌常常促使我们假定的“说话人”等问题。这类研究可能有助于解释，但最重要的是，它们试图理解的是，理解是如何在具体领域发生的。简而言之，文学研究所需要的不是一般意义上的理解性质，而是研究具体文学形式或流派的功能和理解方式。尽管赫尔德和施莱尔马赫开创了现代诠释学的先河，提出了一种一般的诠释学，而不是侧重于特定类型话语的特殊诠释学，但也许文学研究更适合于一种特殊的诠释学，或者一种诠释学与诗学的辩证法。

文本阐释与实践智慧

刘月新*

摘　要： 实践智慧是现代阐释学研究的重要问题，是指能够灵活机敏地处理现实生活中的具体问题，从而过上幸福生活的那种智慧，涉及理论的实践品格与人的日常实践行为。主要内容包括理论与实践的关系、普遍与特殊的关系以及目的与手段（方法）的关系等问题。从实践智慧的角度审视文本阐释实践，就是要拒绝对文学理论的直接运用，把握从文学理论到阐释实践的中介环节。第一，以对文学经验的反思判断为基础合理运用理论，在经验与理论、特殊与普遍的循环对话中阐释文本；第二，以文本意义的阐释为目的，破除对单一理论与方法的依赖，综合运用多种理论与方法，在阐释实践中实现对理论与方法的整合，推动阐释实践与文学理论的发展。

关键词： 文本阐释　实践智慧　文学经验　判断力　文本意义

自当代西方文论传入国内以来，国内学界对其理论弊端以及它能否阐释中国文学实践的讨论从未间断过，“强制阐释”的讨论再次引发了国内学界对这一问题的关注。学界的基本共识是文本阐释应该立足于文学文本的事实，但也不能因此而否认当代西方文论的有效性。

---

* 刘月新，三峡大学文学与传播学院教授，从事现代阐释学、接受理论与中国现当代文学批评研究，著有《文学与对话》《解释学视野中的文学活动研究》。

导致强制阐释的原因是十分复杂的，除了理论本身的有效性之外，更重要的还在于对理论的运用是否恰当，能否找到文学理论与文本阐释之间的切合点。文本阐释作为一种文学实践，不能离开理论的指导，但又有自身的相对独立性，必须遵循实践活动的一般规律，不能以理论的演绎来代替实践的操作。本文尝试运用实践哲学的实践智慧理论，探讨文本阐释对文学理论的运用问题，把握文学理论与文本阐释之间的中介机制，使文学理论更好地介入文本阐释实践。实践智慧是海德格尔、伽达默尔的阐释学所关注的重要内容，国内哲学界对此问题研究颇多，文学理论界对这一问题则关注不够。从实践智慧的角度审视文本阐释，或许能够帮助我们重新看到一些被遮蔽的问题。

一

实践智慧（拉丁文为 phronesis，英文译为 prudence 或 practical wisdom，汉语又译为“明智”“智德”“智谋”。目前汉语学术界通常译为“实践智慧”）是当代实践哲学的核心问题，是指一个聪明能干、经验丰富的人所具有的品质，通常是指能理解实践生活的终极目的、知晓实践的目的与手段（方法），能够灵活机敏地处理现实生活中的具体问题，从而过上幸福生活的那种智慧。它涉及理论知识在生活实践中的运用、理论的实践品格与人的日常实践行为。①

西方的实践智慧理论经历了古代、现代与后现代三个发展阶段。古代实践智慧理论以亚里士多德为代表，他是西方哲学史上第一个真正关注实践活动的哲学家。在他之前的古希腊哲学传统中，理论相对于实践而言具有优先性，是为了求得确定性的知识，人通过沉思而获得对世界的最终原因和原理的认识，而实践则面对纷纭变幻的现实世界，不能获得确定性的知识。亚里士多德扭转了这种局面，他明确将实践智慧与理论智慧（sophia）区别开来，认为实践智慧是对具体实践活动的理解、判断和实施，有着区别于理论智慧的特殊性。

---

① 刘宇：《实践智慧的概念史研究》，重庆出版社 2013 年版，前言第 1 页。

他将知识划分为理论知识、实用知识和制作知识，“理论知识的目的在于真理，实用知识（praktikes）的目的则在其功用（ergon）。从事实用之学的人，总只在当前的问题以及与之相关的事物上寻思，务以致其实用（praktikos），于事物的究竟他们不予置意”①。（《形而上学》993b19-23）理论知识是为了求得不变的、必然的真理，制作知识重在研究制作活动的具体方法。实践知识介于两者之间，它要服从普遍的理论原则，但又没有具体的方法可以遵循，而是根据实践活动的具体情况来决定方法。这种实践知识就是实践智慧，它缺乏概念的明晰性与精确性，而是体现为一种经验与机敏。他指出：“实践智慧在于深思熟虑，判断善恶以及生活一切应选择或该避免的东西，很好地运用存在于我们之中的一切善的事物，正确地进行社会交往，洞察良机，机敏地使用言辞和行为，拥有一切有用的经验（用‘实践智慧’替换了译文中的‘明智’——引者注）。”② 他举例说：“如果一个医生只懂得医学知识，而没有行医经验，只知道普遍而不知其中的个别，行医就会失败。”③ 这说明实践智慧是具体的、特殊的、非精确性知识，不是普遍的、一般的、精确性知识。不是理论指导下的思辨逻辑，而是经验积累而成的实践知识。④

具有实践智慧的人善于处理普遍与个别的关系，在不违背普遍原则的前提下，灵活机敏地处理各种具体问题。亚里士多德的《诗学》对悲剧艺术的阐释就贯穿了实践智慧的基本原则，他从悲剧的艺术特点出发分析了其“净化”的心理效果，将伦理学与政治学的普遍原则渗透其中，阐释了悲剧对于培养城邦合格公民的作用，而不是直接运用政治学和伦理学的普遍原则来分析悲剧艺术。这种阐释方法对于我们理解文本阐释的实践智慧具有重要启示意义。

---

① ［古希腊］亚里士多德：《形而上学》，吴寿彭译，商务印书馆1959年版，第33页。

② 苗力田主编：《亚里士多德全集》第8卷，中国人民大学出版社1994年版，第460页。

③ 苗力田主编：《亚里士多德全集》第7卷，中国人民大学出版社1993年版，第135页。

④ 何卫平：《理解之理解的向度——西方哲学解释学研究》，人民出版社2016年版，第250页。

现代实践智慧理论以伽达默尔为代表。他将亚里士多德的实践智慧学说、康德的判断力理论与海德格尔的在世存在论融汇于自己的哲学阐释学之中，认为阐释学就是实践哲学，将实践智慧上升为现代实践哲学的核心问题。他对实践智慧的研究是为了反思西方近代自然科学方法论的缺陷，为精神科学的合法性奠定本体论基础。由于西方近代自然科学的繁荣，其方法论原则成为所有科学的思维范式，要求所有知识都应该具有客观性、普遍性和精确性。在这种思维范式的影响下，“实践”这一概念的含义也变得极为狭窄。在亚里士多德那里，实践概念包含了极为丰富的内容，涵盖了广泛的生活领域。而在西方近代哲学中，实践成为自然科学原理的技术应用，以技术为手段对事物进行控制来获得普遍、精确的知识，排斥了无限丰富的生活世界，使精神科学遭遇危机。

伽达默尔（注：也译作“加达默尔”）认为精神科学所研究的是人类的各种经验，如艺术经验、历史经验、道德经验等。它不能效法自然科学的客观性和精确性，关注的核心也不是方法论问题，而是人的各种经验中所包含的真理。因为“诠释学问题从其历史起源开始就超出了现代科学方法论概念所设置的界限。理解文本和解释文本不仅是科学深为关切的事情，而且也显然属于人类的整个世界经验。诠释学现象本来就不是一个方法论问题，它并不涉及那种使文本像所有其他经验对象那样承受科学探究的理解方法，而且一般来说，它根本就不是为了构造一种能满足科学方法论理想的确切知识”①。阐释学不是研究获取客观、精确知识的方法，而是寻求区别于自然科学知识的存在论知识。这种知识比自然科学知识更具有本源性，与人的生活实践密切相关，实践智慧在其中发挥着举足轻重的作用。

伽达默尔从实践智慧出发来引出阐释学的基本问题，其根据在于实践智慧是处理具体事情的实践知识。这种知识受到具体情境的制约，要在实践活动中得到运用或修正。它能够调节普遍原则与实践活

---

① ［德］加达默尔：《真理与方法》（上卷），洪汉鼎译，上海译文出版社 1999 年版，导言第 17 页。

动的关系，根据实践的需要灵活运用理论，而这有赖于人在实践活动中形成的判断力。伽达默尔指出："每一个关于某种我们想在其具体个别性里加以理解的东西的判断，就像它要求我们具有亲身所及的行为情境一样，严格地说就是一个关于某种独特情况的判断。"① 这种判断就是康德所说的反思判断，是面对具体情况的判断。他以法律和道德为例进行了说明："我们关于法律和道德的知识总是从个别情况得到补充，也就是创造性地被规定的。法官不仅应用法律于具体案件中，而且通过他的裁决对法律（'法官的法律'）的发展作出贡献。"② 阐释学的应用就是将普遍性的知识应用于当下的具体情境，指导人的实践活动，而不是简单地将普遍性知识直接运用于实践活动。实践智慧有赖于理论智慧的引导，但更是历史、文化与经验塑造的结果，人们总是根据自己的历史文化传统和生存经验来从事实践活动的。

伽达默尔对教化、共通感、判断力与趣味这四个概念的分析，就贯穿了丰富的实践智慧思想。教化是实践智慧形成的基础，人正是在文化教化与实践教化中形成了实践智慧所特有的共通感、判断力与趣味。共通感保证了人与人之间、人与文化之间沟通的可能，是没有概念的普遍性；判断力是联系普遍与特殊之间的能力，为普遍原则与具体事物之间的沟通提供了可能；趣味是人的道德感觉与审美感觉，是人的一种精神分辨能力，为人的道德判断与审美判断提供了可能。它们为精神科学的理解、阐释和应用奠定了基础。

后现代实践智慧理论以利奥塔为代表。利奥塔的后现代实践智慧理论拒绝现代理论的宏大叙事，强调了实践活动的偶然性和地方性，试图建立一种"差异的政治哲学"。他认为亚里士多德的实践智慧理论与后现代主张的"不可通约性"是一致的，二者均强调了人类存在状况与知识的不确定性。利奥塔对实践的偶然性与地方性的重视，

① ［德］加达默尔：《真理与方法》（上卷），洪汉鼎译，上海译文出版社 1999 年版，第 51 页。

② ［德］加达默尔：《真理与方法》（上卷），洪汉鼎译，上海译文出版社 1999 年版，第 49 页。

对于破除现代理论的强制性具有积极意义，也提醒我们在从事文本阐释时要充分考虑文学实践的差异性与地方性，不能用固定的理论模式去面对千变万化的文学现象，否则一定会导致强制阐释的发生。

从以上介绍可知，实践智慧是一种在实践中知道做什么和怎样做的知识与能力。它具有如下特征：第一，普遍性与特殊性的统一。实践智慧既能将普遍性的知识运用于具体的实践活动，又能以实践经验丰富或修正普遍性知识，两者构成一种阐释的循环。第二，经验性与机敏性的统一。实践智慧不以理论知识的形态存在，而是表现为处理具体事情的丰富经验，在实践中形成洞察事物真相的敏锐判断力（伽达默尔所说的“机敏”）。第三，目的与手段（方法）的统一。实践智慧以实现人的善为最终目的，在这一目的的规范下寻找合适的手段（方法）。在这些两相结合的“对子”中，实践智慧发挥了重要的中介调节作用，它将理论具体化和情境化，能综合运用理论与方法指导人的生活实践。从实践智慧的角度看待文本阐释，就是要确立文学经验的优先性，从实践出发合理运用与发展理论，破除理论优先的形而上学倾向，使文本阐释成为一种有智慧的活动，从而引导人的生活实践。

二

20世纪是一个理论过剩的时代，各种各样的阐释理论竞相登场，对于文本阐释的贡献功不可没。但理论并不能保证文本阐释的有效性，只有在丰富的文学经验与敏锐的判断力的基础上，理论才能发挥应有的作用，将文本阐释引向深入。因此，文学经验与判断力是文本阐释的实践智慧的重要内容。

经验既是一个认识论问题，又是一个存在论问题。无论从哪个角度看，经验都是人在实践活动中与事物接触时所获得的感觉、印象与体验的总和，是一种具有始源性、鲜活性、模糊性的“默会知识”（tacit knowledge）。英国现代哲学家波兰尼针对西方近代认识论忽视经验的倾向，提出了“默会知识”这一概念，认为“默会知识”是

"一种存在于人的认识活动，无法用言语表达，但却起着决定性作用的某种主体的功能性隐性意知系统"①。它既是对于对象的直接认识，又包含丰富的个人化感受。传统的认识论认为人与对象的关系是一种主体与客体的关系，只有通过对经验的归纳、概括和推演，上升到抽象思维的层面，才能获得对事物正确的认识。在这种认识论框架中，个别性的经验只是认识的起点，普遍性的知识才是认识的最终目标。这种思维左右了西方认识论哲学的发展方向，也影响了文学理论知识生产与文本阐释活动。它将文学视为一种认识活动，以认识论为基础来建构文学理论的知识体系，将经验、体验与直觉排除在文学理论知识之外，导致文本阐释与文学经验的隔离。

在现代西方哲学中，经验与体验密切相关，具有存在论意义。从存在论的角度看，经验体现了人与世界的原始关系，是人存在的根基，它将人与世界作为一个不可分割的整体来看待，这个整体就是胡塞尔所说的"生活世界"（Lebenswelt）。"生活世界"就是我们生活于其中的那个世界，我们在将它作为思考的对象之前就生活在其中了，是一切理论反思的前提。② 胡塞尔的现象学理论认为，西方近代哲学割裂了人与世界的原始关联，以主客分离的对象化思维来对待世界，导致了人与世界的隔离，使知识丧失了存在的根基。他的"生活世界"理论就是要使人返回我们生活于其中的世界，为认识奠定基础。回到"生活世界"就是回到人与世界的本源关系，就是回到认识的根源，而经验就是沟通人与世界的桥梁。只有通过经验，人才能返回认识的本源，恢复与事物的原始关系。法国现象学美学家杜夫海纳指出，现象学就是"返回到根源或直接之物，返回到人与世界的最原始关系，……它所描述的事物是完全与人相混合的事物，而这事物正是在客观化思想之前尚未与之保持一定距离、尚未试图加以还

① ［英］波兰尼：《科学、信仰与社会》，王靖华译，南京大学出版社 2004 年版，第 66 页。

② 倪梁康：《胡塞尔的生活世界现象学——基于〈生活世界〉手稿的思考》，《哲学动态》2019 年第 12 期。

原和解释之前向人提示的那种事物”[①]。它要求人直面事物本身，在体验中理解事物的意义。

海德格尔对胡塞尔的“生活世界”理论进行了改造，用来研究人的生存活动。他破除了近代哲学绝对主体的观念，认为人是一种在世界中的存在（此在），此在在与世界打交道的“繁忙”中产生各种各样的体验，而体验就是“在之中的领会”。“明确提问存在的意义、意求获得存在的概念，这些都是从对存在的某种领会中生发出来的。”[②] 此在要领会存在的意义，就必须放弃理论探究的态度，在与事物打交道的过程中开启存在的意义。胡塞尔与海德格尔的体验理论揭示了两个基本的观点：第一，体验体现了人与世界最原始的关系，是认识的直接来源；第二，体验是主体在对象世界中的显现，也是对象世界在主体生存中的显现，两者构成一个意义的整体。只有在此基础上，专题式的理论研究才具有存在的根基，否则就会导致对存在的遗忘和遮蔽。

文本阐释作为对文学文本的存在与意义的揭示，必须建立在阐释者与文学文本相接触的审美体验之上。审美体验既揭示了文学文本的存在，也敞开了人的存在。伽达默尔赋予体验特殊的存在论意义，他认为体验具有双重属性：“一方面是直接性，这种直接性先于所有解释、处理或传达而存在，并且只为解释提供线索、为创作提供素材；另一方面是由直接性中获得的收获，即直接性留存下来的结果。”[③] 审美体验先于解释与传达，阐释者通过审美体验来领会和理解活生生的文学世界，生成文学经验，为文本阐释奠定基础。杜夫海纳说：“批评家可以把现象学的口号接过来。‘回到事物去’就是说：‘回到

---

① ［法］杜夫海纳：《美学与哲学》，孙非译，中国社会科学出版社 1985 年版，第 155 页。

② ［德］海德格尔：《存在与时间》，陈嘉映、王太庆译，生活·读书·新知三联书店 1987 年版，第 7 页。

③ ［德］加达默尔：《真理与方法》（上卷），洪汉鼎译，上海译文出版社 1999 年版，第 78 页。

作品去’，去做什么，去描述它，去说明它是什么。”① 回到作品就是回到读者阅读作品的文学经验，文本阐释的直接对象不是文学文本，而是人与文本的交流所生成的文学经验。由于文学经验的模糊性，决定了文本阐释的非精确性，它努力在理论知识与文学经验之间维持思想的张力，避免以僵硬的概念去遮蔽具体的经验。伽达默尔指出：“与艺术感受相关的是要学会在艺术品上作一种特殊的逗留，……我们参与在艺术品上的逗留越多，这个艺术品就越显得富于表情、多种多样、丰富多彩。”② 文本阐释不应该将文学文本作为信息传达的工具，或者是印证文学理论正确性的例证，而是要以文学经验为基础揭示文学文本独特的存在与意义。

文本阐释虽然要以文学经验为基础，但不能止步于文学经验，必须上升到理论阐释的层面，获得对文学文本更明确的认识。正如康德所说：“思维无内容是空的，直观无概念是盲的。”③ 在整个文本阐释过程中，文学经验总是与理论思维相伴随，两者构成一种阐释的循环。我们可以运用康德的判断力理论与伽达默尔的解释学对话来分析这一问题。康德认为，判断力所处理的是普遍与特殊的关系，规定判断从普遍原则出发去统摄特殊对象，反思判断是从所给予的特殊对象出发去寻求普遍原则。④ 两者具有内在的统一性，都有赖于人的敏锐判断力。伽达默尔综合亚里士多德的实践智慧理论与康德的判断力理论，认为阐释学对话就是如何将普遍的知识运用于当下的具体情境。他指出：“如果解释学问题的真正关键在于同一个传承物必定总是以一种不同的方式被理解，那么，从逻辑上看，这个问题就是关于普遍东西和特殊东西的关系问题。”⑤ 解释学对话就是沟通普遍与特殊的

① ［法］杜夫海纳：《美学与哲学》，孙非译，中国社会科学出版社 1985 年版，第 157 页。

② ［德］伽达默尔：《美的现实性》，张志扬译，生活·读书·新知三联书店 1991 年版，第 67 页。

③ ［德］康德：《纯粹理性批判》，邓晓芒译，人民出版社 2004 年版，第 52 页。

④ ［德］康德：《判断力批判》，邓晓芒译，人民出版社 2002 年版，第 10—15 页。

⑤ ［德］加达默尔：《真理与方法》（上卷），洪汉鼎译，上海译文出版社 1999 年版，第 400 页。

桥梁。

在文本阐释中，阐释者运用规定判断力，以既有的文学规则来判断具体的文学文本，发现两者之间隐秘的关联，发挥文学理论对文学文本的阐释作用。与此同时，阐释者运用反思判断力，从文学文本中发现新的表征，丰富或改写既有的文学理论。两者的沟通有赖于阐释者丰富的文学经验与敏锐的判断力，也就是实践智慧。规定判断力将具体的文学文本置于普遍的文学规则之下，但这不是简单地对号入座，而是在对文学文本的阐释中更深入地理解理论所包含的具体内容，并将反思判断贯穿其中，以文学文本为参照反思现有的文学理论。

对于文本阐释来说，反思判断比规定判断更为重要，因为规定判断是将特殊归摄于普遍原则下的“规定性”判断，从属于科学的演绎逻辑，特殊不过是普遍原则之下的一个“例证”，文学文本的独特性被遮蔽。而反思判断是对特殊个体的判断，阐释者以敏锐的判断力辨识文学文本独特的意义与价值，并从中发现具有普遍意义的文学问题。我国学者尤西林对此理解得较为深刻，他指出：“文学批评对文学经验的捕捉，并非白板式感知经验接纳，而是文学理论观念……指引下的经验诠释。但是，诠释不是自然科学或社会科学的实证裁判性活动，亦即并非依据现成规定寻找事实例证的‘规定性’（bestimmend）判断（康德），而是基于文学经验感悟而上升寻找相宜普遍对话的‘诠释学视野融合’运动过程。”[①] 在这一视野融合中，文学经验与文学理论彼此规定，既完成了对文学文本的阐释，又促进了文学理论知识的更新。

三

文本阐释的实践智慧还体现在从文学经验出发，打破阐释理论与

① 尤西林：《走向“评”—“论”相融共生的文学评论》，《西安交通大学学报》（社会科学版）2017年第5期。

方法的限制，综合运用多种理论与方法来阐释文学文本。伊瑟尔指出："理论将艺术从哲学美学加于其上的整体性概念下解放出来，从而揭示了内在于单个作品中的诸多不同方面，理论并没有详细阐明艺术最重要的定义是什么，相反，却展现出艺术的方方面面，其外延在不断拓展；作品的本体性整体被多元化了。"① 当代西方文学理论破除了过去的总体性理论，分化为各种局部性理论。这些理论各自从预设的前提出发来阐释文本，形成了众多的阐释模式。每一种阐释模式都将文本纳入一种认知框架之下，与其说是在阐释文学，不如说是在阐释文学的某一个方面，甚至彼此之间形成了阐释的冲突，文本的整体消失不见了。为了弥补阐释模式的局限，又不断地创造新的理论来取代旧的理论，进一步导致理论的碎片化与极端化，缺乏综合的理论眼光与丰富的阐释策略。

文学理论要更好地介入文本阐释，必须对各种阐释模式进行有效整合，建构更为宏观的阐释模式，张江先生将这种整合描述为系统发育。他指出："一个成熟学科的理论必须是系统发育的。这个系统发育体现在两个方面。从历时性上说，它应该吸取历史上一切有益成果，并将它们贯注于理论构成的全过程；从共时性上说，它应该吸纳多元进步因素，并将它们融为一体，铸造新的系统构成。"②这种系统发育既是理论发展的必由之路，也是文本阐释的必需。从文学理论构成的角度看，那种包罗万象的总体理论已经失去了存在的价值，取而代之的是一些具体的理论模式。虽然每一种模式都有自己的阐释角度与阐释路径，但都应该在文学创作—文学文本—文学接受的整体视域下吸收其他理论的合理之处，以免走向偏执与极端。从文本阐释实践的角度看，文学文本是由各种意义单元与层次构成的艺术整体，是多种属性与要素的统一。任何单一的理论都不足以认识文学文本的整体，必须综合运用多种理论才能阐释其丰富的意义与价值。这其中贯穿了实践智慧的目的与手段（方法）的关系，即为了实现文本阐释

① ［德］伊瑟尔：《怎样做理论》，朱刚等译，南京大学出版社 2019 年版，第 4 页。
② 张江：《强制阐释论》，《文学评论》2014 年第 6 期。

的目的，不应受某一种理论模式的局限，要在多种理论模式的交叉互补中拓展文本的意义空间。

我们可以从本体论哲学和实践哲学的角度进一步分析这一问题。本体的希腊文是 ousia，是希腊文的系词“是”的分词现在时阴性单数第一格。这个词和另一个词 on 有密切关系。on 是希腊文“是”的分词现在时中性单数第一格与第四格，[①] 英文翻译成 being。ontology 就是以 on 为研究对象的学问，通常译为“本体论”，也译为“存在论”，还可直译为“是论”。亚里士多德在《范畴篇》中将 on 分为十类，就是把人们使用“是”去言说“什么东西是什么”或者“什么东西是怎么样的”的情况分十个范畴：本体（或实体）、数量、性质、关系、地点、时间、姿态、状况、活动、遭受。[②] 当我们说“S 是张三”“S 是人”或者“S 是动物”时，我们所说的这种“是”就叫本体。本体就是事物的“是什么”，说出了事物的“是什么”就是说出了事物的本体。因此，本体是对事物本质的规定，其他 9 种范畴涉及的都是事物“怎么样”，也就是对事物属性的规定。“是什么”可以分为三种，即个别事物、小类和大类。个别事物是第一本体，后两种都是普遍性的类，被称为第二本体。[③] 亚里士多德指出：“从表面上看，第二实体似乎也同样表明的是某一这个，例如，当我们说到‘人’或‘动物’时就是这样，但这不是真的。它更多地表明的是某种性质，它不像第一实体那样，是单一的主体，我们说‘人’和‘动物’，并不是一件事物而是多种事物。”[④] 尽管个别事物才是真正的本体，是特殊的“这一个”，但它的“是什么”和“怎么样”都是从单一范畴出发对它本质与属性的规定。且不同范畴之间在种上相互独立，彼此不能通约，缺乏严密的逻辑关联，从一个范畴不能推导

① 余纪元：《亚里士多德论 ON》，《哲学研究》1995 年第 4 期。

② ［古希腊］亚里士多德：《范畴篇·解释篇》1b25，方书春译，商务印书馆 1959 年版，第 11 页。

③ 徐长福：《走向实践智慧——探寻实践哲学的新进路》，社会科学文献出版社 2008 年版，第 146 页。

④ 苗力田主编：《亚里士多德全集》第 1 卷，中国人民大学出版社 1990 年版，第 10 页。

出其他范畴。任何一个范畴的单独陈述都不可能呈现这个事物的整体，“在此意义上，任一单一理论，不管它如何全面、正确，对实践来说都是不够的，实践在内涵上总比理论要多”①。理论和实践永远不会一一对应，实践永远要比理论丰富，一种理论可以对应多种实践，一种实践需要多种理论来阐释。不能用任何单一的理论去规训个别事物，以免导致个别事物的扭曲和变异。

理论与实践之间的矛盾只能通过实践智慧去解决。根据亚里士多德与伽达默尔的分析，实践智慧是一种处理具体事情的智慧，善于协调普遍与特殊之间、目的与手段之间的关系，灵活运用各种理论与方法解决具体问题。实践智慧必须从当下的问题视域出发对各种理论和方法进行综合衡量，权衡利弊。当某种理论与方法不能很好地应对实践问题时，就应该对它进行调整与修正，或者是综合其他理论与方法以满足实践的需要。在文本阐释活动中，阐释者会根据自己的思维习惯选择某种理论与方法来阐释文学文本，当两者之间吻合协调时，阐释活动就会顺利进行；当两者出现矛盾与错位时，就需要寻找更恰当的理论与方法。当一种理论与方法的阐释效用有限时，就必须融合其他相关理论与方法，以求最大限度地释放文本的意义与价值。

文本阐释中对理论与方法的综合运用要以对话为原则，即以文学经验为基点寻求不同理论与方法之间的交流和融合，打破单一理论与方法的偏颇，扩展阐释视域。伽达默尔的阐释学对话与艺术经验理论为我们提供了启示，他对美学史上的“审美区分论”进行了批判，这种理论将文学艺术从人的现实存在中孤立出来，认为艺术品是一种纯粹审美意识的主观表达，忽视了艺术经验包含的丰富真理。针对这一观点，伽达默尔提出了“审美无区分”的观点。他说：“从本质上说，一件艺术品不正是一种宗教的或社会环境中的富有意义的生活—活动的承担者吗？艺术品不是唯有在这种环境中才获得其意义的完全

① 徐长福：《走向实践智慧——探寻实践哲学的新进路》，社会科学文献出版社 2008 年版，第 226 页。

规定性吗?”① 艺术经验与人的存在经验密切相关，既是人存在经验的象征，又是人存在经验的扩展，其中包含着丰富的审美经验、道德经验、宗教经验、历史经验和哲学经验。只有将艺术品置于人的生活场域来理解与阐释，才能揭示其中的真理。在这一理解与阐释过程之中，阐释者受到艺术经验的牵引，与艺术品展开对话与交流，既展现了艺术品的存在，又确证了自我的存在。伽达默尔是从人的存在方式来理解阐释活动的，对阐释方法在阐释过程中的作用未予以充分关注，遭到利科尔与哈贝马斯等人的批评。但他并非否定方法在艺术阐释中的作用，而是说艺术阐释不应该以方法为中心，而应该以文本意义为中心。文本阐释的理想境界是不见理论与方法的踪迹，一切理论与方法都应该消融于对文本意义的阐释之中。

西方 20 世纪以来的文本阐释有一种理论至上的倾向，每一种理论都要标榜自己的独特性，都要扩充自己的阐释领域，将理论扩大化与“非历史化”。为了维护理论的逻辑自洽性与普遍适用性，常常以理论直接介入阐释实践，以牺牲文学经验与意义为代价，背离了文本阐释的初衷。实践智慧就是要扭转这种理论至上的倾向，彰显理论的应用性和实践性。实践智慧并不否认理论知识的重要性，而是否认理论与实践的简单对应关系，不将实践视为理论的直接运用，而是要看到从理论到实践的中介机制。这就是以文学经验与判断力为枢纽，实现理论与实践的有效沟通，以文本意义为焦点，突破单一理论与方法对阐释实践的限制，实现相关理论与方法的汇通，破除理论对文学经验与文本意义的遮蔽，化解理论至上所导致的问题，使文本阐释回归实践的本性。

---

① ［德］加达默尔：《哲学解释学》，夏镇平、宋建平译，上海译文出版社 1994 年版，第 97 页。

“阐释限度”为何会“成为”一个问题?

——论文学阐释学中“主体”观念的历史变迁及影响*

周海天**

摘　要：在近现代的中西文论中，文本的阐释主体一般被默认为是“个体”，而在由“个体”所进行的“私人阐释”中，“阐释限度”无可避免地“成为”一个问题。这是由于“阐释主体”的历史更迭所带来的“阐释界限”之变化而造成的。古典时期的“文道”关系为“文学阐释”设立了界限，阐释是一种先验的“目的论”行为，而这一传统在中国的近现代却因“主体”概念之凸显而发生变化。在“主体”观念业已形成的前提下，对文学阐释之“限度”进行理论性的重构是目前文论界所探讨的重要问题之一，“强制阐释”“公共阐释”和“阐释是有限的无限”等理论正是在此背景下提出的。

关键词：文道传统　主体　界限　公共性

---

* 本文为国家社科青年项目“20 世纪汉学家对欧美文论的影响研究”（项目编号：20CZW004）的阶段性研究成果。

** 周海天，上海大学文学院讲师，研究方向：阐释学、比较诗学、文学理论。著有《圣人、语言与天道之关系——对魏晋时期“言尽意”与“言不尽意”悖论之溯源与解析》《从寂静而来的道说——论海德格尔对老子“道与言”思想的诠释与征用》《圣人之义的超越性回归——论皇侃〈论语义疏〉中儒道汇通的经学诠释学思想》等。

从历时角度看，文学阐释的“主体”经历了由“多”到“一”的更迭，而此种变化对近现代的中国文学理论而言可谓影响深远。在近现代的中国文学理论中，学者们对阐释问题，如“文学阐释的目的”“读者与文本的关系”和“阐释限度”等问题的思考和解答与古代文论呈现出巨大的差异。造成此局面的其中一个重要的原因在于，“阐释主体”这一概念在近现代思潮中发生了巨变，而“主体”概念的蜕变源于古典知识体系在“五四”思潮后被整体性地颠覆，作为古典知识体系中的一环——“文学”及其构成的相关概念系统受到了强烈的冲击，以至于中国文学理论自近代起就一直处于被“建构”的过程之中。

自“五经”时代始，“阐释”就成为追究“天人之际”的重要手段，并构建了中国哲学与文学的“文道”传统；而在近现代的理论建构中，“阐释”则成为汇聚“古、今、中、西”四个维度的理论与实践的核心。近年来，作为中国阐释学的建设性理论的发展，“强制阐释”“公共阐释”与“阐释的限度”等诸多命题的提出，在学术界引发大量讨论与对话，同时也推进了阐释学的发展。然而，由于在文学阐释实践中，一直存在着大量借助哲学诠释理论与方法的情况，那么，哲学理论的适用性也就不可避免地成为文学阐释合法性与有效性的关键。

为了把握文学阐释问题的发展脉络，我们需要从历时角度考察文学阐释与哲学阐释之间的关系，即讨论古典时期“文道”关系中之文学阐释的“界限”问题，以及文学阐释“界限”为何在近现代渐变为“无界”。同时，由于“界限”与“阐释主体”又存在着密切的联系，正如张江指出，阐释的“公共性”是由人类的“理性的公共性”所派生出来的，那么，“无界”的主体的“私人性”与“有界”的“公共理性”如何能够被统一起来？对此，“阐释主体”就成了一个关键性的切入点。因此，本文将通过回顾历史与哲学概念的变迁，考察当下文学认识论的边界与前提，探究文学“阐释主体”在三个时期的概念的流变，从而展示“阐释主体”的概念之变更对“阐释界限”的影响，进而呈现出中国文论对“阐释”理论进行理解的内在依据与其建构的可能性。

一 “目的论”前提下的“文道”边界

在中国古典时期，文学阐释的“主体”具有多重性，其原因在于文学与经学之间关系密切。从广义而言，古典时期的“文学”概念不仅指以修辞性为特点的书面文字（“章”），也包含了几乎所有的文体类型。因此，中国的文学阐释学与经学诠释学在目的与方法上就具有了交叉性。经学诠释学是解经者以传、笺、注、疏与正义等形式对“十三经”中的意义进行阐发的传统模式，其目的在于通过解经者对经书的阐释，而通达“天人之际”这一终极目标。同时，这种通达并非从下至上，而是自上而下的。经学家们普遍认为，“常道”先在地如种子一般埋藏于阐释者精神之中，阐释就是激发其已经存在的“常道”的种子，可以说解经者的阐释也是“常道”所进行的“自我阐释”。

因此，古典时期发展出专门阐释“文章”与“道”关系的“文道”传统。事实上，文学领域的“文道”传统与古典知识体系的构成具有一脉相承之处，即其符合“经、史、子、集”的等级秩序。“经”作为意义的来源者，支配着“文”的存在与表达。为何“经”能够统“文”？在《说文解字注》中，清代学者段玉裁认为“经”作为纺织纵线有“基础”之义，随后他引申“经”为天地之“常”：“织之从丝谓之经，必先有经而后有纬，是故三纲五常六艺谓之天地之常经。”[①] 因此，“经”为“常”，而“常”意味着不变之道。同时，中国最早的词书《尔雅》记载“经”亦存在着一个意义群。综合来看，在《说文解字注》与《尔雅》中，对“经”意义的范围大体覆盖了“常”“法”与“始”[②] 几种含义，因此，不变性

① （汉）许慎，（清）段玉裁注：《说文解字注》，上海古籍出版社 1981 年影印经韵楼藏版，第 644 页。

② （晋）郭璞注、（宋）邢昺疏：《尔雅注疏》，载《十三经注疏》，中华书局 1980 年影印世界书局阮元校刻本，第 2568 页。

（“常”）、规范性（“法”）与起始性（“始”）共同构成了“经”的内涵。

因蕴含着“常道”的“经”作为古典时期的普遍与公共原则，其先在地支配着“文”，并作为一切自然与人文的发生根据，因此，文学阐释的“主体”——包括读者与作者之目的就不在于生产出作为“文本”的意义，而是读者要通过经典来阐发已经存在的“常道”。换言之，“经”的先在性意味着，解经者或读者对经典的创新性理解就并非仅仅是其主体性的随意发挥，而是“经”本身借助着解经者或读者展示自身的方式。“常道”已经在此过程中发挥作用，而文学阐释的主体只是用语言文字把“常道”显示出来，而这种显示其实是“常道”的“自我阐释”。

“经”作为一个抽象概念（与之相同的概念为“常道”“天”等）是意义的起点与终端，能够支配一切文学文本的产生与阐释实践。古典文学被“常道”统摄，其为阐释的开始，也是阐释的目的，因此这是一种典型的“目的论”的阐释范式。这就意味着，阐释先天地蕴含着界限，即阐释者被“常道”限制、规范与指示。因此，虽然这一时期的文学阐释者的主观意图是进行“文学诠释”，然而，解释的最终目的是正确地解释“常道”。

在古典文学中，“目的论”的阐释直接导致了“文道”关系的展开，并依循着“天人关系”的哲学模式。因此，古典文学阐释实际上有三个阐释“主体”：“作者/圣人”——阐释“常道”；“读者/解经者”——阐释“常道”；“常道”——“自我阐释”。这三个主体可更精简为“天人”两类，即“个体对文本对象的阐释”（人）和“常道的自我阐释”（天），前者是对后者的“阐释”，而后者则为前者的“阐释”提供逻辑基础和前提。因此，就“人”这一面向而言，“读者”与“作者”都是“阐释者”，二者通过创作与阐释行为对“常道”进行展示。

在南朝文学阐释理论的代表大作《文心雕龙》中，刘勰把“文章”与“常道”联系起来，在开篇就强调“文章”必先“原道”“宗经”与“征圣”，因为他认为文学的创作与欣赏不仅仅是个体经验，也是表现“常道”如何通过“经典”展开自身，反之亦然，因此，文学经典和“常道”是互释的关系。《文心雕龙·序志》的论述亦表明了“文章”与“经典”的内在联系：“敷赞圣旨，莫若注经，而马郑诸儒，弘之已精，就有深解，未足立家。唯文章之用，实经典枝条，五礼资之以成，六典因之致用，君臣所以炳焕，军国所以昭明，详其本原，莫非经典。”① 刘勰承认，文章与注经是有差异的，然而，“文章”——无论是抒情性还是说理性的“文”——都是“经典”的枝条，是“经典”的延伸和展开。

因此，在古典时期，就“作者/圣人”这一整体而言，个体感情的抒发也是存在着内在界限的。事实上，经学家们也会用“心”和“意”等具有主观含义的概念，然而，在《五经》中，一些文献证明“心”和“意”具有普遍性，即并非完全为主观之心和主观之意。就经学阐释而言，圣人以“大心”阐释“常道”，正如宋代张载所论：“大其心则能体天下之物，物有未体，则心为有外。世人之心，止于闻见之狭。圣人尽性，不以见闻梏其心，其视天下无一物非我，孟子谓尽心则知性知天以此。天大无外，故有外之心不足以合天心。”② 张载所谓的“见闻之心”就是日常经验的知性思维，而“体天下物”的“大心”则是超越知性思维而进入对全体，即是对“经”理解能力的隐喻，而宋儒讨论的“圣人之心”其实是先秦时期的“圣人之意”的一种延续和发展。那么，抒情性的文学作品如何体现“常道”？唐大圆解读陆机在《文赋》中曰“伫中区以玄览，颐情志于《典》《坟》。遵四时以叹逝，瞻万物而思纷。悲落叶于劲秋，喜柔条于芳春”③ 时，认为“‘伫中区’有孟子‘居天下之广居，立天下之正位。’之意。‘以玄览’亦有‘行天下之大道’之意”④。文学创作的发生首先是基于作者对宇宙自然与圣人经典之体察，而这种体察不

① （南朝梁）刘勰，詹锳义证：《文心雕龙义证》，上海古籍出版社 1994 年版，第 1909 页。

② （宋）张载，章锡琛点校：《张载集》，中华书局 1985 年版，第 24 页。

③ （晋）陆机，张少康集释：《文赋集释》，人民文学出版社 2002 年版，第 20 页。

④ （晋）陆机，张少康集释：《文赋集释》，人民文学出版社 2002 年版，第 20 页。

只是情感地观看自然景物或阅读经典文本，而是有着更深刻的前提，即当作者体察天地大道并立于正位，并以"文"践行其所理解的"常道"后，才能合理地抒发情感，而这时的情感恰恰是符合"常道"的。因此，"悲落叶于劲秋，喜柔条于芳春"是一种在"常道"规范和限制下产生的合理情感，换言之，这正是"常道"对作为"作者"的阐释者之情感限制。

就"读者/解经者"而言，其阐释也是存在着一定的目的和限度的，而这种限度也必然受到"常道"的规范。汉代经学家董仲舒在《春秋繁露·精华》中以《诗》《易》与《春秋》三种不同文体——文学、哲学与历史的经典为例，指出"阐释"行为的限度和目的："所闻《诗》无达诂，《易》无达占，《春秋》无达辞。从变从义，而一以奉天。"[①] "读者/解经者"对以上经典的阐释虽然方向各异，但所有的"变"都是为了"奉天"，即"奉道"，因此"读者"无法超越"常道"的先在"公共性"。同样地，在对《诗经》的阐释中孟子要求："故说诗者，不以文害辞，不以辞害志。以意逆志，是为得之。"[②] 所谓的"害辞"与"害志"的说法，正是由于已经存在一种先在的意义，即由于"作者"与"读者"对"常道"中的普遍性之认同和理解才能保证自己的主观之意能够接近本义。

就"第一阐释者"——"常道"而言，它是使得自然与人事在逻辑上成立的前提，也是"目的论"的起始和终点，其表现为具有"自我阐释"的实践特征。在《论语·阳货》中存在着这样的表述："子曰：'予欲无言。'子贡曰：'子如不言，则小子何述焉？'子曰：'天何言哉？四时行焉，百物生焉，天何言哉？'"[③] 在以"言"作为中介的阐释活动中，孔子提出"不言"这一命题，是为了凸显

---

① （汉）董仲舒：《春秋繁露》，载《二十二子》，上海古籍出版社 1986 年版，第 775 页。

② （汉）赵岐注、（宋）孙奭疏，《孟子注疏》，载《十三经注疏》，中华书局 1980 年影印世界书局阮元校刻本，第 2568 页。

③ （魏）何晏集解、（梁）皇侃义疏：《论语集解义疏》，商务印书馆 1937 年版，第 249—250 页。

“天”的“言说”和“阐释”方式是沉默的，它是以“四时行”和“百物生”的方式所进行的“自我阐释”。因此，就“天道”自身而言，“常道”的“自我阐释”方式是通过自然的运行与万物的生灭而进行的，然而，为了要显示自身，就要通过中介，即言与象，而此二者进一步形成“经典”—“圣人”—“解经者”这一序列。所以，就人事而言，“常道”的“自我阐释”方式是通过贯穿和影响作为“阐释者”的“作者/读者”或“圣人/解经者”而实现的，“阐释者”以“经典”和“文章”为中介对“天道”的阐释其实恰恰是“常道”的“自我阐释”。

在古典的“文道”关系中，虽然文学阐释的主体是读者与作者，但文学和文学阐释的前提和目的是“常道”，换言之，是“常道”这一“主体”通过“文”进行了“自我阐释”，这一前提构成了作者与读者进行对话并进行“公共阐释”的基础。因此，这里的“主体”和“阐释边界”是受限的和清晰的。

二　阐释主体的解放与阐释边界的模糊

在“五四”思潮中，随着西方思想的引入，这一时期同时也是近现代思想的自身演进。古典“文道”关系开始破裂，与此同时，也成为文学阐释主体变化和发展的开端，从表面看来，阐释主体在收缩与窄化，然而，从另一方面来说，摆脱了“天道”限制的主体也得到了解放。然而，解放之后随之而来的是主体的私人化这一问题的出现，这一改变自“五四”思潮始，而“五四”并非仅仅是一个时间性概念，也是一个思想转变的关键节点，自此以后，作为中国古典时期知识体系之根基的“经学”被颠覆，从而其逐渐失去了统摄“文章”的作用，这一变化导致了“文道”关系的断裂。“五四”思潮之所以对古典知识体系造成了巨大的冲击，是因为这一时期的思想家们以被“误读”了的西方概念对传统知识体系进行“强制阐释”与“强行改造”。虽然他们是抱着重构古典知识体系，并重新为其找寻合法性的良好愿望，然而，在“新文化运动”的浪潮中，“反对一切旧文化"的实践却在理论和实践中出现了古与今、中与西间的断裂与错位，此种错位导致了旧知识体系的衰落，并使得"主体"这一概念得以重生。

"五四"时期的启蒙思想家如钱玄同、顾颉刚与胡适等，都试图以西方"常识"意义上的"科学"理论重构古典知识体系——"经学"系统，从而希望通过西方理论的引入为中国学术的现代化谋求出路。譬如顾颉刚在《古史辨》中论道："旧时士大夫之学，动称经史词章。其所谓统系乃经籍之统系，非科学之统系也。惟其不明于科学之统系，故鄙视比较会合之事，以为浅人之见，各守其家学之壁垒而不肯查事物之会通。"① 顾颉刚认为，"经、史、词章"这一内含着等级秩序的旧有的分类法是不科学的。同样，受到"进化论"以及杜威的"实验主义"之影响的胡适在《古史讨论读后感》中也认为："历史家只应该从材料里，从证据里，去寻出客观的真理。如果我们先存一个'理'在脑中，用理去'验'事物，那样的'理'往往只是一些主观的'意见'。"②

然而，"五四"时期的思想家们对西方理论的理解却是一种"误读"。就"科学"这一概念而言，往往在"实用主义"的意义上被定位，事实上，"科学"在西方哲学概念中指的是存在的基础，正如德国哲学家马丁·海德格尔在《谢林论人类自由的本质》（*Schelling's Treatise：On The Essence of Human Freedom*）中指出："在德国观念论时代，科学（Wissenschaft）首先和真正说来正意味着哲学，这种知识是最初和最终存在的根据，与这种根本知识一致的是，其呈现出的本质方面与任何可理解事物具有根本性的联系。"③ 然而，在"五四"思想家们的观念中，"科学"这一概念往往在"经验事实"和以"因果律"为核心的"实证主义"中被接受。

因此，自旧知识体系被"改革"后，"经学"从"天人之学"分

---

① 顾颉刚：《古史辨》，上海古籍出版社1982年版，第31—32页。

② 胡适：《胡适文集》，北京大学出版社1988年版，第84页。

③ Martin Heidegger, *Schelling's Treatise：On The Essence of Human Freedom*, trans. Joan Stambaugh, London：Ohio University Press, 1985, p. 16.

裂为以“实证主义”为内核的“历史学”“文学”与“哲学”等现代意义上的学科，从此“文学”正式脱离了“经学”的限制和规约，随之而来的是“文学阐释”也脱离了“常道”原有的界限。之前作为世界根据的“常道”此时以“信仰”的面孔出现。因此，对“经学”中所蕴含“常道”的信仰则必须仰赖于“人”主观选择能力而实现，即“常道”则被科学去魅化后处于“信则存，不信则不存”的地位。

与之相应的是，作为“主体”的“人”这一概念在此后被凸显出来。在“新文化运动”的思潮中，胡适、陈独秀、李大钊、鲁迅、周作人倡导“人的文学”；文学研究会主张“为人生”的文学，其宗旨都是使作为主体的“个人”脱离旧有的社会结构、思想意识与文化界限所造成的束缚与限制。事实上，这一点也清晰地反映于文学作品中，在鲁迅写于1925年的小说《伤逝》中，主人公子君面对封建家庭的态度恰恰是“个体觉醒”的文学性表达：“我是我自己的，他们谁也没有干涉我的权利！”① 从“三纲五常”中被限制的“主体”，到“我是我自己”的命题背后所凸显的“个人主义”的萌芽已经开始发展。

在此思潮之下，古典时期文学阐释中的三个“主体”此时仅余现代意义上的“新读者”。“新作者”不必在文学创作中对“常道”进行阐释，相应地，“新读者”也不必寻找并阐释蕴含于经典中的“常道”。当“人的解放”“个性解放”与“人的觉醒”等命题被提出后，这时的“人”——“作者”与“读者”都是携带着“私人”特质的“主体”，其将被欲望、情感和无意识等非理性的因素支配。因此，在“五四”思潮中所提出的这些命题暗示出作为主体的“人”已经不再受到古典时期的“常道”所限制，相应地，文学活动——无论是创作还是阐释也不再是“目的论”的。

从表面看来，与彰显“个体”为特点的“人的文学”思潮不同，“革命文学”理论中提出的“无产阶级文学”“人民大众的文学”与

① 《鲁迅全集》，人民文学出版社2005年版，第115页。

“工农兵文学”等命题，似乎是“人的文学”之反题。然而，这些命题恰恰也都是受到了“主体性”之觉醒这一时代潮流的影响，因为在以上命题中，“集体”概念的生成皆是在“个体”概念的基础上所构筑的，而非如古典时期那样，“集体”的“公共性”是一种先在性的概念。

在新中国成立前后一段时间中，“人民”这一集体概念成为文学阐释的重要“主体”，但是这并不意味着“个体”又重新回归古典时期，即被“常道”支配的“个体”中。事实上，新中国成立后文论中的“集体”和“人民”概念恰恰也是建立在“个体”概念之上的，“集体”和“人民”是无数“个体”的集合。到了20世纪五六十年代，文艺理论界对“主体”的关注出现了表面的反转，表现为“文学主体”再次被凸显，钱谷融明确提出“文学是人学”这一命题；70年代末，李泽厚探讨文艺中“主体”与“主体性”的问题；80年代中期文论提出文学研究应该从“客体”转向“主体”。从50年代到80年代再次出现的对“文学主体”的关注与强调并非一种与之前阐释主体——“集体”的断裂，而是接续“五四”思潮的一种表现。事实上，“主体”概念自“五四”思潮后就或隐或显地在不同时期的文学理论中逐渐地扎根与发展，到80年代，“文学主体”已经完全处于“个体性”的范畴之中了，这种影响在“先锋文学”中表现得最为明显，其中“主体”的显著特征成为“痛苦的自我”。

在此前提下，作为“阐释者”的作者已经不再把“文学”视为载“经”之“典”了，“文学”成了“文本”（text），更确切地说，虽然从“五四”至今，“文学”依然有“载道”之用，但其所载之道已经完全不是古典意义上的“天道”，而更多的是各时期由社会“个体”所形成的共识，而这种共识在古典时期被称为“人道”。同时，“人道”是随着不同的历史时期之主题变化而更迭的，我们也可以称其为“时代精神”，而这恰恰是“个体”概念出现后的一般表现。

与中国“主体”哲学发展的脉络相对的是，虽然从“五四”至80年代，阐释学理论并未被引入文学批评中，但是，“阐释主体”的变化已然为后来阐释学理论被正式地引入后其所面临的一系列问题埋下伏笔。

在 80 年代，西方阐释学理论被引入中国，并获得了较多的关注。对阐释学（也有译作“诠释学”“解释学”等）理论的译介、引入与讨论首先发生在哲学领域。譬如，神学诠释学的方法、狄尔泰与施莱尔马赫的“普遍诠释学”、伽达默尔与海德格尔的“哲学诠释学”被“共时地”引入中国，并成为阐释学理论所讨论的重点，不少学者希望以西方阐释学为理论透镜，重新激发古典文化的生命，并由此建立“中国阐释学”。对此，一系列主张被提出，如“创造的阐释学”“本体阐释学”与“中国解释学”等构想，其种种努力皆试图以西方阐释学理论为工具，为中国古典哲学的研究寻找一种新的解释理论框架。

然而，虽然“中国阐释学”的构想具有启发性，但其本质却并非一种“以他山之石”来激发中国文化系统的原创性哲学理论，而是“阐释学在中国”的“理论旅行”之结果。因为学者们大多把西方作为“方法”与“方法论”的“阐释学”作为解读经学之工具，所以西方阐释学理论更多的是在“方法”与“方法论”层面被吸收到中国经学中的，其作为“方法”的“并列”而存在。同时，在西方阐释学中，三个时期的“阐释主体”其实是有着不同内涵的，即从最早期的“释经者”（“神学诠释学”）到“全体人文科学”（“普遍诠释学”）再到“存在本身”（“哲学诠释学”）是一步步走向哲学化的过程，而中国古典阐释学——经学诠释的三个主体：“圣人”“解经者”与“经”并不能完全地与其一一对应。

事实上，把“阐释学”作为方法应用于中国经学研究中，其核心也并非以复活“天人之学”为目标的。在现代的研究范式下，对“圣人”身份的争议就从一个层面上反映出现代研究者们对“阐释主体”的怀疑，而这种怀疑恰恰是“主体”概念重构后的结果。同时，在现代的经学阐释中，“常道”被置于“意义生产”模式中，研究者们认为，“常道”是被不同类型的“主体”——“阐释者”或“统治者”所生产、建构甚至操控后形成的“话语”，而这类研究的模式归根结底是现代"主体"概念的出现对古典"阐释主体"——经典作者、解经者以及"常道"的怀疑所导致的。

"阐释学"进入文学理论领域的时间迟于其进入哲学领域的时间，同时，西方阐释学理论对现代中西方文学也产生了重要的影响。"文学阐释"在研究者看来是区别于"哲学阐释"的，因为它具有自身独特的属性——这也是文学阐释者所达成的共识，而此种共识一方面说明"文学"与"经学"的"阐释主体"已经分离，另一方面则表明"文学阐释学"的创建将走上一条与"哲学阐释"不同的道路。

三 阐释主体的公共性与个体性之辩证统一

在古典时期的"文道"关系中，"常道"是保证阐释主体之间形成"公共性"的先在条件，但此种"公共性"是一种"目的论"的共识。所以，"阐释主体"之所以具有"公共理性"，是被"文"中所蕴含"常道"之普遍性赋予的。换言之，无论是作者还是读者，他们都先在地分享着同一个"常道"。然而，在现代性的冲击下，"主体"自身更迭为"没有界限的个体"，其具有强烈的私人性。因此，失去了"常道"的规约，在近现代的文学阐释中，"私人主体"之产生而造成的"阐释限度"之模糊性在文学理论中才"成为"一个问题，而在"阐释限度"之争议的背后，其实是"主体"概念"私人化"了的结果。

在"阐释主体"经过了一百多年的概念转化，并已然成为被广为接受的"私人个体"的境况中，现代研究者们再试图从理论上返回、恢复并重建古典时期的"文道"关系显然是不切合实际的。因此，新时期的文学的"阐释主体"之建构必须在业已形成的"私人性"观念之上进行。对此，20 世纪的中西方文论在重新定义"阐释主体"时，都或多或少地受到了"哲学阐释学"的影响，特别是伽达默尔对"理解与解释"问题的哲学观点往往成为 20 世纪中西方文学阐释的支撑点与延伸点。

在 20 世纪的西方文学批评中，文论家们就在不同的程度上吸收了“哲学阐释学”的理论，并以此为基础调整或重构文艺批评的理论框架，同时，文论家们所争论的焦点依旧是围绕着“读者”“作者”与“文本”这三个最为核心的文学批评要素而展开的。由于“阐释学”被吸收的程度与面向不同，其在西方文论中所呈现出的面貌也是各异的，就文学阐释理论而言，“阐释学”的影子在“读者反应批评”“新马克思主义”“接受美学”与“新历史主义”等理论中都可被发现。然而，“阐释学”理论的介入并不意味着文学阐释问题的完美解决，“解释的客观性”、文学的“私人与公共领域”、“批评的限度”、“意义来源与传递”、“文学与历史批评”、“读者—作者的交流”与“语言与文本”等问题依然是文学批评的战场，而以上争议的背后都离不开如何定义“读者”这一核心“主体”。同时，当“阐释学”理论被应用于文学研究时，也受到了一些“后现代”文艺理论的挑战，如德里达的“否定性阐释学”对交流可能性的否定、罗蒂的后现代主义阐释学对“阐释有效性”与“阐释限度”之怀疑，而此种怀疑与否定也是与“读者”这一主体之定义息息相关的。

在以上理论中，“阐释学”对传统的“读者”概念重塑之影响成为一个重要的文论现象。在20世纪中西方文学理论领域中存在着两个逻辑上互为因果的话题。其一，“读者中心论”。“读者中心论”判定，由于“读者”这一“主体”的存在，文本的“原初意义”是不存在的。因为具有“私人性”的读者将必然地导致阐释的中介化，因此“客观理解”是不可能的。所以，“作者原意”和“文本原意”是一种“想象”，而阐释是属于“读者”的“创造”和“再生产”。这一派的代表文论家是姚斯、伊泽尔、费什、卡勒与霍兰德等，虽然他们的主张存在着不同之处，但就其中心论点而言，其可被归类为以主张读者/接受者为中心的“接受美学”。

其二，对“读者中心论”后随之而来的问题——“开放性文本”概念的反思，这就体现为理论家们对“阐释限度”问题的争议。如赫什对“解释的有效性”之回应、贝蒂提出“自主性原则”、艾柯指出“过度诠释”、罗蒂对阐释的“无限接近”与“阐释限度”的争论，以及德里达所提出的“解构主义阐释学”，以上文论家皆以不同的方式对阐释限度进行争鸣、支持、反思与质疑。

就 20 世纪中国文论而言，近些年来，中国文论家也把目光转向了西方的“阐释学”理论，特别是经过“哲学转向”后的阐释学理论，并使之与“文学理论”结合起来，这种结合依循着两种研究方向而进行着。其一，研究者们以“阐释学”为方法或方法论，解读文学作品的内蕴。其二，把“阐释学”作为一种激活中国新时代文学理论的起点，并在应用过程中面对和反思各种由“古今中西”而汇聚的文学理论问题。

就第二种理路而言，从“强制阐释”到“公共阐释”再到“阐释限度”理论，张江以西方的“阐释学”理论为思想的出发点，从而激活和揭开中国文学理论中所现存的问题，进而构建中国文学阐释学理论。无论是“强制阐释”“公共阐释”还是“阐释限度”，其背后都隐含着一个无法绕开的核心问题，那就是如何定义“文学阐释主体”——“读者”之特质，而“读者”的定义与“阐释边界”在逻辑上又具有内在的一致性。“强制阐释”理论批判阐释主体——“私人解读”对文本所进行的“无边界”与“无中心”阐释之现象；而“公共阐释”与“阐释限度”试图在破除“强制阐释”的基础上，重新建构“阐释主体”与“阐释边界”之间的关系。

对于构建中国文学阐释学的理论而言，其中一个重要的问题就是，如何统一“读者”之“主体性”与“公共性”的矛盾，而这种统一的程度将决定“阐释边界”问题的展开。在《公共阐释论纲》中，张江将海德格尔和伽达默尔的“存在论阐释学”作为建构“公共阐释”的思想资源和理论起点，其中他就提出“公共理性”这一问题：“公共理性呈现人类理性的主体要素，是个体理性的共识重叠与规范集合，是阐释及接受群体展开理解和表达的基本场域。在理性的主导下，主体间的理解与对话成为可能，阐释因此而发生作用，承载并实现理解和对话的公共职能。”① “公共理性”这一概念是在读者之“主体性”已经兴起的前提下产生的，因为“公共理性”的反面

① 张江：《公共阐释论纲》，《学术研究》2017 年第 6 期。

是“私人性”，而“公共理性”的提出恰恰是为了限制和规约无边界的“私人性”阐释。同时在《论阐释的有限与无限》中，张江提出π这一“模型”解释有限与无限的关系，即无限是有限的无限，而这种有限正是在“公共理性”制约之下的无限。[①]

然而，“公共理性”并非与“私人性”完全对立，因为虽然被冠之以“公共”，但“公共理性”却是在承认“主体性”的基础上提出的，更确切地说，“公共理性”来源于“私人性”的集合与提炼。可以说，“公共理性”是众多的具有“私人性”之“主体”经过交流后所产生和所认同的“共同观念”，它是由无数的“个体”把自身的意见进行“公共化”后，相互认同所形成的“意见共同体”。“公共”这一概念与“集体”或“人民”等“五四”后中国文学史上的“文学阐释主体”概念在内在逻辑上是一脉相承的，其核心都是以作为“个体”的人为基础，通过意见“集中”后产生的集体或公共意识和共识。因此，“公共性”必须通过主体间的“交流”才能够实现。

因此，这就意味着“公共阐释”并非一种“真理结构”，而是一种具有边界的文学阐释的可能性理论。因为如柏拉图指出，由个体所形成的观点只能是“意见”，而非“真理”。[②] 然而事实上，文学阐释也不必为一种“真理性”的阐释。文学的阐释更像一种“舞台表演”，阐释者以各种偏好、理论和方法进入对剧本的理解与解释中，其如同演员在舞台上的表演一样，演员们要通过自己的表演,即对剧本的诠释获得更多的认可，这就要求演员们的表演需符合观众的“期待视野”。因此，成功的表演获得大量观众理解与认同的前提就是演员对剧本进行了“有效的阐释”，换言之，表演的成功取决于“演员/阐释者”与“观众/大众读者”之间在交流中找寻到的“公共性”。同时，表演者也要通过自己的表演与观众进行“交流”，在已

① 张江：《论阐释的有限与无限——从π到正态分布的说明》，《探索与争鸣》2019年第10期。

② ［古希腊］柏拉图：《理想国》，郭斌和、张竹明译，商务印书馆1986年版，第227页。

经形成了的"共识"基础上，推进和引导观众认同自己的"私人阐释"，从而扩大"公共阐释"的范围。所以，阐释的"公共性"并不是一成不变的，而是不断地通过主体间的"交流"而扩展自身的范围后所形成的。

由此可见，文学阐释的主体——"读者"在理解与解释时的确是在进行着"私人性"的阐释，然而，这并不妨碍阐释的"公共性"之形成，因为文学阐释是一种内核稳定，而外延扩散的存在。意义可以经由阐释者以文本为媒介而蔓延和扩散，但阐释者的"个体"受制于业已形成的"集体共识"或"公共理性"，因此，"有效的阐释"一定是围绕着某一稳定内核的意义而展开的。

那么，"集体共识"是如何进行更迭的呢？我们发现，每一个历史时期都存在着一种基于共识的阐释角度，同时，这种角度相对于其他面向而言是更容易被大众接受的，也被称为"时代精神"，那么"共识"与"个体"之间是如何进行互动的呢？伽达默尔提出的"视域融合"理论对此问题的解释具有一定的启发性。

伽达默尔认为"视域融合"的主体不是"个体的人"，而是"历史意识"，当"历史意识"促成了"效果历史"（Wirkungsgeschichte），即"效果历史"使"历史"① "发生作用"并成为"效果历史意识"时，"历史意识"才能作为"视域融合"的主体。更准确地说，"历史意识"是借助"具有历史意识的人"而进行自身的更迭的。在《真理与方法》中，伽达默尔清晰地指出："理解自身甚至根本不能被认为是一种主体性的思维行为，而应该被认为

---

① 按：伽达默尔意义上的"历史"是作为全体的"经验"。正如伽达默尔在《经验概念和阐释学经验的本质》一节中所言："这正是在我们分析效果历史意识时所必须坚持的立场，即效果历史具有经验的结构。"（Hans-Georg Gadamer, *Wahrheit und Methode: Grundzüge einer philosophischen Hermeneutik*, Tübingen: Mohr Siebeck, 1990, p. 352.）"经验"不是个体性的经验，而是作为全体的经验的共在："它（经验）不仅仅是指知觉和指令意义上的经验，即这一事物或那一事物的经验，它意味着整体的经验。它就是那种体验，必须始终由自己获取，并且不能免予任何人。经验在这里的意义是，其是属于人类历史本质的存在。"（Hans-Georg Gadamer, *Wahrheit und Methode: Grundzüge einer philosophischen Hermeneutik*, Tübingen: Mohr Siebeck, 1990, pp. 361-362.）

是一种置自身在传统中的行动（Einrücken），在这过程中，过去与现在持续地被中介。"①"历史视域"是一种集体理性的"限制"，在此"前见"之下，"个体"的阐释在不断地与之"视域融合"中得到更迭。

对于中国文学阐释建构目标而言，阐释主体的"公共性"是以"个体"为基础的，同时，文学阐释之"主体"作为个体的经验总是内含于整体之中的，并不存在脱离于整体的碎片化的"个体"。在此前提下，阐释的"边界"总是被"已经存在"并"不断发展"的以个体为基础的"历史意识"或"集体共识"限制，因此，"文学阐释"成为一个内涵相对稳定，而外延在有效范围内扩展的存在。

① Hans-Georg Gadamer, *Wahrheit und Methode: Grundzüge einer philosophischen Hermeneutik*, Tübingen: Mohr Siebeck, 1990, p. 295.

文本同一性对于文学阐释意义确定性的重构

王子威[*]

摘　要：意义在作者—文本—读者三者的流动间会出现延宕和分歧，导致意义本身变得难以归属且晦涩不明。在摆脱了作者中心论的原意控制和文本中心论的自足封闭之后，读者中心论的文学批评顺着理论需求呼唤的开放性缺口蓬勃发展了几十年有余后渐趋失声。接受理论承继哲学诠释学的理论资源，耶鲁学派受到解构主义的影响，他们都在不同程度上主张文本意义具有开放性和不确定性。本文聚焦接受美学、读者反应批评与误读理论，详解姚斯、伊瑟尔、费什与布鲁姆在读者参与构建文本意义方面的主张，展开分析文本意义从积极的开放性流向由于阐释即创造所带来的意义确定性缺失的问题，基于坚守文本意义的共时同一性对过度动态化的读者阐释提出批判和重构，从而抵制滑向谬误的风险。

关键词：接受理论　读者中心　确定性　同一性

文学批评范式在研究文本的过程中始终围绕作者—文本—读者的三方关系，始终围绕寻求意义的实现究竟落脚于作者中心、文本中心

* 王子威，上海大学文学院中国语言文学流动站博士后、讲师，研究领域：文学理论、阐释学。

还是读者中心。20 世纪 60 年代，文学批评范式在逐渐突破了作者中心论的原意控制和文本中心论的封闭自足之后，从理论发展的客观需求上呼唤了对接受维度的重视和强调，呼唤了读者范式，也就是一种更为强调主观和能动的范式。

这种理论呼唤趋势实则有其深远的社会政治和思想文化背景，随着 20 世纪 60 年代资本主义经济的衰退和萧条带来青年一代对传统和权威的怀疑和批判，随着共产主义思潮在全球范围内的流行而掀起各类社会运动，随着现代人内心对稳定且封闭的理论越发缺乏信任感和确定性，理论界对新观念、新思想和新范式的吁求急剧增长。此时伽达默尔的哲学诠释学和法兰克福学派的社会批判理论互相激荡产生深远影响，提倡关注人文科学和个体体验，提倡强烈介入现实对政治制度和意识形态展开剖析和批判。此种背景反映在文学理论的发展历程中即是 20 世纪 60 年代文本中心范式走向没落，新的理论范式要突破过度封闭于文本本身的内部研究，要重新建立文学与社会的紧密联系。

而沿此接受维度突破口兴起的文论体系，包括接受美学、读者反应理论以及以布鲁姆为代表人物的耶鲁学派，都在不同程度上强调了读者阐释文本意义的开放性和创造性，他们强调和崇尚阐释即创作，正如布鲁姆所讲："阅读是一种误写。"① 那么读者中心论的主观范式是如何逐步为阐释意义的开放性和相对性提供了存在空间？又或者，正是因为论证了文本意义的不确定性才确立了阐释自由的立足根基。在提倡摆脱封闭自足的文本研究的过程中，理论何以从强调接受维度走向了过度的中心偏离以至于失去了文本意义同一性的立足点？本文就接受美学、读者反应理论和以布鲁姆为代表的耶鲁学派的理论主张为对象切入，分析阐释过度自由对文本意义同一性的否定和消解，揭示并批判其在理论倾向上与解构主义趋于相近或同源从而导致的意义确定性缺失问题。

---

① ［美］布鲁姆：《误读图示》，朱立元、陈克明译，天津人民出版社 2005 年版，第 1 页。

一 阐释自由——读者参与意义构建

首先要明确，强调将读者的阐释视为创作的论调缘何出现又是如何建基并广传的。20世纪上半叶，形式主义、新批评与结构主义风行，主张回归文学性，久而久之则发展至自足于将文本作为封闭自律的体系来进行解读和研究，割裂文本与作者、读者以及整个社会历史的关联。为批判和反拨这种形而上的自足自律型文学批评，强调文学接受维度、主张开放意义的理论主张开始势头渐起。读者阐释是一种创作，即由这种提倡和主张意义多样性和不确定性的读者中心维度发展而来，而意义的不确定性也为读者阐释自由提供了更具说服力的理论依据。

20世纪60年代，接受美学的代表人物姚斯（注：也有译作“耀斯”“尧斯”）从文学史危机切入文学理论内部，强调对“接受和影响之维”的忽视问题，尖锐地指出文学史家为求无功无过“囿于客观性理想，只限于描述一个封闭的过去”，批评他们始终与当下的文学进展保持一定的历史距离从而只不过充当了“一个被动的读者”。对此，姚斯持历史性视野和反拨性姿态强调在“作者、作品与大众的三角形之中，大众并不是被动的部分，并不仅仅作为一种反应，相反，它自身就是历史的一个能动的构成”，主张“第一个读者的理解将在一代又一代的接受之链上被充实和丰富，一部作品的历史意义就是在这过程中得以确定，它的审美价值也是在这过程中得以证实”①。

由此，姚斯打破了寻求文本意义固定的传统路径，反对将文本意义局限于文本内部，他吸收伽达默尔哲学诠释学的“效果历史”概念，将文学作品和传统置于接受的历史视野之中，使文本意义呈现丰富且变迁的面貌特性。他在申明接受美学的理论主张时明确：

> 一部文学作品，并不是一个自身独立、向每一时代的每一读

① ［德］H. R. 姚斯、［美］R. C. 霍拉勃：《接受美学与接受理论》，周宁、金元浦译，辽宁人民出版社1987年版，第6、24、25页。

> 者均提供同样的观点的客体。它不是一尊纪念碑，形而上学地展示其超时代的本质。它更多地像一部管弦乐谱，在其演奏中不断获得读者新的反响，使本文从词的物质形态中解放出来，成为一种当代的存在。①

可见姚斯在反对文本封闭意义的固定性的同时，强调要把历史意识带入文学研究，强调文学接受在历史中不断变迁，反拨式地主张接受维度非封闭的、多元的和意义多产的特点。通过反对文本意义的封闭性，姚斯站在开放性和连续性的历史立场上提出读者具有“期待视野”，认为文学之所以在历史中有其连贯性，是由于现在及之后的所有主体在经验文本时将自身的期待视野有所调节的结果。他强调期待视野的对象化，将文本与读者之间的关系反转过来，从读者力求去解释和追求文本意义转变为读者对文本提出问题从而生发当代理解，也就是将意义从文本的形而上本位转移到了读者的差异性接受之上。姚斯就此便使文学传统的延续性摆脱了文本自身意义的束缚，文学传统并非靠自身延续，而是出于每个时代的读者带着期待视野对“被遗忘的文学”的新的接受和挖掘，也就是强调“历时性与共时性的交叉点”上的文学，强调“某一特定历史时刻”的视野②。

作为康士坦茨学派的另一位代表，沃尔夫冈·伊瑟尔于1970年发表接受美学的奠基文章之一——《本文的召唤结构——不确定性作为文学散文产生效果的条件》，直言文本意义具有不确定性和未定性。在文章中，他批判以本文含义为至高宗旨和追求的传统阐释观念使得“本文贫乏化”，认为意义本就不存在于“本文”之中：

> 文学作品本文的含义只有在阅读过程中才会产生，它是本文和读者相互作用的产物，而不是隐藏在本文之中等待阐释学去发

① ［德］H.R.姚斯、［美］R.C.霍拉勃：《接受美学与接受理论》，周宁、金元浦译，辽宁人民出版社1987年版，第26页。

② ［德］H.R.姚斯、［美］R.C.霍拉勃：《接受美学与接受理论》，周宁、金元浦译，辽宁人民出版社1987年版，第44、46页。

> 现的神秘之物。由于本文的含义只有通过读者才能产生，因此这种含义必然会因读者个性的不同而以不同的面貌出现。①

伊瑟尔将意义的确定从固定的文本内部转移到了读者阅读文本的过程中，强烈地表达了意义的产生与读者阅读的内在关联性，并由此导出通过读者而产生的意义具有多样性，并认为这是读者通过阐释作品将作品“现实化”了，在这一点上他与姚斯的主张是契合的。那么，将作品现实化的前提是什么？伊瑟尔提出作品本身要为读者提供“现实化的可能”，而这种“可能”源自文学作品意义的“不确定性”的增长，“一部作品愈是失去确定性，在实现它的可能的意向时便愈是需要读者的参与”②。

所以循着重视接受维度的诉求，伊瑟尔将其理论前提置于文本意义的“不确定性”之上，从论证文本具备这种“不确定性”入手。他认为文学作品的本文使用的是“描写性语言”（不同于“陈述性语言”），因而可以将文学作品的本文认为是虚构的，是不创造现实对象的，“最多也只是表达了对某种对象的反应而已”③。文本必须通过与读者经验及世界观念联系起来才能够减少不确定性从而获得现实性。

伊瑟尔借用英伽登的“模式化观点”，认为文本表达采取的是“代表性的方式”，因此在数量上无法完全覆盖经验世界中的对象且由于作者的剪裁拼接会出现冲突重叠。当读者在处理作者不同线索、不同观点之间出现的冲突和联系时，会面对“完全无法通过本文来消除”的“空白”④。伊瑟尔将这种“空白”视为本文自身的结构，

① ［德］沃·伊瑟尔：《本文的召唤结构——不确定性作为文学散文产生效果的条件》，章国锋译，《外国文学季刊》1987年第1期。

② ［德］沃·伊瑟尔：《本文的召唤结构——不确定性作为文学散文产生效果的条件》，章国锋译，《外国文学季刊》1987年第1期。

③ ［德］沃·伊瑟尔：《本文的召唤结构——不确定性作为文学散文产生效果的条件》，章国锋译，《外国文学季刊》1987年第1期。

④ ［德］沃·伊瑟尔：《本文的召唤结构——不确定性作为文学散文产生效果的条件》，章国锋译，《外国文学季刊》1987年第1期。

一种积极的可召唤读者来“填补或消除”的结构，而经由参与空白填充进入文本意义构建的读者也就走进了理论视野的中心。因此，文本意向的阐释到哪里去寻找？“它只不过是阅读活动的产物罢了。”

与此同时，斯坦利·费什（当代读者反应批评的重要代表人物之一）将经验性、实践性的原则植根于自己的理论中，将寻求文本意义不视为主体向固定客体的索问，而视作读者对文本事实做出的经验性、事件性反应。虽然他既不主张意义源自文本，也不主张意义源自读者，试提出“解释共同体”来消除文本与读者二者之间的争夺对抗关系，但他将注意力放在“阅读”这样一个事件上，强调意义是一种经验性的生成，“将语言视作一种经验，而不是提取意义的贮存库”[①]。

> 意义是话语，即分析对象的一种（部分的）结果，但并不等同于话语——对象本身。在这一理论中，话语所传达的信息……总是处于运动状态……这种信息，仅仅只是一种效果，产生另一种反应，是意义经验中的另一组成部分。但这种信息绝不是意义本身，没有什么是意义本身。
>
> 这样一来，或许“意义”一词也该被摈弃，因为它本身传达的只不过是信息或某一观点。我要再次强调的是，话语的意义就是其经验。[②]

因此，费什与姚斯、伊瑟尔相同，反对在文本内部寻找意义，他认为我们根本就不应该“试图对语言作任何分析”，而应该更加关注经验和效果。这种经验是阅读和阐释行为本身，这种效果是对文本语言进行感受的效果，也就是费什所提出的这个句子是要“做什么”而不是“是什么意思”的问题。

---

① ［美］斯坦利·费什：《读者反应批评：理论与实践》，文楚安译，中国社会科学出版社1998年版，第189页。

② ［美］斯坦利·费什：《读者反应批评：理论与实践》，文楚安译，中国社会科学出版社1998年版，第188页。

费什批评向艺术作品寻求静态解释的文本中心倾向，认为我们将时间经验转移为一种空间经验，将作品置于一种有形的范围内，力图去通过图解的方式分析其中的情感，从而完全忽视了文本阅读的运动性。“一个句子的全部经验……才是它的意义”①，而每个读者经验这个句子是绝非完全一致的，所以句子的意义也绝不可能相同。在这里，费什表达了其理论所坚持的阐释动态性和意义不确定性，正是由于读者的阅读和阐释活动是事件的，是经验的，所以意义是不确定的，所以读者的反应是创造性的。

当读者中心论兴起并逐渐占领文学批评的主流时，耶鲁学派作为美国文学批评中新的反叛力量也以一种激进的姿态登上历史舞台。受解构主义潮流的直接影响，耶鲁学派的四位代表人物保尔·德·曼、希利斯·米勒、哈罗德·布鲁姆和杰弗里·哈特曼都不约而同地消解了文本阐释的意义同一性。保尔·德·曼曾说，“隐喻比事实更坚韧”②，主张以语言内在的修辞性去解构文本自身，凸显读者解读文本的不可能。哈特曼也强调隐喻式语言造成了意义的不确定和动态变化，强调文学消解自身，则文学和批评不存在界限。

布鲁姆更是提出了影响即误读、阐释即误读的“误读”理论，他不仅拒绝从外部来审视并决定文本意义的批评观，也反对新批评式的意义封闭论调，他直言“政治化的文学研究已经把文学研究糟蹋殆尽”，“各种富有想象力的文学都遭到贬值”，认为诗人创造性的文学力量被打上了权力和政治烙印而被迫配合上演“闹剧”③。布鲁姆提出强者诗篇从何而来之问，诗并非源自再现和模仿，而是来源于对他人诗篇的“强烈误读”——“一部诗的历史就是诗人中的强者为了廓清自己的想象空间而相互‘误读’对方的诗

① ［美］斯坦利·费什：《读者反应批评：理论与实践》，文楚安译，中国社会科学出版社 1998 年版，第 144 页。

② ［美］保尔·德·曼：《阅读的寓言：卢梭、尼采、里尔克和普鲁斯特的比喻语言》，沈勇译，天津人民出版社 2008 年版，第 5 页。

③ ［美］哈罗德·布鲁姆：《影响的焦虑：一种诗歌理论》，徐文博译，中国人民大学出版社 2019 年版，第 6—7 页。

的历史”[①]。他称如果济慈没有对莎士比亚、弥尔顿和华兹华斯有“深刻的误读行为”，那么我们就不可能读到济慈创作的那些经典诗歌。布鲁姆的核心论点是“影响的焦虑来自一种复杂的强烈误读行为，一种我名之为‘诗的误释’的创造性解读”[②]，认为一切文学想象的基础就出自这种“影响的焦虑”，因此：

> 影响意味着压根儿不存在文本，而只存在文本之间的关系，这些关系取决于一种批评行为，即取决于误读或误解——一位诗人对另一位诗人所作的批评、误读和误解。这种批评行为，同每一位有能力的读者对他所遇到的每一个文本所作的必然的批评行为，在性质上并无不同。这种影响关系支配着阅读，就像它支配着写作一样，因而阅读是一种误写，就像写作是一种误读一样。随着文学历史的延伸，所有诗歌必然成为韵文批评，恰如所有批评变成无韵的诗歌一般。[③]

布鲁姆明确表示，阅读是一种“延迟的、几乎不可能的行为”，文本意义越发走向不确定，这种意义的“不确定”距离接受美学和读者反应批评所讲的读者构建意义的行为又显得走得更远了。布鲁姆完全不认为读者还可以寻找并复原文本自身的那个原意，在他的视野中，文学、批评与理论是同样的东西，都是渗透着防卫与焦虑的心理活动的文本，是因不可避免的误读而造成意义不可确定的文本。而他运用的更多是解构主义的理论资源，用以论证文本性的消失和互文性的力量，用以揭示文本内部意义的异质性、矛盾性和混杂性，从而彻底消解文本意义同一性的可寻求，达到为“误读”正名的目的。

---

① ［美］哈罗德·布鲁姆：《影响的焦虑：一种诗歌理论》，徐文博译，中国人民大学出版社2019年版，第3页。

② ［美］哈罗德·布鲁姆：《影响的焦虑：一种诗歌理论》，徐文博译，中国人民大学出版社2019年版，第12页。

③ ［美］布鲁姆：《误读图示》，朱立元、陈克明译，天津人民出版社2005年版，第1页。

二　意义从积极开放性流向确定性缺失

综观读者中心论盛行期间这四种十分典型的强调读者具有阐释自由的主张，可以十分明显地看出他们对读者能动性的强调，且都通过否定文本意义同一性和明确意义的不确定性来为阐释自由提供论证基础。

那么，意义的不确定性从何而来？实际上这并非一直存有的理论印象，而是随着读者中心论的兴起才甚嚣尘上的。理解文本意义的最初范式是去寻找作者的原意，传统解释学将作者原意作为理解作品意义的根本依据。但随着作者与作品在物质形式上的分离以及对语言文字衍生意义的持续发掘，作者之意与文本之意走向了必然的分裂。人们发现寻求作者的意图是一种虚幻的心理主义，转而开始逐渐将追求意义的落脚点放在文本本身。新批评的理论家们对抗作者意图霸权，提出通过绝对客观细读去获得文本的真正意义，在范式转变和确立的过程中彻底摆脱了作者对文本意义的巨大控制力。至此，人们对自身能够寻求到确定意义深信不疑。

但是，历史主义的重新兴起让这种确定性和客观性的理论主张变成了缘木求鱼。重视读者维度的批评流派带着对科学主义霸权的反拨倾向普遍批判新批评与形式主义追求的客观性意义完全是割裂了文学与社会历史的，是他们自以为的客观，而非真正的客观。新的读者中心范式将“历史的”视为最深刻的客观性，这种客观性并非属于作者，也并非属于文本，而是属于超越了个体主观意识的时间性的、经验性的、动态性的历史。

姚斯继承了伽达默尔对历史客观主义的批判，认为要完全回到作者的原始视野或是进入文本自身的视野都是不可能的，因为他们忽视了理解是视域交融的过程，尽管读者视野与作者视野、与文本视野在阅读之前是分离的，但一旦阅读活动开始，就是历史视野进入现时视野的过程，就是这些视野交融的过程。因此姚斯质疑我们真的能够“依据过去的角度，现时的立足点或‘时代的评判’来评价一部文学作品吗?"[①] 如此自信且割裂的审视角度除了会使作品变得贫乏，别无其他。姚斯强调，我们不可以忽视作品在整个接受和影响史中所呈现出的“丰富的语义潜能”，而姚斯对这种“潜能”的强调正使文本对阅读活动、读者阐释敞开了意义，使文本意义呈现了积极的开放性和多义性。

也正是在此处，姚斯抛弃了伽达默尔“死守的古典主义艺术的概念”，认为伽达默尔通过经典作品来“保留过去”的说法很有争议[②]，与伽达默尔所坚持的本体论解释分道扬镳。他称伽达默尔证明的“作品真实性”“事物与自身”与现在的我们的现代毫无关系，称“实质性玄学（‘本质性知识’）”已经灭亡，认为艺术“绝不能局限于古典主义的认识功能”，真正重要的是经验过程中的“实际意义和创造性功能”。他更直言理解具有创造性功能，其中必然包括“批判传统与忘记传统”[③]。姚斯不仅反对文学的现实再现性，也不同意模仿性的古典原则，正是因为姚斯对传统性本质和延续性同一的否定，使得他导出文学作品自身存在“现实意义与实质意义之间”可变可调节的距离，使得他更加强调读者自主性的复归，“文学传统往往不是靠自身延续的，一种过去文学的复归，仅仅取决于新的接受是否恢复其现实性”[④]。文学是被遗忘的，重新发现需要读者的“留心”。文学并非被考察或被描述的对象，而应被视为一种意义生产和阅读接受的经验过程。

姚斯最重要的理论贡献就在于打破了禁锢在文本意义上的被动性和封闭性，将历史带进了文学研究的世界，使得意义在接受的过程中生长了积极性和可变性，“艺术作品的本质建立在其历史性上，亦即

---

① ［德］H. R. 姚斯、［美］R. C. 霍拉勃:《接受美学与接受理论》，周宁、金元浦译，辽宁人民出版社 1987 年版，第 37 页。

② ［德］耀斯:《审美经验与文学解释学》，顾建光、顾静宇、张乐天译，上海译文出版社 2006 年版，第 11 页。

③ ［德］H. R. 姚斯、［美］R. C. 霍拉勃:《接受美学与接受理论》，周宁、金元浦译，辽宁人民出版社 1987 年版，第 39、40 页。

④ ［德］H. R. 姚斯、［美］R. C. 霍拉勃:《接受美学与接受理论》，周宁、金元浦译，辽宁人民出版社 1987 年版，第 44 页。

建立在从它不断与大众对话产生的效果上"①。从姚斯对历史性的重视开始，后续的接受理论都对文本与读者之间的结合或交融有进一步的探索和发挥，伊瑟尔和费什都不约而同地重视文本与读者二者间的交流。姚斯称伊瑟尔在 1976 年发表的《阅读的行为》（汉译本《阅读活动——审美反应理论》）以一种关于审美效果的理论补充了接受理论，称伊瑟尔详尽阐述了"读者是怎样从同化的过程进入构造意义的过程，并把小说描绘成一种交流结构"②。伊瑟尔在此书集中探讨了本文之于读者如何具有意义并产生意义，以此展示"文学作品阅读的核心是作品结构与接受者的相互作用"，他从现象学入手，认为"文学作品的研究不应该只关心具体本文，而必须同样注意对本文的反应活动"③。费什更是将读者阅读作为意义实现的动态事件，强调意义的运动生成，主张意义只存在于读者的阅读活动中。接受理论将意义从作者与文本二择其一的位置上解脱出来，更加重视意义的开放性和读者的参与能力，主张文本不是作者的文本，不是形而上的完全的本文，并且更不是读者完全的主观解读（耶鲁学派在这一点上走得更远）。

而从历史性的视角看待文学，强调对话与交流，自然会增加读者在意义生成过程中的权重，也就会给读者的阐释赋予原始的创造合法性，结果是很容易滑向对文本意义同一性的消解。

> 艺术使观察者参与审美客体的构成，从而使审美接受摆脱了沉思的被动性：创作现在意味着接受者成为作品的共同创造者。这也就是那句狂妄的、在解释学上有争议而无法确证的话的简单含义："我的诗的意义是人们赋予的"（瓦莱里《普莱西特》，第

---

① Hans Robert Jauss, *Kleine Apologie der ästhetischen Erfahrung: mit kunstgeschichtlichen Bemerkungen von Max Imdahl*, Konstanz: Universitätsverlag, 1972, pp. 50-51.

② ［德］耀斯：《审美经验与文学解释学》，顾建光、顾静宇、张乐天译，上海译文出版社 2006 年版，第 9 页。

③ ［德］沃尔夫冈·伊瑟尔：《阅读活动——审美反应理论》，金元浦、周宁译，中国社会科学出版社 1991 年版，第 29 页。

1 册，第 1509 行）。[①]

在对读者构建意义的论述中，接受理论不断地强调意义的不确定性，即主张读者参与能力的前提是不确定的文本意义可以带来多义生产。伊瑟尔用狄更斯小说中作者表述与读者感受之间形成的尖锐冲突来展示这种不确定性，称如果作者想吸引读者来“积极地参与作品意向的实现并使他们的反应明确化，议论的真实意图便决不能在文字中如实表达出来”[②]，正是如此才构成了让意义阐释变得嘈杂的有利条件。所以作品是何种“召唤”读者的结构？是“采用了剪接、蒙太奇或多层次、多线条的技巧，那就意味着，它们在本文各部分的连接方式上为读者提供了较大的自由”[③]。费什更是不再视文学的意义为文本的本质特征，而是读者经验活动的生成物，更强调读者的阅读和阐释活动如何生发和创造意义。

因此，文本意义的不确定性根源于接受理论的历史主义主张，这并非由于历史主义才产生了文本意义的不确定性，而是强调历史性的接受理论发现并声张了文本意义的不确定性，因而从强调读者的能动性和阐释的创造性逐渐走向主张过度的动态性和可变性，最终带来文本意义确定性的彻底缺失和不可寻觅。最具代表性的就是布鲁姆的影响—误读理论。对文本意义的阐释在误读理论以至于耶鲁学派的总体主张中彻底走向了意义确定性的缺失，走向了文本意义的不可知。

“一切批评都是散文诗”，布鲁姆批判一切“还原式”的批评理论，无论是修辞式批评、亚里士多德批评、现象学还是解构主义。他称这些“还原式”理论最终“都还原到相互竞争的概念”，

---

① ［德］耀斯：《审美经验与文学解释学》，顾建光、顾静宇、张乐天译，上海译文出版社 2006 年版，第 66 页。

② ［德］沃·伊瑟尔：《本文的召唤结构——不确定性作为文学散文产生效果的条件》，章国锋译，《外国文学季刊》1987 年第 1 期。

③ ［德］沃·伊瑟尔：《本文的召唤结构——不确定性作为文学散文产生效果的条件》，章国锋译，《外国文学季刊》1987 年第 1 期。

提出“如果要还原，就还原为另一首诗”，直言“没有解释，只有误释”①。在布鲁姆这里，文本的意义被视为诗人与诗人之间的相互影响，也就是不存在文本性只存在互文性。而如何来判断批评家孰优孰劣，谁比谁更有价值？“只有翻开一位前驱者的诗篇才能找到这位迟来者诗人的价值，要找出一位批评家的价值，其方法亦不外乎如此。”②

布鲁姆的动机是要在“诗的影响”和传统的“来源研究”之间划清界限，认为“修改比率、想象或心理学防御……取决于某一个别读者的偏好”，而研究误解势在必然。③ 在这样的理论道路上，布鲁姆认为在尼采和弗洛伊德之后想要“完全寻求复原文本意义的解释方式已不复可能”④。他完全拥抱解构主义，从而对意义同一性持彻底的放弃态度。

> 阅读，尽管有一切人道主义的教育传统，仍然几乎是不可能的，因为每一位读者同每一首诗的关系都是由一种延迟的比喻所支配。⑤

很直观地，可见读者中心的主观范式是对意义封闭性的一种过度的反拨，因此对于这种缺陷的批判，自读者中心论的出现和风行开始就一直没有停止过。从他们的理论中可以很明显地看到对于前驱理论资源的一种顺应与偏离。其实姚斯和伊瑟尔都并没有绝对地讲过他们

---

① ［美］哈罗德·布鲁姆：《影响的焦虑：一种诗歌理论》，徐文博译，中国人民大学出版社 2019 年版，第 72 页。

② ［美］哈罗德·布鲁姆：《影响的焦虑：一种诗歌理论》，徐文博译，中国人民大学出版社 2019 年版，第 72 页。

③ ［美］布鲁姆：《误读图示》，朱立元、陈克明译，天津人民出版社 2005 年版，第 115 页。

④ ［美］布鲁姆：《误读图示》，朱立元、陈克明译，天津人民出版社 2005 年版，第 84 页。

⑤ ［美］布鲁姆：《误读图示》，朱立元、陈克明译，天津人民出版社 2005 年版，第 69 页。

只关注读者，他们其实从根本上是想要在面临接受之维被忽略这一问题时，有针对性地强调读者的主体性和能动性。要产生这种主体性和能动性，他们在逻辑上就一定会去否定意义的完满和封闭，去强调意义的不确定性和多变性，去强调阐释的创造性，因此在实际的研究中就走向了偏差。在此意义上，可以将接受美学、读者反应批评包括耶鲁学派在内的理论理解为：面对被困在固定时代和封闭历史中的主体或文学本身，他们更多地呈现出一种想要打破、挣脱并且反叛的姿态，也就是去强调文本意义的不确定性，最终却落入确定性缺失的破碎迷宫。这种彻底击碎文本意义之行为会导致意义流入不确定之河，于阅读实践中的阐释和理解会失去立足之地，意义就此变为一盘散沙，阐释主体各执其词。正如布鲁姆评莎士比亚时所讲："《哈姆雷特》无休止地刺激着这个世界，因为这个世界在《哈姆雷特》中发生了至今尚未得到解读的奥秘。"①

三　基于文本的共时同一性抵制滑向谬误

接受理论与传统文学批评泾渭分明的对立展现了其研究途径与专注文本分析路径的截然不同，显示了新的阐释需求与传统的旧阐释概念彻底决裂。面对谬误的传统，否定是一种颠覆。而理论家如此智能的否定形式具有一种能量，可以给予人以鼓舞。② 接受理论强烈反对以文本为中心追求原意阐释，强调将读者的阅读阐释作为一种过程、一种活动、一种体验，置读者于阐释中心并视其为创造的能动主体。当文本意义成为文本和读者之间的相互作用甚至成为读者完全无视原意的误读，文学的本质就变成了一种持续经验的效应。当读者的权力被放大，从视域融合的理解能力走向为误读进行坚定的辩护，文本的同一性甚至是文本本身就被彻底放逐出了文学批评研究的中心。"任

① ［美］哈罗德·布鲁姆：《影响的焦虑：一种诗歌理论》，徐文博译，中国人民大学出版社 2019 年版，第 33 页。

② ［美］拉尔夫·科恩主编：《文学理论的未来》，程锡麟、王晓路、林必果等译，中国社会科学出版社 1993 年版，第 112 页。

何事物都是暧昧不明的"[1]，试图描述事物真实面目的努力倾于白费，历史不存在绝对客观的确定性，阐释的疑难和符号的歧义随时将理解带入曲解和误读。

在审视接受理论的过程中，明晰可见一种从拨正到过正的倾向，一种从固定性到动态性再到无中心性的倾向，解读意义的立足点在此过程中从起初的被转移渐趋消失。读者阐释自由的出发点是否定文本意义的封闭自足，而理论路径的尽头是未定与多发的阐释自由，这一切的根源在于文本意义从开放性流向了被彻底放弃，即确定性缺失。因此这种反叛与颠覆显得更为靠近或直接同源于解构主义。伽达默尔讲：

> 艺术陈述的统一性表现为一种永远不可穷尽的回答多样性。但是我认为，利用这种永无止境的多样性来反对艺术作品不可动摇的同一性乃是一种谬见。我认为以下说法似乎正是用来反对尧斯的接受美学和德里达的解构主义的（这两者在这点上是相近的）：坚守文本的意义同一性既不是回复到业已被克服了的古典美学的柏拉图主义，也不是囿于形而上学。[2]

那么，被接受理论和解构主义打破的文本封闭性中是否还有"同一性"的存在？相对于意义的确定性缺失，不可撼动的"文本的意义同一性"又究竟是什么？伽达默尔认为，我们所坚守的"同一性"并非历史客观主义的绝对和割裂，不是一种形而上学，而是艺术作品在时代中流传所"总是"的那个意义，是"先于一切历史反思并且在这种反思中继续存在"的，是"一种无时间性的当下存在，

① 此句英译为"The thing is oblique."，出自 Jacques Derrida，in *Glas*，English translation by John P. Leavey，Jr.，and Richard Rand，Lincoln：University of Nebraska Press，1986，p. 262。

② ［德］汉斯-格奥尔格·伽达默尔：《伽达默尔著作集（第2卷）：诠释学Ⅱ真理与方法——补充和索引》，洪汉鼎译，商务印书馆2021年版，第9页。

这种当下存在对于每一个当代都意味着同时性”[①]，是独立且被保存的“同时性”。

这不同于接受理论所反对的文本中心论，同时也批判了滑向解构主义的过度动态性。德里达在书写（écriture）概念中消解了意义的统一性，深陷于多样性之中，“这种多样性存在于词及其含义的多样性即它的含义区分的不确定性中”[②]。阅读是永远的延异（différance）使得读者与文本之间的时间距离被无限放大且不可弥补，导致意义追踪的不可能。因此伽达默尔批评德里达只是“寄希望于令人惊异的对于错误前见的瞬间改造，由此我们就突然间眼前有亮光闪现，但当我们再次追索同一文本形象时，这亮光旋又消逝”[③]。所以他既否定作品内部为我们带来的不确定的意义期待，也否定从理解和认识作品中可以形成并构成读者自由的理解。他认为文本的当下实现是一个“构成品”（Gebilde）[④]，是在其内部同一性得到固定和保存、被表现和实现的基础上所形成的共在体。这是在存有确定立足点的前提之上来看待作品与读者的共在关系的，来直面动态性与中心性的辩证关系的，而非“把作为一切接受模式基础的艺术作品消融在声音的多角形平面中”的一种“篡改”[⑤]。

坚守文本意义的同一性，是对阅读和理解的动态性所展开的具备出发点和落脚点的理论路径。作品虽然产生于过去的时代，但作为一种历史流传物“耸立”在当下，“作品只要仍发挥其作用，它就与每一个现代是同时的”，且最为重要的是“它也没有完全与自身相分离”。

① ［德］汉斯-格奥尔格·伽达默尔：《伽达默尔著作集（第1卷）：诠释学Ⅰ真理与方法——哲学诠释学的基本特征》，洪汉鼎译，商务印书馆2021年版，第416—417页。

② ［德］汉斯-格奥尔格·伽达默尔：《伽达默尔著作集（第2卷）：诠释学Ⅱ真理与方法——补充和索引》，洪汉鼎译，商务印书馆2021年版，第473页。

③ ［德］伽达默尔、［德］杜特：《解释学　美学　实践哲学：伽达默尔与杜特对谈录》，金惠敏译，商务印书馆2005年版，第41页。

④ ［德］伽达默尔：《美的现实性——作为游戏、象征、节日的艺术》，张志扬等译，生活·读书·新知三联书店1991年版，第54页。

⑤ ［德］汉斯-格奥尔格·伽达默尔：《伽达默尔著作集（第2卷）：诠释学Ⅱ真理与方法——补充和索引》，洪汉鼎译，商务印书馆2021年版，第18页。

> 作品使其自身发挥效力，而且它用以这样做的方式——即“致死”其他的作品或很好地利用其他作品以充实自身——也仍然是它自身的某种东西。
>
> 这种作品自身在变迁过程中显然并不是这样被分裂成各个方面，以致丧失其同一性。作品自身存在于所有这些变迁方面中。所有这些变迁方面都属于它。所有变迁方面都与它是共时的（gleichzeitig）。[①]

最重要的是以意义的历史性在场为基底去显现阅读的动态张力。这种在场就是伽达默尔一直强调的同时性、共时性、现在性，是无时间性。即在阐释作品——理解他者时，要先依据“对事物的理解”，然后“突出和理解他人的意见本身”。诠释学条件中最首要的是“事物理解”（Sachverständnis），也就是面对“同一的事物”[②]。这个他者是历史性与同一性的统一体，既是一种效应，也是一种承继。文本意义作为其自身，携有过去所有的理解形成和解读累积，共同堆叠并返回其自身从而形成意义本身的同一性。正如我看见了现在我所认为的你，并非只是看见了我所认为的你，只去建构和认同我所认为的你，而是看见了过去无数的你，不断生成并形成的“构成品”（Gebilde）的你。“某个向我们呈现的单一事物，即使它的起源是如此遥远，但在其表现中却赢得了完全的现在性。”[③] 这也正是伽达默尔所讲的“在的扩充”（Zuwachs an Sein）[④]，艺术并非体验，作品或事物最终是在理解中存在，所有的过去都在当下存在，这就回到了伽达默尔沿海德格尔所一直坚持的本体论道路。

---

① ［德］汉斯-格奥尔格·伽达默尔：《伽达默尔著作集（第1卷）：诠释学I真理与方法——哲学诠释学的基本特征》，洪汉鼎译，商务印书馆2021年版，第182—183页。

② ［德］汉斯-格奥尔格·伽达默尔：《伽达默尔著作集（第2卷）：诠释学II真理与方法——补充和索引》，洪汉鼎译，商务印书馆2021年版，第80页。

③ ［德］汉斯-格奥尔格·伽达默尔：《伽达默尔著作集（第1卷）：诠释学I真理与方法——哲学诠释学的基本特征》，洪汉鼎译，商务印书馆2021年版，第192页。

④ ［德］汉斯-格奥尔格·伽达默尔：《伽达默尔著作集（第1卷）：诠释学I真理与方法——哲学诠释学的基本特征》，洪汉鼎译，商务印书馆2021年版，第211页。

这种对“在”的扩充是有同一性基底的创造，既是动态性的，也是中心性的，是对话性的，也是辩证的，而非自说自话的。理解，不隶属于读者的创造和误读。我们在面对传承物，也就是阐释文本的过程中，置身于自身的时代以当下的概念和观念来思考并得到的永远都不是绝对的历史客观性。我们不需要去克服读者与文本之间存在的时间距离，反而是“应该把时间距离当作理解的积极的和建设性的可能性来认识。时间距离被习俗和传统的持续性填满，正是在习俗和传统的光照中所有传承物向我们显示”①。所以，我们既不可只谈过去也不可只谈自身，“诠释学反思的任务就在于：超越古典的古代与现代之争中发生的对立，既不谈现代的进步信念，也不谈纯粹模仿古代的满足”②。

文本，有其呈现意义的自在功能，而非滑向无限开放与阐释，也就是伽达默尔批判的“现代性的谬误”。因此本文认为，我们需要去坚守文本意义的共时同一性，在这种坚守的原则之上去直视过度的动态差异与守本的中心同一之间的矛盾和张力，去将阅读和阐释作为一种自身与过去的存在性对话活动。

四 余论

在审视文本意义确定性缺失这一问题上，我们仍有必要将这种为阐释误读进行正名辩护的取向置于宏观的范式发展背景下去做进一步思考。对文学批评理论的总结大体呈现为一个从作者中心论到文本中心论再到读者中心论的线性发展过程，在每一种中心论的背后都是一种新范式的生成。但“历史上从来就没有亘古不变的一统的文艺学范式，它必然在社会文化转型的广阔背景上依据自身的内在矛盾而不

① ［德］汉斯-格奥尔格·伽达默尔：《伽达默尔著作集（第2卷）：诠释学Ⅱ真理与方法——补充和索引》，洪汉鼎译，商务印书馆2021年版，第81页。

② ［德］汉斯-格奥尔格·伽达默尔：《伽达默尔著作集（第2卷）：诠释学Ⅱ真理与方法——补充和索引》，洪汉鼎译，商务印书馆2021年版，第382页。

断转换、更替”①。新的范式就是对现象的新的阐释方式，是对过去一以贯之的问题进行的新的提问方式和解答方式。问题是传统的，是延续的，解决问题的方式是全新面向的。但过于线性的总结似乎使得范式的更新迭代变得顺理成章，历史的车轮似乎就是不断地碾轧过时的旧理论，并耕犁全新的处女地，这也就使得在回溯范式的理论资源时很容易造成简单的定性和归类。

正如在研究读者中心论时，我们会遭遇接受美学源于哲学诠释学的讲法，会遭遇诸多将哲学诠释学视为一种读者中心论的讲法。但同时，姚斯和伊瑟尔师承伽达默尔，他们却并没有继承伽达默尔全部的思想资源，且姚斯更是反对伽达默尔固守“古典”主张，伽达默尔也在诸多文章中直言姚斯与接受美学的缺陷和不足，认为姚斯的接受美学并未上升到哲学层面且对自己多有误读。这些泾渭分明的差异都时刻提醒着我们不可简单地反向回溯范式的归属。

因此我们在研究基础问题并面对不同范式之间的对立和碰撞时，在很自然地去寻求每一种范式背后的理论溯源，去明确不同理论之间的关系时，应视这样一种溯源是一个对比、延续与打破的过程。理论发展和范式更迭不是一种找相同来做简化归类的过程，展现的并非简单的线性发展和同株关系，而是一种相互影响和交叉运作的复杂动态样貌。这种将延续的传统问题与动态的范式发展做共时性和交叉性思考的方式，也可以说正是更宏观地运用了共时同一性的历史意识，也正因为保持着此种历史意识，才可以在当下性中延展出更深远的过去来与我们共在。

① 金元浦：《范式与阐释》，广西师范大学出版社2003年版，第19页。

公共阐释学视域下的比较文学中国学派研究

邓海丽*

摘　要：借助公共阐释学理论框架，指出中国学派的演进过程其实就是一个有效公共阐释的成果。文章首先分析中国学派以学科、文化和时代等公共诉求为历史前提的可公度性阐释，然后归纳众多学者关于是否要构建中国学派、阐发法可否代表中国学派的研究方法等核心议题展开的澄明性阐释，接着总结了半个世纪以来旨在寻求真正体现中国学派学术理念及其研究范式的建构性阐释成果，文章最后根据公共阐释的反思和超越规律，以新时代视域下中国人文社科话语体系构建为视角，从中国学派内在的公共阐释能力展望其未来的两个发展动向：中国学派将成长为一支可公度性极高的国际比较文学流派；独具中国学派方法论特征的创新性学术成果将不断涌现。

关键词：比较文学中国学派　公共阐释　可公度性　澄明性　建构性　发展动向

* 邓海丽，女，深圳大学外国语学院英语语言文学副教授。主要研究方向：马克思主义文学理论。

引　语

公共阐释认为阐释是公共的理性行为。阐释者基于普遍的历史前提，生产可公度的、澄明的、建构的、超越的和反思的有效阐释；其中“普遍的历史前提”指“阐释的规范先于阐释而养成，阐释的起点由传统和认知的前见所决定”；“有效阐释”指“具有相对确定意义且为理解共同体所认可和接受，为深度反思和构建广阔空间的确当阐释”①。“中国学派”是中国比较文学学科理论建设的关键词，国内几乎所有出版的比较文学学科理论教材和专著都辟专章论述，当下已成为比较文学界一个享有极高公共性的共享共识概念。至于谁最先提出比较文学中国学派，学界颇有争议。② 一个广为接受的说法是台湾学者古添洪、陈慧桦在 1976 年提出建立基于“阐发研究”的中国学派，倡导调整和修正法国学派的影响研究与美国学派的平行研究，探索中国比较文学“新的研究途径”③：

> 我国文学，丰富含蓄；但对于研究文学的方法，却缺乏系统性，缺乏既能深探本源又能平实可辨的理论；故晚近受西方文学训练的中国学者，回头研究中国古典或近代文学时，即援用西方的理论与方法，以开发中国文学的宝藏。……我们不妨大胆宣言说，这援用西方文学理论与方法并加以考验、调整以用之于中国文学的研究，是比较文学中的中国派。④

80 年代以降，随着大陆比较文学的全面复兴，中国学派渐趋引

---

① 张江：《公共阐释论纲》，《学术研究》2017 年第 6 期。

② 关于中国学派最先由谁提出，学界有不同说法，本研究采用目前学界比较认可的说法：由台湾学者古添洪、陈慧桦提出。

③ 古添洪、陈慧桦：《比较文学的垦拓在台湾》，台北：东大图书公司 1976 年版，第 1—9 页。

④ 古添洪、陈慧桦：《比较文学的垦拓在台湾》，台北：东大图书公司 1976 年版，第 1—9 页。

起关注，从小范围的“公共”，再到大范围的“公共”，到最后上升为学科概念进入中国比较文学共同体所共享的知识体系中，自此成为长盛不衰的议题。在当今经济全球化、文化多元化的新时代，如何通过民族文化的自觉认同，构建基于文化自信、理论自信的哲学社科话语体系，推动中国文化“走出去”，参与世界多元文化的交流和共存，成为摆在中国学者面前亟须探讨解决的时代问题，比较文学中国学派也再次成为学界的焦点。据此，下文尝试用公共阐释学的理论成果，围绕公共阐释的可公度性、澄明性和建构性特征梳理中国学派近半个世纪的演进历程，在此基础上，依据公共阐释的超越性和反思性发展规律预判其未来的发展动向。

一 以历史前提为积淀的可公度阐释

比较文学国内外发展的学科诉求，经济全球化、政治多极化的文化诉求和社会历史演进的时代诉求是“中国学派”诞生及发展的“普遍历史前提”。在这三大普遍历史前提下，中国学派引起公众充分关注，作为学科概念融入比较文学的公共领域中，成为一个可公度性极高的共享共识命题，从而保障了后续关于中国学派的阐释的有效性，极大地推进了中国学派的发展。

其一，学科诉求

首先，中国学派与比较文学在中国的发展紧密关联。中国学者一直孜孜不倦地耕耘在比较文学领域，在长期的探索中逐渐熟悉世界比较文学的研究状况，认识到各流派的局限性，遂萌生中国比较文学学科的理论自觉和学派意识。20 世纪 80 年代后，中国的比较文学迎来全面复兴繁荣，相继完成本、硕、博学科建制，在学科理论建设和各研究领域取得举世瞩目的成就：高质量的学科教材和研究专著深入探讨了比较文学的基本原理及其方法论等问题，学科理论建设在广度和深度层面持续推进。以跨越性为特征的研究领域日益扩大，很好地梳理和描述了中外文学关系，确认了中国文学在世界文学版图中的地位，对中西诗学的认识持续深入，在跨学科、跨文化等领域硕果累累，出版了大量集思想性、学术性和创新性为一体的丛书和论著。这些丰富的研究实绩体现了中国语境下独有的方法论特征，为“中国学派”的理论构建提供了第一手可资借鉴的宝贵实践资料。

再者，就世界比较文学学科发展而言，比较文学从诞生到现在100多年间，学科危机不断。数次的学科危机警醒了学界，学界开始质疑和重估以寻求文学同质性为基点的欧美比较文学研究模式，转而把目光投向包括中国等此前被忽略的国家区域的文学研究，希望能够找到解除学科危机，推进比较文学向前发展的突破口。而在中国风景独好，中国比较文学的研究队伍、出版的成果，在数量和质量上节节攀升，扛起世界比较文学第三阶段代表的大旗。随着研究的深入，比较文学共同体逐渐意识到：法国学派的影响研究和美国学派的平行研究都未能摆脱欧洲中心论、西方中心论的窠臼，都把包括中国在内的东方文学视为低一级的、被边缘化的、被影响的附属对象而没有纳入与西方文学同等地位予以研究。这种做法有悖比较文学学科宗旨，也妨碍其发展成为真正的国际性学科。其实，比较文学有其发展的必然性，学科史上曾一度占垄断地位的法国学派为美国学派的平行研究所突破，比较文学也因此重获生机。同理，中国学派也是顺应世界比较文学学科发展的历史规律而提出的。

其二，文化诉求

随着比较文学研究的推进和研究成果的积累，学界日益认识到：相对于共同文化体系内不同国家、地区的文学研究，产生于不同文化的文学比较更具学科意义，更能发现人类共同的文学规律。与此同时，经过改革开放后欧美风雨的洗礼，中国学界逐渐意识到中西方巨大的语言文化差异，认识到只有跨越影响研究和平行研究的壁垒，打破“西方中心主义”模式，以文化多元为理念，创新研究范式，才有可能获得更具普适性的结论，才有可能真正深入揭示和解读包括中国等东方国家文学在内的纷繁复杂的世界文学现象及其规律。20世纪90年代文化研究在世界范围内的兴起，恰好为基于中西方文化的异质研究的中国学派提供了一个发展契机。另外，中国学派的发展是对文化多元的全球化新知识格局做出的积极回应。20 世纪末以来信息技术高度发展，人类迈入高度发达的、前所未有的信息碎片时代和思想驳杂的多元时代，形成人文社科学术话语的多元交流路线，世界信息时时刻刻在进行着无缝交接和深度互动，中国本土的学术话语得以融入世界学术交流圈，而世界学术交流圈的思想也融入中国智慧、中国价值。体现中国传统思想精髓和当代中国价值观的中华文化也在这场席卷全球的信息科技革命中弘扬传播，以中华文化为根基的知识生产成为后全球化时代的建构要素，源于中华优秀文学文化的中国学派也在此过程中发展壮大，在国际学界获得广泛认可，影响力日益增强，在这场本土化、全球化和信息化的张力交融中获得新生命力。

其三，时代诉求

随着经济全球化和政治多极化的动态演进，世界知识格局和人文话语秩序也迈向全球化的整体变迁，在不断的失序和重构中，西方意识形态和价值观主导的“中心—边缘”知识格局和话语权力秩序虽未得到根本改变，但受到很大冲击和挑战。尤其是 21 世纪初席卷全球的金融危机爆发以来，世界人文知识界对西方意识形态及其价值观不断地质疑和重估，去中心、多元化、视界交融的“后全球化”时代悄然来临，西方价值观和话语影响力不断衰退，世界朝着政治多极化、文化多元化的态势慢慢推进。另外，中国作为新崛起的经济大国，在自然科学、人文社科等领域取得了重大的理论创新成果，具有了新的话语体系建构的思想基础和核心内涵，但是中国整个人文社科领域的话语体系建设并没有跟上这些重大思想理论的创新步伐，没有形成独立的、自主的、中国特色的理论话语体系。[①] 在相当程度上，中国的学术理论仍然依附西方的概念话语体系来表述，一旦离开这套话语，学界似乎就患上失语症。正如习近平总书记所指出的，“在解

① 金民卿：《中国特色哲学社会科学话语体系的建构基础与内在张力》，《中共中央党校学报》2018 年第 5 期。

读中国实践、构建中国理论上，我们应该最有发言权，但实际上我国哲学社会科学在国际上的声音还比较小，还处于有理说不出、说了传不开的境地”①。

中国比较文学经过近半个世纪的不懈探索获得了全面发展，积累了大量鲜活的实践经验和系列重大理论成果。作为最能体现这些经验成果的思想基础和核心内涵的中国学派，亟须构建出一套与之对应的、独具中华民族特色的创新性学术话语体系，为加快构建中国特色哲学社会科学体系，争取应有的国际学术话语权和提升国际影响力发挥积极作用，这是中国学派义不容辞的时代使命。

正如《公共阐释论纲》所提出的：“集体经验是构造个体阐释的原初形态。公共经验与记忆，是阐释的必要准备。”② 基于学科、文化和时代三大诉求的普遍历史前提共同提升了中国学派的可公度性，中国学派逐渐成为一个共享共识的学科概念，从而确保了阐释的有效性，为随后的澄明性阐释提供前提和保障。

二 作为广义“文本”的中国学派澄明性阐释

公共阐释的澄明性是指基于文本自身的复杂性和晦暗性，通过观照、解释和说明等方式向公众阐发文本，使文本的基本意图和可能的意义得以敞开、释放。③ 基于学科、文化和时代等历史积淀，中国学派在比较文学复兴后的20世纪80年代进入中国大陆比较文学的公共视域，开始引起关注，至90年代以降，在西方后殖民主义理论驱动下，中国特色话语体系、失语症和文化自信等热点议题在中国学界重燃，而最能凸显这些热点的“中国学派”也顺理成章地再次引爆中国比较文学界，众多学者围绕是否要构建中国学派、阐发法可否代表中国学派的研究范式两大议题展开意在澄明的激烈论辩。

---

① 《习近平谈治国理政》第2卷，外文出版社2017年版，第338页。

② 张江：《公共阐释论纲》，《学术研究》2017年第6期。

③ 张江：《公共阐释论纲》，《学术研究》2017年第6期。

其一，是否要建立中国学派

主要有三种意见。第一种意见是季羡林、严绍璗等学者的愿景观。季老首先表示赞同建立中国学派，[①] 但他同时意识到界定中国学派的内容、特色的时机还未到，提醒学界踏实的研究更重要，[②] 杨周翰也表示要以足够的实践为前提，[③] 严绍璗则认为“学派常常是后人加以总结的，今人大可不必为自己树学派”[④]。上述学者一致指出要成为学派就一定要创新学科理念和方法，构建自己独特的学科理论，但要实现这些目标必须经过长期的研究和实践，对于刚复兴不久的中国比较文学来说，尚不具备。[⑤] 第二种意见来自反对派。王宇根等学者认为“在多元文化时代提倡‘中国学派’是一种自我封闭的体现”；以佛克马为代表的西方学者也不认可比较文学中国学派，他于1987年在中国比较文学学会第二届学术讨论会上，以所谓的国际视角质疑中国学派。[⑥] 就此引发国内众多学者撰文为中国学派辩护，形成了第三种意见——以孙景尧、曹顺庆等为代表的拥护派。智量先生指出中国比较文学研究已取得瞩目成就，已掌握了与其他学派相提并论的研究方法，因此构建中国学派是有益的。[⑦] 孙景尧则驳斥了佛克马，指出其反对中国学派的实质就是“欧洲中心主义”在作祟，而“中国学派”的提出恰好有助于清除东西方文学研究和比较文学学科史中形成的各种中心主义。[⑧]

---

① 季羡林：《汇入世界文学研究的洪流中去》，载《季羡林文集》第8卷，外语教学研究出版社2009年版，第285页。

② 季羡林：《比较文学的及时雨》，见《比较文学与民间文学》，江西教育出版社1996年版，第289页。

③ 杨周翰：《镜子与七巧板》，中国社会科学出版社1990年版，第3页。

④ 严绍璗：《双边文化关系研究与“原典性实证”的方法问题》，《中国比较文学》1996年第1期。

⑤ 王向远：《中国比较文学百年史》，中国社会科学出版社2013年版，第155页。

⑥ 曹顺庆：《建构比较文学的中国话语》，《当代文坛》2018年第6期。

⑦ 智量：《比较文学在中国》，《文艺理论研究》1988年第1期。

⑧ 孙景尧：《为“中国学派”一辩》，《文学评论》1991年第2期。

其二，阐发法可否作为中国学派的研究范式

台湾学者把阐发法作为中国学派研究范式的提议可谓一石激起千层浪，引起国内外学界强烈反响。朱维之认为比较文学中国学派源远流长，兼具法、美、苏各派之长，绝非“欧美学派的尾巴或补充”①。孙景尧则一针见血指出把阐发研究视同为中国学派就是“做削足适履式的‘硬比’”，将置中国于西方文化的“脚注”陷阱中。② 陈慧桦就此以阐发研究是对西方文论的主动检验和考证为由予以辩解③，也有其他学者从跨文化视角为阐发研究辩护④，更有学者为了修正“单向阐发”的缺陷，提出中西互释的“双向阐发法”⑤，但立刻被驳倒，因为至今包括钱钟书的著作在内都尚无以中释西的成功案例。⑥ 在众多关于阐发法的意见中，季羡林的看法最具代表性。在指出以西释中会导致中国比较文学研究彻底失去自己独立性的弊端后，他提出构建中国学派的两条原则——“以我为主”和“纠正欧洲中心论”。⑦

在提出中国学派初期，在比较文学研究共同体、中国学派的文本意义和中国比较文学研究实践三者构成的公共场域里，囿于中国比较文学学科研究实践普遍不足的历史前提，无论是最先提出中国学派的台港学界还是处于复兴阶段的大陆比较文学研究界，对中国学派概念、内容的认识是模糊的，也拿不出真正体现“中国学派”的著

① 转引自曹顺庆《建构比较文学的中国话语》，《当代文坛》2018 年第 6 期。

② 孙景尧：《简明比较文学》，中国青年出版社 1988 年版，第 111 页。

③ 陈鹏翔：《建立比较文学中国学派的理论与步骤》，载《中国比较文学学科理论的垦拓——台港学者论文选》，北京大学出版社 1998 年版，第 152 页。

④ 杜卫：《中西比较文学中的阐发研究》，《中国比较文学》1992 年第 2 期。

⑤ 陈惇、刘象愚：《比较文学概论》（修订版），北京师范大学出版社 2000 年版，第 127 页。

⑥ 王向远：《“阐发研究”及“中国学派”：文字虚构与理论泡沫》，《中国比较文学》2002 年第 1 期。

⑦ 季羡林：《比较文学与民间文学》，北京大学出版社 1991 年版，第 313 页。

作。[①] 在这个层面上，对公众而言中国学派的内涵、意义和目标无疑是比较难以理解和接受的“晦暗文本”，通过这场是否构建“中国学派”和关于“阐发法”的论辩，去蔽澄明了对中国学派这一“晦暗文本”的模糊认识，一方面，促使研究者清醒认识到当时历史条件下中国比较文学研究现状及其不足，明确未来构建中国学派的努力方向；另一方面，众多学者得以在公共视域内观照、解释和说明中国学派的意义、内涵和目标，达成共识，把坚守民族立场、弘扬中华文学文化传统精髓、突破西方中心主义，以中国文学充实完善世界文学界定为中国学派的内涵和目标。同时超越个体阐释的藩篱，明确认识到“阐发法”是跨文化层面上的对话和互释，以“跨文化”为视角的阐发，才有可能并且也只能是比较文学中国学派的特征之一。

在20世纪最后20年，比较文学研究共同体基于学科、文化和时代等历史积淀开展的这场公共阐释，使中国学派作为学科命题产生了广泛的社会共识，以台湾学者关于中国学派的原初提案为文本，开启了中国学派之内涵意义、如何体现中华文化精神之研究范式的澄明性阐释，并基本达成了比较一致的中国学派的经典阐释，为新世纪开展建构性公共阐释提供强大支撑。

三 基于研究范式的中国学派建构性阐释

公共阐释的建构性旨在通过对公众的理解和视域进行修正、统合、引申，寻求阐释的最大公度性，并在最大公度性中提升公共理性和拓宽公共视域。[②] 中国学派的构建负载着中华民族的精神特质，是联系中华民族学术共同体的纽带，天然地具有在公共阐释中获得生命力的本能。澄明性的阐释把构建中国学派的努力引到正确的方向，公众得以突破个体和历史的囿限，渐次进入新一轮旨在寻求能真正体现

① 季羡林：《对开好中国比较文学学会第三届年会的两点意见》，载《季羡林文集》第14卷，外语教学与研究出版社2010年版，第220页。

② 张江：《公共阐释论纲》，《学术研究》2017年第6期。

中国学派学术理念及其研究范式的建构性阐释，突出代表有孙景尧、曹顺庆等，对中国学派及其研究方法的体系化产生了深远影响。

作为中国比较文学主要奠基人之一的孙景尧，早在 20 世纪 90 年代就主张以跨文化的视野、兼具中外特色的开放性学科理论和方法构建中国学派，为探寻中国学派的学理依据做出了重要贡献。[①] 他认为中国学派的研究重心是中外文学文化的比较，欧洲中心与中华文明同为中国学派跨文化研究的两极，因此走反欧洲中心或反民族主义的任何一个极端都不足取。[②] 据此，他逐步提出以基础、核心、系统为特征的中国学派方法论体系。他的“总体比较研究法”由“交叉综合研究”与“本末循环研究”构成，兼具影响研究和平行研究之长而避其短，[③] 构建了“可比性”“形而上学”“辩证比较”“美学性与整体性”“纵向与横向”“历史时间与社会时间”“数量与质量”等逐层递进、互为因果的比较文学研究理念。[④] 作为中国学派的铁杆旗手——曹顺庆也在 90 年代初提出中国学派以“跨越中西异质文化”为基本理论特征，其研究范式有阐发法、中西互补的“异同比较法”、探求民族特色与文化根源的“模子寻根法”、促进中西沟通的“对话法”和旨在追求理论重构的“整合与建构法”等五种跨文化方法。[⑤] 曹先生为构建中国学派的基本理论特征及其方法论体系所做的积极尝试，在当时学界引起强烈反响，主要代表王向远认为以曹顺庆为代表所主张的中国学派基本理论特征及其方法论体系未能摆脱“西方中心”观念的束缚，不具比较文学应有的世界视野，凸显了理

① 李平、程培英：《探寻比较文学中国学派的学理依据——试论孙景尧比较文学学科方法论思想》，《上海师范大学学报》2012 年第 6 期。

② 孙景尧：《全球主义、本土主义和民族主义》，《中国比较文学》1997 年第 3 期。

③ “总体比较研究法”思想先后体现于孙景尧的论文《关于比较文学研究方法的思考——〈管锥编攻玉集〉读后偶记》（《广西大学学报·哲学社会科学版》1986 年第 1 期）、《中西比较文学研究方法探》（国际比较文学学会编辑出版的《比较文学的当代趋势》，德国，1987 年），并收入《沟通》（广西人民出版社 1991 年版）、《沟通之道》（复旦大学出版社 2011 年版）。

④ 孙景尧：《沟通之道》，复旦大学出版社 2011 年版，第 22 页。

⑤ 曹顺庆：《比较文学中国学派基本理论特征及其方法论体系初探》，《中国比较文学》1995 年第 1 期。

论上的狭隘性；他不赞同把“跨文化”研究作为中国学派的“基本理论特征”[①]。就此，曹顺庆于2005年在其原有的“跨越中西异质文化”基础上提出“变异学”研究方法。[②] 变异学通过探讨不同国家、地区之间文学交流产生的语言、形象、文本、文化和跨文明等五个层面的变异现象，旨在揭示跨文明文学交流的变异规律及其合理阐释，据此构建以“跨越性”为基本特征，以“实证性影响研究”“变异研究”“平行研究”“总体文学研究”为四大研究领域的比较文学学科理论。[③]

国内外其他学者也对中国学派及其方法论体系进行建构性阐释。王向远从我国比较文学的长期研究实践出发，提出“立足于中国文学的中外比较文学研究是中国比较文学研究的特征，也可能是中国学派的特征”[④]。杨乃乔针对阐发法本质上没有超越美国学派的平行研究这一局限，提出两点意见：首先是中国学派应该以当代中国鲜活、流动的文艺现象为重心，提炼适合当下国情的新文学理论。其次是可比性的寻求，中国学派之根必须立足于当下的中国文学创作实践，因此应该摒弃近略远详、厚古薄今的做法，侧重于当前中国现实文艺生活中的重大问题。[⑤] 现任中国比较文学协会会长王宁认为，时至今日中国学派在全球化背景下既要坚持比较文学的民族性和中国视角，又不能自我封闭，要意识到学科的世界性。[⑥]

国外学者代表主要有艾金伯勒和佛克马。前者在1985年举行的国际比较文学协会巴黎年会上，以“比较文学在中国的复兴”为题

① 王向远：《“阐发研究”及“中国学派”：文字虚构与理论泡沫》，《中国比较文学》2002年第1期。

② 曹顺庆主编：《比较文学概论》，中国人民大学出版社2011年版，第14—15页。

③ 详见其论文：曹顺庆、李斌：《近年中国比较文学研究概述》，《中州学刊》2013年第8期，第166—171页；曹顺庆：《建构比较文学的中国话语》，《当代文坛》2018年第6期。

④ 王向远：《“阐发研究”及“中国学派”：文字虚构与理论泡沫》，《中国比较文学》2002年第1期。

⑤ 杨乃乔：《比较文学概论》，北京大学出版社2014年版，第237—240页。

⑥ 王宁：《丧钟为谁而鸣——比较文学的民族性和世界性》，《探索与争鸣》2016年第7期。

发表讲演，对中国的比较文学研究寄予厚望。后者主动修正了自己十年前对中国学派的否定看法，在 2007 年 4 月的“跨文明对话——国际学术研讨会（成都）”上公开表示欣赏建立比较文学中国学派的想法。①

这场启动于新世纪前后，持续至今的中国学派论辩，是一次以建构性为主的公共阐释，极大地提升了民族认同感、建构中国特色话语体系的公共理性，拓展了中国学派的国内外公共视域，使其成为一个可公度性极高的学科概念。多年来，比较文学研究共同体基于普遍的历史前提，经过长期不懈的探索，澄明了中国学派的研究理念，经国内外公共视域的关注、认知、修正和认可，逐步建构了基于“阐发法”“总体比较研究法”和“变异学”等系列旨在展示中国智慧的研究范式，较为清晰地呈现出自身的思想理论特征和方法论体系，中国学派取得长足进展，为日后学术理念和方法论的体系化提供充分准备和理论资源，有效继续推进中国学派的体系化、多元化和国际化。因此，中国学派的澄明性和建构性阐释是一个学派成长的标志，公众在此过程中对中国学派获得更深层次的认知，由此更进一步敞开和释放中国学派作为历史文本的自在意义，为后续的超越和反思阐释提供可能。

四　展望：聚焦学科话语体系构建的中国学派的超越性和反思性阐释

前文回溯发现，比较文学中国学派将近半个世纪的演进历程其实就是以公共理性为导向，实现最大可公度性的一个公共阐释结果，其发展过程基本遵循了公共阐释的可公度性、澄明性、建构性演进规律。据此，下文根据公共阐释的超越性和反思性两个后续特征，从历史与辩证的角度尝试预测未来中国学派的发展动向。

公共阐释的超越性包含两方面内容：个体阐释升华为公共阐释；

① 详见《比较文学报》2007 年 5 月 30 日，总第 43 期。

原有的公共阐释在新的历史语境中被新的公共阐释替代和超越。一方面，个体阐释最大限度地融合于公共理性和公共视域中，在公共理性和公共视域的规约中实现对自身的扬弃和超越，升华为公共阐释。另一方面，超越性表现为原有的公共阐释在新的历史语境中被新的公共阐释替代和超越。随着公众理性水平不断提高，不断发现新的研究材料，面对新的历史前提，曾经被公众承认的某些阐释就会被否定，被新的公共阐释替代。① 公共阐释的反思性指公共阐释与文本对话交流，在交流中求证文本意义，不断省思和修正自身，达成理解与融合，构成新的阐释共同体，生成新的公共阐释。② 作为一种公共的、理性行为的阐释，其本质就是一个争取公众承认和实现其公共性而斗争的过程。③ 这个斗争过程的重要表现就是阐释的公共认证——将阐释置于公共视域中，或因其与公共理性的冲突而被拒于公共阐释之外，或受到共时的质疑和驳斥，或在新的历史语境中得到重审和修正。阐释的公共认证也符合人类任何经典传世、拥有持久生命力的思想理论在超越和反思中不断前行的规律。因此真正高明的、可升华为公共认知的阐释对文本的分析必须符合理性的规则和历史的真实。所谓历史真实，就是要从阐释者所处的历史语境出发，与阐释产生的历史条件相符合。就比较文学中国学派而言，研究共同体首先必须从当下经济、文化的全球化和政治的多元化这一百年未有之大变局的历史方位出发，以中国尚未取得与其作为世界第二大经济实体相匹配的国际话语权这一问题意识为驱动，重新定位和认知中国学派，在当下新的历史语境中扬弃和超越原有的中国学派公共阐释，凝练成新的符合历史真实的公共阐释。

回首中国学派半个世纪以来的筚路蓝缕和纷纷扰扰，建构比较文学中国学派这一命题已然是当代学术研究的真实存在。然而学界的公共阐释中仍有部分质疑中国学派的合法性，主要集中在两点：首先，

① 张江：《关于公共阐释若干问题的再讨论（之一）》，《求是学刊》2019 年第 1 期。
② 张江：《公共阐释论纲》，《学术研究》2017 年第 6 期。
③ 张江：《关于公共阐释若干问题的再讨论（之一）》，《求是学刊》2019 年第 1 期。

学派不是自封的，是历史形成的。其次，目前中国学派尚未形成独具特色、广泛认可的学科理念和研究范式。现有的研究范式存在诸多缺憾，譬如中国学派提出的“双向阐发”基本不具研究的操作性；[①] 中国学派的最大问题在于缺乏可行的、独具特色的方法，无法与法国学派的影响研究和美国学派的平行研究相提并论。[②] 总之，中国学派至今未能拿出一套足以抗衡影响研究和平行研究的方法论体系，这是中国学派安身立命的硬伤。

就此，本文认为，前文的追溯已表明，中国学派已然是当代学术研究的真实存在。换而言之，中国学派作为一个被阐释的对象，已获得公共合法性。经过半个多世纪的论争，中国学派从台湾学者的个体阐释逐渐上升为国内外学界广为认知和参与的公共阐释命题，已经在外部层面上奠定中国学派的公共合法性地位。从公共阐释发展的逻辑路向来看，下一步就是如何发展和验证中国学派内部层面的公共阐释因素及其公共阐释能力，如何把已经获得公共阐释外部合法性地位的中国学派发展成为具有实施公共阐释行为能力的主体。具体而言，也就是如何把中国学派发展成为如法国学派的影响研究、美国学派的平行研究一样具有相对广泛的适用性和相对强大的解释力，中国学派的研究理念、研究范式、研究视角和研究内容等具有与之同等的普适性和解释力，如果这些问题都解决了，那么也就解决了中国学派作为公共阐释行为主体的合法性问题。以此为观照，学界的上述质疑也将迎刃而解。

从被阐释的对象到施行阐释的行为主体，从外部的公共合法性到内部的公共阐释能力，前者是中国学派公共阐释发展的第一阶段，后者则是第二阶段。其实学界的质疑也正是体现了中国学派公共阐释发展路向的第二阶段特征：中国学派内在的公共阐释因素的合法性问题。因此，比较文学中国学派未来的一个发展动向首先是从符合历史

---

① 邹建军、王金黄：《文本决定论：对比较文学中国学派“双向阐发”的反思》，《学习与实践》2017 年第 11 期。

② 王峰：《比较文学的中国学派——兼论第四种比较文学观》，《天津社会科学》2006 年第 1 期。

真实的公共阐释原则出发，反思和超越关于中国学派是“历史形成还是自封”的公共质疑。站在新的历史时代方位，面对世界多元的国际政治局势，日益提升的公共理性要求把构建中国学派提升到争取国际话语权的文化战略层面来重新考量。改革开放四十多年来，中国的学术界、思想界从听西方说，到照着西方说，再到与西方对话。时至今日，随着中国作为经济大国崛起，中国的综合国力不断增强，世界的舞台已经到了中国学者发出中国声音、让西方倾听中国言说的时候。然而目前我们的人文社科话语体系建设却一直滞后，没有构建出一套与我们的经济、科技、政治等发展水平相匹配的学术话语体系，我们在国际学界的话语权一直没有得到应有的认可。如何构建中国特色话语是当下中华文化传播最重要的命题，重建中国话语也成为国家的重要文化发展战略。因此从某种程度而言，在国际学术话语权竞争日益激烈的当下，比较文学中国学派肩负着构建中国特色人文社科话语体系、争夺国际话语权的历史使命。的确，学科史告诉我们，要成为学派，首先要有自身的思想理念，其次必须在此基础上建立起独具特色、切实可行的研究范式。学派不是自封的，要靠自己的研究实绩赢得国际学界共同体的重视和尊重，但是在当前西方中心主义仍然占主导地位的情况下，即使中国的比较文学取得了很大成绩，国际学界也往往有意对之视而不见，带着质疑甚至排斥敌视的眼光，再加之语言障碍，西方主流学界听到中国的声音并不那么容易，因此对中国学派的认可接受将会是一个相当曲折漫长的过程。与其被动地等着他人的认可，不如主动出击亮剑，让中国学派在国内外学术界的公共认证和阐释中发展壮大。正如习近平总书记所强调的：“要善于提炼标识性概念，打造易于为国际社会所理解和接受的新概念、新范畴、新表述，引导国际学术界展开研究和讨论。”① 因此，未来中国学派的阐释一定是以日益提升的公共理性为导向，超越学科发展史的局限，国际学界越来越多的比较文学研究共同体将加入中国学派，致力于发展其研究理念和研究方法。中国学派将凭借其上扬跃迁的可公度性，逐

① 《习近平谈治国理政》第 2 卷，外文出版社 2017 年版，第 346 页。

渐奠定其在国际比较文学研究领域的显学位置，发展成为国际学界充分认可的、独具中华民族特色的重要国际比较文学流派。

为了解决内在的公共阐释因素的合法性问题，奠定中国学派的公共阐释主体地位，中国学派未来发展的另一趋势就是在反思研究方法的基础上，独具中国学派方法论特征的创造性学术研究成果不断涌现，尤其是双向阐发研究、异质文明文化研究和总体比较研究的个案实践将会大量涌现。这些成果既把中国学派的理念、方法付诸学术实践，又在实践中修正和完善中国学派。回首 70 年来中国比较文学的研究历程，虽然当下取得举世瞩目的实绩，但主要还是采用影响研究或平行研究的方法。半个世纪以来，中国学派虽然提出自己的研究方法，但也大多停留在理论层面上的探讨，鲜见有真正采用这些研究方法解释文学规律和文学现象的创新成果。即便有，也存在维度单一、内容贫乏等缺憾。譬如阐发法，目前大多是以西释中，鲜有以中释西，或中西互释的研究。本文预判未来中国学派的发展将扭转这一局面，双向阐发研究、总体文化研究、异质文化研究的学术实践将大量涌现在中外文学关系、比较诗学、跨文化、跨学科等领域，取得国际同行的广泛认同。与此同时，随着具有中国学派方法论特征的研究成果的日益积累，中国学派的研究范式在学术实践中日臻完善，将产生和吸引更多新的公共阐释。中国文学、文论的价值和意义将进一步在世界文学对话中凸显，为世界比较文学研究提供新的思想活力。中国学派将成为世界比较文学的显学，其理论话语、研究理念和方法获得国际学界共同体认可和接受，彻底改变美国学派和法国学派一统天下的格局。

结　语

阐释是公共的、开放的，是以历史前提为生成条件，阐释者自觉的理论建构、反思和互动的历程。在协商彼此意见的阐释中发展，在发展中寻求共享共识，生成新的阐释。中国学派的历代研究者自觉以普遍的历史前提为积淀，实现中国学派的充分可公度性，在公共理性生产、澄明和建构的阐释中创新研究方法，拓展研究视野，更新研究内容，积极吸纳古今中外思想文化资源，在复兴和重建中完成了一次次中国学派及其学科理论的垦拓和建构。展望未来，比较文学中国学派立足现实，连贯中西，不仅旨在比较文学与文艺理论领域做出中国表达，也将在人类命运共同体建设的关键时期，在全球化背景下，逐步走向超越和反思，成长为一个包蕴中国古代和现代文学、美学、哲学、政治学等理论形态在内的思想共同体追求确认的有效公共阐释成果，并最终提炼出一套既彰显中华民族文化特色的研究范式，又广为国际学界认可和接受的可公度性的体系化学术话语和研究范式，在错综复杂、危机丛生的国际比较文学界发挥强大的解释功能和文化引导功能，为中国赢取更多的国际学术话语权，为国际比较文学、世界文学领域的问题提供一份中国方案。

历史的维度

先秦两汉时期“经”“典”的传承与“经典”的生成

袁宝龙　蒲艺涵*

摘　要： 记载圣王之道的“典”最初以原始宗教仪式以及口耳相传的方式记录传播，且在文明社会到来后被迅速地工具化，为统治者的王权及治国之策提供理论支持。商、周两代，“典”分别以巫术和礼乐制度的形式存在，“典”亦成为王权的象征。直到西周末叶，天命论崩溃，加之学术下移，“典”的神圣性不复存在。孔子之世，礼乐制度已经全面崩溃，春秋时人普遍陷入信仰真空。孔子穷其一生，致力于整理旧“典”，删定《诗》《书》，以“经”的方式为传统礼乐文明赋予新的生命力，使旧“典”中的学术脉络得以延续。西汉中期，儒术独尊，“经”“典”浑一，就此成为表明儒家重要文献的代名词。

关键词： 经　典　经典　生成

刘知几称：“自圣贤述作，是曰经典，句皆《韶》《夏》，言尽琳

---

* 袁宝龙，中国社会科学院大学历史学院教授、博士生导师，研究方向：秦汉思想史，著有《秦汉时期政治文化体系的整合与建构》等；蒲艺涵，中国社会科学院大学历史学院2021级硕士研究生，研究方向：秦汉思想史。本文系马克思主义文艺理论与评论建设工程一般项目“先秦两汉时期文章经典的发生与形成研究”的阶段性成果。

琅，秩秩德音，洋洋盈耳。”[①] 把“经典”与圣贤联系起来，说明其迥然有异于寻常著述。一般而言，当下所谓“经典”，即传统的、杰出的传世精神产品，且具有典范的文化价值与意义。[②] 从语源学的角度来说，中国文化语境下的“经典”大致生成于秦汉时期，系由“经”与“典”两条支流历多年所汇聚合流而成，其含义亦分别从最初相对虚化的、关于圣王之道的记录阐释，演变为重要文献的代名词。详考诸史，可知“经典”两字并称一词首次出现于汉代，《汉书》载孙宝语：“周公上圣，召公大贤，尚有不相说，著于经典，两不相损。”[③] 也就是说，至迟到汉代，由“经”“典”而“经典”的历史演变进程已告完成。孙宝所说的“经典”作为一个独立概念，指代记录先王训诫教诲的文献典册。这些典册传诸后世，有资政治世之用。此处“经”与“典”作为“经典”一词的两个基本构词单元，并驱齐驾，浑然一体，并无强弱高下之别。这也表明它们此前作为独立概念时所具有的个性化内涵已经完全融入“经典”的词义之中。不过详究其是，合体为“经典”之前的“经”与“典”，其产生实有先后之别。汉代以前，“经”与“典”的缘起发展以及沉浮起落，大致体现了圣王之道在不同时期散播、传承与阐释载体的演变历程，即从口耳相传、宗教仪式直到文献实体。具体来说，早期的“典”记录圣王之道，为统治者的王权威严与经世之策提供法理支持，是三代时期支撑起天命思想体系的重要理论基础；“经”则出现于“典”之后，系由孔子对圣王遗典进行删削整理而成，其本意是对“典”内涵的阐释以及精神的传承。不过，秦有天下，行焚书之政，加之秦末纷乱，经典文献多毁于战火，十不存一。直至西汉中期，汉武帝独尊儒术，借助公羊学的理论外衣，实以高效专制的法家思想，开创前所未有的大一统中央集权政治体系新格局。经此时代剧

---

① （唐）刘知几著，白云译注：《史通》叙事第二十二，中华书局 2014 年版，第 292 页。

② 詹福瑞：《论经典》，人民文学出版社 2015 年版，第 4 页。

③ （东汉）班固撰：《汉书》卷 77《盖诸葛刘郑孙毋将何传》，中华书局 1962 年版，第 3263 页。

变，儒家思想卒得凌驾于其他诸学之上，成为官方政治哲学。而汉武帝对于儒学理论的援引吸纳，使得儒学极盛，儒家“经典”被儒生群体奉为圭臬。深入探索并还原汉武帝尊儒以前，由“经”“典”而为“经典”的演进历程，无疑有利于更好地理解上古与中古之间的谱系渊源和文化异同，以全局的视野来审视、梳理中国古代阐释学的学术脉络与发展理路。

一 “典”的内涵及其传承方式的演变

（一）“典”的内涵及其政治象征意义

如前所述，“典”的概念形成早于“经”，最初亦未与“经”混同，而是作为圣王之道的传承载体独立存在。《尚书序》云：“古者伏牺氏之王天下也，始画八卦，造书契，以代结绳之政，由是文籍生焉。伏牺、神农、黄帝之书，谓之‘三坟’，言大道也；少昊、颛顼、高辛、唐、虞之书，谓之‘五典’，言常道也。至于夏、商、周之书，虽设教不伦，雅诰奥义，其归一揆。是故历代宝之，以为大训。”① 此即儒者常所谓的“三坟”“五典”之说。又据《说文解字》：“典，五帝之书也。从册在丌上，尊阁之也。”② 由此可知，先秦之所谓“典”者，实为记录五帝之道的文籍，此亦为“典”最初的含义。至迟到殷代，中国已有甲骨文字，甲骨文之后又出现了金文。文字出现以后，甲骨与金属器物陆续成为早期的文字载体，这一时期也使得符合当下定义的文献出现成为可能，这是文籍式“坟典”形成的基本前提。

儒者推崇的坟典文集传诸后世，逐渐发展成为指导后人行为与思想的经典化、权威化的“大训”。《墨子》云：“古者圣王既审尚贤，欲以为政，故书之竹帛，琢之盘盂，传以遗后世子孙。于先王之书

① 《尚书正义》卷1《尚书序》，李学勤主编，《十三经注疏》整理委员会整理，北京大学出版社1999年版，第1—7页。

② （东汉）许慎：《说文解字》，（宋）徐铉校订，中华书局1963年版，第99页。

《吕刑》之书然：‘王曰：於！来，有国有土，告女讼刑。在今而安百姓，女何择言人？何敬不刑？何度不及？’能择人而敬为刑，尧舜禹汤文武之道可及也。”① 又云：“古之圣王，欲传其道于后世，是故书之竹帛，镂之金石，传遗后世子孙，欲后世子孙法之也。”② 这两则材料虽然简略，却较为完整地记录了“典”的形成缘由与生成路径。

“典”所记录的圣王之道，既然标榜为王道社会的经验总结，那么统治者一旦手握“坟典”，以“典”为据，其统治权以及所行治国之策便拥有了不容置疑的无上权威。《吕氏春秋·先识》：“夏太史令终古，出其图法，执而泣之。夏桀迷惑，暴乱愈甚，太史令终古乃出奔如商。……殷内史向挚见纣之愈乱迷惑也，于是载其图法，出亡之周。……晋太史屠黍见晋之乱也，见晋公之骄而无德义也，以其图法归周。”③ 图法、典法当皆指代记录圣王大宗大法的重要典籍，“人之出言，所以成典法也。典法，所以记礼经也”④。《吕览》所载三次图法迁转均发生于政权末世，表明其时图法的移迁已经成为王朝迭代与王权转移的重要象征。又《左传·昭公二十六年》：“王子朝及召氏之族、毛伯得、尹氏固、南宫嚚奉周之典籍以奔楚。”⑤ 王子朝之乱系周王室内部之争，彼时周敬王兵临城下，王子朝大势已去，无力抵抗，被迫弃城出走，于此仓促慌乱之际，却不忘带走沉重冗笨的王室典籍，显然希望以此来表明自己的正统地位，收获民望，以期日后卷土重来。由此亦可知，“坟典”作为王道与王权象征的历史至为悠久，影响深远，至周代犹存。

---

① 吴毓江：《墨子校注》卷2《尚贤下》，孙启治点校，中华书局1993年版，第96页。

② 吴毓江：《墨子校注》卷12《贵义》，孙启治点校，中华书局1993年版，第687页。

③ 陈奇猷：《吕氏春秋新校释》卷16《先识》，上海古籍出版社2002年版，第955—956页。

④ 《春秋左传正义》卷47，李学勤主编，《十三经注疏》整理委员会整理，北京大学出版社1999年版，第1346页。

⑤ 《春秋左传正义》卷52，李学勤主编，《十三经注疏》整理委员会整理，北京大学出版社1999年版，第1472页。

“典”既然定位于对先王之道的存照弘扬，那么在记录的方式形式上自然与史书书写密切相关。如前所述，甲骨文与金文均系中国早期文字，二者在诸多方面保留着浓重的时代痕迹，各具特征，其中一个主要差异在于：甲骨文多为史官卜筮之用，记录占卜结果，以此作为重要决策的参考依据，故甲骨文记录的文字较少掺杂书写者的主观意志，从这一点来看，甲骨文在性质上更为接近历史档案；与此相比，金文中则不乏周人颂扬祖先功业之辞，希求先祖庇佑的诉求尤为常见，这种差异性意味着金文不同于客观实录的历史档案，而是在一定程度上融入书写者的主观意识，其书写内容也必然会经过有意识的筛选、决断与取舍，已经初步具备史书的基本特征。此后，随着社会发展与阶级分化，基于统治集团的统治需求，书写者的主观意志日益成为历史书写中不可或缺的重要元素，这也使得“典”的现实功能得以完全呈现，能够更好地服务于统治者。这无疑又增强了统治者书写并神化“典”的信心与动力，“坟典”作为王权的象征，就是在这样的背景下逐渐形成的。

（二）“典”的早期形式

众所周知，文字的出现是文明昌盛的重要标志，亦是文献生成的基本前提。文明时代与阶级社会的到来，以及当政者的统治需求，是“典”被逐渐神圣化、权威化的现实基础。殷商以前，文字尚未发展成熟，不过并不妨碍统治者借助其他方式、载体，以圣王治世之道为名使“典”工具化。

而“典”的形成和工具化均发生在五帝时代，是颛顼实行早期宗教改革后的必然产物。据传远古时代，人神杂糅，彼此之间可以直接对话，人无须借助媒介即可受到神明指引，此时“典”显无形成的必要。从文明演进的角度来说，秩序的建立和巩固是从低阶社会向高阶社会发展的重要标志，黄帝开启的五帝时代，为早期中国带来文明的曙光，亦使得“典”的出现成为可能。

司马迁如是描述黄帝时代文化昌明的景象：“万国和，而鬼神山川封禅与为多焉。获宝鼎，迎日推策。举风后、力牧、常先、大鸿以治民。顺天地之纪，幽明之占，死生之说，存亡之难。时播百谷草木，淳化鸟兽虫蛾，旁罗日月星辰水波土石金玉，劳勤心力耳目，节用水火材物。”① 柳诒徵亦称：“至黄帝时，诸圣勃兴，而宫室、衣裳、舟车、弓矢、文书、图画、律历、算数始并作焉。故洪水以前，实以黄帝时为最盛之时。”② 制历法，造舟车，祭祀已兴，文字初现，都在表明黄帝时期的中国已然开启了从洪荒时代过渡到文明社会的历史进程。从“典”的本义来说，五帝时代到来，使得作为“五帝之书”的“典”具备了形成的现实条件；从社会发展的角度来说，文明社会到来后，对于建立公众秩序的迫切需求，也使得创建“典”成为迫在眉睫之事。这一切，最终通过颛顼对早期宗教的改革得以完成。

据《国语·楚语》载，楚昭王曾问于观射父：“《周书》所谓重、黎实使天地不通者何也？若无然，民将能登天乎？”观射父答称：“非此之谓也。古者民神不杂。民之精爽不携贰者，而又能齐肃衷正，其智能上下比义，其圣能光远宣朗，其明能光照之，其聪能听彻之，如是则明神降之，在男曰觋，在女曰巫。……及少皞之衰也，九黎乱德，民神杂糅，不可方物。夫人作享，家为巫史，无有要质。民匮于祀，而不知其福。烝享无度，民神同位。民渎齐盟，无有严威。神狎民则，不蠲其为。嘉生不降，无物以享。祸灾荐臻，莫尽其气。颛顼受之，乃命南正重司天以属神，命火正黎司地以属民，使复旧常，无相侵渎，是谓绝地天通。”③ 从观射父所说，可知“绝地天通”将人神隔绝，普通人再无直接面对神明的资格，人神交流必须以巫觋为居间媒介方能实现。

人神交流机制的改变，产生的影响远不止于宗教领域，一系列连锁反应纷至沓来。一方面，由于交流成本增加，有必要把神明对于一些具有普遍意义的问题做出的指示记录下来，以此作为人间公用通行

① （汉）司马迁：《史记》卷1，中华书局1959年版，第6页。

② 柳诒徵：《中国文化史》，上海古籍出版社2001年版，第14页。

③ 徐元诰：《国语集解》楚语下第十八，王树民、沈长云点校，中华书局2002年版，第512—515页。

的基本原则，这些基本原则即为“典”；另一方面，人神分离后产生的距离感，也在无形中提升了巫觋的神秘性，其专有的神意转述权为人所敬畏的稀缺资源，可以直接转化为现实的政治回报。

也就是说，“典”的出现与人神交流方式的改变有着明确的因果关系，故而职业巫觋的出现亦可视为“典”形成并开始发挥其现实功用的标志。夏商时期的人间王权，正是建立在巫觋对与神明交流资格垄断的基础上，统治者据此掌握了话语权并由此衍生出统治权。殷商时期为中国古代巫术的极盛时期，这一时期的巫术与王权相融合，当事之人亦明显表现出身份上的重叠，统治集团成员均身兼巫师与政治官员的双重身份，商王作为政治上的最高领袖，同时亦为群巫之长，对于“典”的传播与解释，在统治集团内部，呈现出自商王以下逐次递减的态势。

此外，值得注意的是，在文字发展成熟前夕，记忆、保存“典”的职能亦由职业巫觋来承担。阿莱达·阿斯曼指出，在人类早期社会形态中，巫史等宗教人员或受过良好教育的贵族集团成员，往往会成为职业的文化记忆承载者，并因此在社会中享有尊崇地位。① 殷周以前，巫觋就是中国早期文化记忆的主要承载者，亦是传播“典”的精神的重要角色。

人神分离的另一个重要影响，则是文明时代与阶级社会的到来。徐旭生称，颛顼以前，母系制度虽然逐渐为父系制度所代替，但尊男卑女的风习尚未大成。直到颛顼始借用以宗教力量明确规定男重于女，父系制度才得以正式确立。② 自此以后，“典”的记录、传承以及经世方式也表现出与文明发展水平相匹配的特征，内涵与外延不断经历着一次又一次拓展与创新。

(三)“典”的文籍化

如前所述，进入阶级社会后，“典”成为统治者实施统治、创建

---

① ［德］阿莱达·阿斯曼：《回忆空间：文化记忆的形式和变迁》，潘璐译，北京大学出版社 2016 年版，第 27 页。

② 徐旭生：《中国古史的传说时代》，广西师范大学出版社 1960 年版，第 97 页。

社会秩序的理论依据与政治工具。受文字发展水平与书写材料的制约，最初的“典”通过巫觋的口耳相传与早期宗教仪式两种方式世代传承。直到殷商时期，甲骨文字出现，且已发展得较为成熟，大体具备了书写、转述的基本功能，方使“典”的记录形式更为多元化，传播途径更为普遍化，以文籍作为“坟典”传承的重要载体成为可能。甲骨文多为殷商时占卜结果的真实记录，这可以视为以文献形式记录、书写“典”的开端。

高亨称“古巫史之职不分”①，而巫史合一的传统同样确立于殷商时期。甲骨文的书写者既是巫师，又为史官，这一方面反映了“典”的记录者的专业化，另一方面也表明，“典”的记载不仅具有浓重的文化记忆色彩，亦与早期的史书存在密切入微的联系。尤为值得注意的是，巫史人员以卜辞或带有浓重宗教意味的肢体语言来表述“典”的意旨，这一方式虽然在文字成熟后逐渐退居次要地位，但仍然作为一种特殊的文化遗存保留至今。

周人翦商后，周公制礼作乐，开创礼乐时代，为中国文化发展史上的重大事件。周公制礼，是承前启后、继往开来之举。其最为重要的贡献，当在于把五帝以来的“典”以礼乐制度的方式重现、阐释与传播。王国维如是评价周公制礼乐之功：“观周之所以定天下，必自其制度始矣。……其旨则在纳上下于道德，而合天子、诸侯、卿、大夫、士、庶民以成一道德之团体。”② 简言之，可以认为周公通过创立礼乐制度，为当时社会确立了最具公共性的道德标准与伦理原则。礼乐制度的建立，与“典”的形成系一对互为因果的逻辑关系：礼乐制度以“典”的精神为引领，“典”又因礼乐制度的建立而获得进一步整合、阐释与传播的契机。

周代礼乐之所以在当时表现出惊人的生命力和普遍适用性，主要原因就在于对既往“典”的精神的传承，以及对当时社会伦理道德

① 高亨：《周易古经今注》，中华书局1984年版，第330页。

② 王国维：《殷周制度论》，载《观堂集林（外二种）》，河北教育出版社2003年版，第232页。

精神的吸纳和整合。孔子云“殷因于夏礼，周因于殷礼”，可见周代礼乐为夏殷之礼的集大成者。而夏商之礼在形成的过程中，又必然对五帝时代的世界观、价值观有所继承与借鉴，因此周代礼乐精神的源头亦可以于五帝时代的文化中寻其影迹。李泽厚指出，巫术的基本特征经由转化性的创造，被保留在周初礼制中，成了“礼教”。周公“制礼作乐”，实际就是把前代之巫术进行系统化、理性化，完成了由巫到礼的过程。[①] 也就是说，周代礼乐的生命在于对“典”的继承和进一步发展弘扬，在此过程中，巫史传统亦以独特的方式，在礼乐制度中保留下来。

总的来说，夏商时期的世界观均以天命观为基础，保留着远古社会的风貌特征。在时人的普遍认知中，人间万事万物皆在诸多神明意旨的指使下运行发展，对神明意旨的理解、记载和阐发便是早期之“典”。早期之“典”受限于历史书写方式的现实约束，主要通过原始巫术的口耳相传或宗教仪式传承散布。商周文字的成熟以及早期文献的出现，为“典”的保存、传播提供了更为高效的物质载体。尤为重要的是，两代在文化方面的诸多创造，为“典”的传承提供了更为可靠的制度保障。具而言之，通过巫术与礼乐将“典”的精神吸纳到制度之中，使其深刻地融入时人的精神世界，以集体记忆的方式长存永续。当然，文字与文献出现后，“典”的实体化进程也随之开启，典籍在日后成为“典”的主要传承方式，亦于此时埋下伏笔。

二 “经典”的生成路径

（一）“典”神圣化的终结

如前所述，许多在后世具有重要象征意义的典籍，于周初随着文字的进一步成熟，以及礼乐制度的确立而陆续出现，周初亦可以视为“坟典”文籍化的开始。周初典籍中，最具代表性的莫过于《尚书》。

① 李泽厚：《说巫史传统》，上海译文出版社 2012 年版，第 27—35 页。

陆德明《经典释文序录》亦称："以其上古之书，谓之《尚书》。"[①] 孔颖达《尚书序》作疏亦称："尚者，上也。言此上代以来之书，故曰'尚书'。"[②] 目前已可确认《尚书》中《周书》的部分篇章完成于周初，也就是说，以典籍记录先王之辞，作为治国理政的重要借鉴，这一惯例习俗已经在当时被人普遍接受。此外《诗》《易》等典籍内容亦于周代逐渐形成，周代文籍无论在内容抑或在形式上均比之商代有了显著提升。

周代文籍的大量出现，一方面，与周初特殊的政教形态有关：殷商巫风的影响力犹存，"典"的训诫作用仍有其现实功用；另一方面，由于文字文献粗具规模，记载、传播的能力与效率比之此前的巫史机制有了大幅度提升。

三代学术存在的主要方式为王官之学，这意味着文献典籍的书写与阐释权力均为统治阶层所垄断，这无疑与前述颛顼宗教改革后确立的巫觋专业化传统遥相呼应。商周统治者依据这一原理，通过大同小异的运作机制，有效保证了"典"的权威性，也便间接为自身的统治权提供了强大的理论支持。受此影响，周代"典"的经世作用表现得越发显著。除内容比之前代更为丰富之外，"典"在长期神圣化、权威化后，逐渐衍生出王权象征的新内涵。

不过，至西周末叶，随着天命论的神圣性逐渐衰退，周王室的神性光辉亦随之隐去，周人政治合法性的根基也便无可阻挡地日益瓦解。西周之人对于王室的态度，从笃信不疑到犹疑不决，再到心灰意冷、彻底绝望，这种转变的痕迹在不同时期《诗》的记载内容与文风变化中清晰可见。据《史记·周本纪》载："懿王之时，王室遂衰，诗人作刺。"《索隐》宋忠曰："懿王自镐徙都犬丘，……时王室衰，始作诗也。"[③] 而详阅相关篇章，《大雅》中《瞻卬》《召旻》等多篇诗歌均表现出时人对于上天的不满甚至愤怒，如《召旻》："旻

① （唐）陆德明：《经典释文序录疏证》，吴承仕疏证，张力伟点校，中华书局2008年版，第52页。

② 《尚书正义》卷1《尚书序》，第1页。

③ 《史记》卷4《周本纪》，第140—141页。

天疾威，天笃降丧。瘨我饥馑，民卒流亡。我居圉卒荒。”又称：“昔先王受命，有如召公，日辟国百里；今也日蹙国百里，於乎哀哉！维今之人，不尚有旧？”以及《瞻卬》：“瞻卬昊天，则不我惠。孔填不宁，降此大厉。”① 究其原因，周人翦商之后提出“天命靡常”“惟德是辅”的理论，将天帝拟人化，把殷人的“天命”去留民意化，从而为殷亡周兴的政权兴替提供神学解释。如今时过境迁，在周王朝走向衰落之时，自然也表明其将被神圣的“天命”抛弃，这是基于周初政治逻辑得出的无解循环。

可以说，《诗》所记录西周末叶百姓的怨望之词，就是周王室神性消逝的真实写照，也是以天命论为基础的世界观崩塌的先兆。此后，幽王乱政，犬戎入侵，周室东迁，权威扫地，基于商周统治者现实需求建构的天命理论至此完全崩溃，也意味着神学政治至此走到尾声。事实上，随着社会文化的不断发展，天命论与社会发展的不适应性日渐凸显，“典”此前被人为赋予的特殊含义便不复存在了。

只不过春秋之世，礼崩乐坏的现实，使得“典”神圣性的坍塌表现得决绝而彻底。与此相对应的，则是王官之学的衰落，以及私学兴起，学术下移，文籍书写的特权亦由统治阶层下沉至基层百姓，“典”的神圣性自然随之消失。自此以后，图书典籍的象征意义亦在悄然改变，由此前用以记录圣王之道的专用载体转变为传播学术思想、学术观点的媒介工具，此后诸说纷起，诸子争鸣尤其使文献典籍的丰富性达到前所未有的高度。

（二）“经”的生成

春秋时期是礼乐制度全面崩溃的时代，礼崩乐坏最直观的现实反映就是随着学术下移，作为世界观基础的天命论失去立足之基而渐趋衰落，“典”的神圣性亦被终结，从而出现了普遍的信仰真空。直到孔子横空出世，学究天人，独步古今，删定《诗》《书》，成就素王

① 《毛诗正义》卷18，李学勤主编，《十三经注疏》整理委员会整理，北京大学出版社1999年版，第1256—1270页。

之业，直接促成“经”的生成。

孔子出生、成长于以传承传统礼乐精神著称的鲁国，深受礼乐文明的浸润熏陶，对于周公及其所开创的礼乐时代充满向往之情。孔子自称“十五有志于学”，少年时代的孔子就已然矢志投身于往圣之学，恢复周礼成为他毕生的梦想，也在某种意义上决定了春秋以降的学术潮流。

孔子的人生选择既然定位于对圣王之道的继承发扬，考虑到礼乐文明的理论基础就是世代传承的“坟典”，那么恢复礼乐文明，必然以重新树立“典”的权威性与神圣性为基本前提。因此，孔子尽其一生始终孜孜不倦地致力于传世文籍的整理，以皓首穷经之功，在散佚凌乱的旧“典”中找寻礼乐精神的脉络谱系，使其重新焕发出勃勃生机。孔子对先王旧“典”的发掘阐释，寄托了他个人的思考与创造，为日后“经”大行于世埋下伏笔。

据《史记·孔子世家》载：“孔子之时，周室微而礼乐废，《诗》《书》缺。追迹三代之礼，序《书传》，上纪唐虞之际，下至秦缪，编次其事。曰：‘夏礼吾能言之，杞不足征也。殷礼吾能言之，宋不足征也。足，则吾能征之矣。’观殷夏所损益，曰：‘后虽百世可知也，以一文一质。周监二代，郁郁乎文哉。吾从周。’故《书传》《礼记》自孔氏。”① 《尚书序》亦称：“先君孔子，生于周末，睹史籍之烦文，惧览之者不一，遂乃定《礼》《乐》，明旧章，删《诗》为三百篇，约史记而修《春秋》，赞《易》道以黜八索，述职方以除九丘。讨论坟典，断自唐虞以下，讫于周。芟夷烦乱，剪截浮辞，举其宏纲，撮其机要，足以垂世立教，典、谟、训、诰、誓、命之文凡百篇。所以恢弘至道，示人主以轨范也。帝王之制，坦然明白，可举而行，三千之徒并受其义。”② 孔子对这些文献旧典的整理，史具明文，自无疑义。尤为值得关注的是，孔子所整理的文献既有前文所述的“典”，亦有“经”。据《释名·释典艺》曰：“经，径也，常典

① 《史记》卷47《孔子世家》，第1935—1936页。

② 《尚书正义》卷1《尚书序》，第8—11页。

也。如径路无所不通，可常用也。”[1] 指明“经”为“常典”，孔颖达云：“然经之与典俱训为常，名典不名经者，以经是总名，包殷、周以上，皆可为后代常法，故以经为名。典者，经中之别，特指尧、舜之德，于常行之内道最为优，故名典不名经也。”[2] 可以说，自孔子删定《诗》《书》开始，“经”的概念开始进入人们的视野，并且频繁出现。孔子一生功业，始终与“经”“典”纠缠在一起。

孔子对于经典文献的整理绝非仅限于编订考证，别无创见。“述而不作”不过是孔子的自谦之辞而已，“寓述于作”才能更为准确地表述孔子的伟大贡献。事实上，孔子在对周礼的整理过程中，以礼乐精神为基础，提出“仁”的新主张，成为后世历代的治国大法。孔子对传世经典的“述”“作”整理，是一次对既往文化成就的全面继承与扬弃，取其精华，去其糟粕，进而完成了道德伦理、价值秩序与精神文明的重建。李泽厚称，自巫史文化后，孔子通过“删定”诗书，于血缘基础上，构建了一个具有实践性而不待外求的心理模式，并使之渗透于人们的生活、思想之中，并蔓延开来。[3] 孔子考诸经典，删定六经，其实质是创建了公共阐释的新机制，使其于礼崩乐坏后的信仰真空时代，再次通过思考方式以及阐释范式的转换，实现了公共话语的重新建构。

简而言之，“典”为圣王之道，是天命时代的常行之道；而“经”则是在天命论瓦解后，经孔子之整理阐释，可以为后代效法的指导思想和行动指南的总称。皮锡瑞称，“经学开辟时代，断自孔子删定六经为始”[4]。表明孔子以其独特的方式来诠释旧典，开创了神学政治瓦解后解释经典的新思路、新方法与新路径，这一阐释学新范式的构建为后世儒学的兴盛奠定了坚定的世界观与方法论基础。

---

① （东汉）刘熙：《释名疏证补》，（清）毕沅疏证，王先谦补，中华书局2008年版，第211页。

② 《尚书正义》卷2《尧典》，第25页。

③ 李泽厚：《孔子再评价》，载《中国古代思想史论》，生活·读书·新知三联书店2008年版，第28页。

④ （清）皮锡瑞：《经学历史》，周序同注释，中华书局2008年版，第19页。

（三）"经"与"典"的融合

事实上，关于孔子与六经何者为先的问题，自汉代以后即为今古文两派学者所关注。周景王时，晋叔向以景王丧未逾期便求彝器，饮宴作乐，称："礼，王之大经也。一动而失二礼，无大经矣。言以考典，典以志经，忘经而多言举典，将焉用之？"[①]《庄子·天运》载孔子语："丘治《诗》《书》《礼》《乐》《易》《春秋》六经，自以为久矣，孰知其故矣。"亦载老子之语："夫《六经》，先王之陈迹也。"[②] 可知六经之说，固已先于孔子而有，而且时人已经习惯于把"经"与"礼""典"并用。只不过，彼时所谓之"经"，或仅指"典"的文献载体，随着神学政治的崩溃，"典"已然无复昔日的神圣特性，亦无后世所理解的经典之义。

据《白虎通》载："孔子所以定五经者何？以为孔子居周之末世，王道陵迟，礼乐废坏，强陵弱，众暴寡。天子不敢诛，方伯不敢伐，闵道德之不行，故周流应聘，冀行其道德。自卫反鲁，自知不用，故追定五经，以行其道。"[③] 钱穆称："《六经》既为其时之衙门档案，故遂综之曰王官之学。惟孔子则研求此种档案而深思独见，有以发挥其所涵蕴之义理，宣扬其大道，自成一家之言。后世推尊孔子，乃推尊其所研习，而崇其名曰'经'。"[④] 由此可知，唯经孔子之编订整理，使先王旧典被阐发为传世之"经"，这才为"经"赋予了时代色彩，为此后成为经典乃至世代流传奠定基础。

孔子之世，"经"与"典"之间有这样的逻辑关系：首先，"经"为理解"典"的路径，即"经"为解"典"之作；其次，"典"为"经"中之别，专指尧舜之德，"典"的范畴被包含于

---

① 《春秋左传正义》卷47，第1346页。

② 陈鼓应：《庄子今注今译》，商务印书馆2007年版，第450—451页。

③ 陈立撰：《白虎通疏证》，吴则虞点校，中华书局1994年版，第444—445页。

④ 钱穆：《孔子与论语》，载《钱宾四先生全集》第4册，聊经出版事业有限公司1998年版，第238页。

“经”的范畴之内。孔子通过对先王旧典的删削整理，以“经”的方式来阐释“典”的精神，为“典”注入活力，从而实现了道德价值观念的重建。自此以后，经典并称，遂为常事。

春秋战国时代，适逢中国的政治、经济剧烈变革的时代，以孔子为代表的儒家对先王之道的怀念，其实就是要通过一种政治想象来增强经典的权威性和神圣性，进而在竞于智谋气力的战乱时代重建礼乐文明。然而，由于这种想象仅以先王旧典和对王道盛世的想象为依据，缺乏现实支持，故而始终无法得到付诸实践的机会，其影响力也仅限于思想领域。孔子及此后的儒生不遗余力地推广先王之道，却始终无人常识，抱憾终生，正缘于此。

春秋战国时期，百家争鸣，其实就是各家学派基于不同视角，对“典”的精神进行诠释，以图取得思想的正统地位。最终，秦以法家制胜。秦始皇统一之后，焚毁百家之言，此举对当时的经典文献而言无疑为一种毁灭性重大打击。而秦人焚书的一个重要原因，正在于法家的意旨刚好以对传统的批判和反驳为特征，所以要通过焚书之举来削弱先王之道的影响，进而达成统一思想的目的。

秦急政而亡，对于汉初统治者而言，秦人所标榜的与圣人之道相背离的法家思想是其速亡的重要原因之一，因此在汉初兴起“过秦”风潮的同时，统治者搜寻旧典、在制度层面推行复古效周之举也成为汉初重要的时代特征。

《汉书·艺文志》：“汉兴，改秦之败，大收篇籍，广开献书之路。迄孝武世，书缺简脱，礼坏乐崩，圣上喟然而称曰：‘朕甚闵焉！’于是建藏书之策，置写书之官，下及诸子传说，皆充秘府。至成帝时，以书颇散亡，使谒者陈农求遗书于天下。”[①] 经汉兴以来数十年之积淀，至汉武帝时汉达于极盛。汉武帝以大有为之君独尊儒术，学术大盛。儒家之学成为思想正宗，儒家经典亦再度成为经典，辉映古今，其影响力直至近代。

① 《汉书》卷30《艺文志》，第1701页。

三 结语

可以说，中国古代经典文献的形成经历了四个阶段：第一个阶段为远古时期，随着五帝时代的文明昌盛与宗教改革，人神杂糅的局面成为历史，反映神明意旨与符合统治需求的“典”的出现成为必然，只不过这一时期“典”的精神仅以口耳相传和原始宗教仪式的方式传递；第二个阶段是西周初年，周公通过制礼作乐，对此前的旧“典”进行系统化整理，而且由于文字与文献的发展，文献开始成为记录“典”的重要载体；第三个阶段是孔子时代，孔子通过以“经”释“典”的方式，为“典”重新注入活力，亦使得儒学得于诸子时代大放异彩；第四个阶段为秦亡汉兴之际，随着儒学昌盛乃至独尊，经孔子之手改造过的先王旧典再度成为治国理政的理论依据，至此，“经”与“典”再无区别，已可并用。汉代以后先王旧典经典化的过程，其实就是儒生对圣王先贤的意旨进行合理化的理论阐释与现实改造，使其适应于时代。经此过程，“经典”的概念终得界定，借以指代各个领域内具有发凡起例、开宗立派意义的奠基之作，影响至今。

13世纪哲学家邓牧的生平与思想阐释*

傅乐淑著** 陈龙译***

摘 要：邓牧是13世纪的中国哲学家，却几乎被世人彻底遗忘，未能获得应有的思想声誉和历史地位。南宋灭亡后，他拒绝出仕，隐居道观，坚守儒家气节，最终很可能因绝食而亡。其思想的真正价值表现在相当科学的时空观、独特生命观、不同于正统儒家的激进政治理论。其中，邓牧最重要的贡献在于其著述深刻影响了黄宗羲，是大约4个世纪后黄宗羲的名著《明夷待访录》的主要文献来源，为黄宗羲在身后的成功奠定了基础，并且在很多方面优于黄宗羲的《明夷待访录》。邓牧的哲学成就和历史贡献应当得到学界高度重视。

关键词：邓牧 黄宗羲 《伯牙琴》 《明夷待访录》 政治哲学

---

* 本文译自 Lo-Shu Fu，"Teng Mu：A Forgotten Chinese Philosopher"，*T'oung Pao*，Second Series，Vol. 52，Livr. 1/3，1965，pp. 35-96。本文系中国人民大学科学研究基金（中央高校基本科研业务费专项资金资助）项目阶段性成果（项目编号：16XNLG04）。

** 傅乐淑（1917—2003），著名历史学家，治元史、清史和中西交通史，代表作：《元宫词百章笺注》、*A Documentary Chronicle of Sino-Western Relations*（1644—1820）等。

*** 陈龙，中国社会科学院大学文学院讲师、中国社会科学院文学与阐释学研究中心研究员、中国社会科学大学阐释学高等研究院研究员。

邓牧是13世纪的中国哲学家，其政治理论著作是大约4个世纪后黄宗羲的名著《明夷待访录》的主要来源。邓牧在科学史上的地位也举足轻重，因为他富有先见之明，率先提出存在着多元星系（plural galaxies）。然而他几乎被世人彻底遗忘了，湮没不闻。本文将考察邓牧的生平及同伴，并且分析和评价他的哲学成就。

一 邓牧的生平

邓牧家世钱塘（属杭州），出生于南宋末期的淳祐七年（1247），去世于元成宗统治时期的大德十年（1306）。因此，他的一生恰好横跨两个朝代，前30年生活于宋朝，后30年生活于元朝。他是著名道观洞霄宫的道士，洞霄宫坐落于余杭（属杭州），赐地而建，拥有众多名山（譬如九锁山、大涤山、天柱山等）。这座道观据称历史悠久，始建于西汉元封三年（前108）。① 由于这座道观曾云集众多仙人和真人，故而历代统治者对其宠爱有加。北宋大中祥符五年（1012），这座道观得到重建，并被赐名为“洞霄宫”。它是宋朝两座最高等级的道观之一，在绍兴八年（1138）南宋首都迁至杭州之后更是如此。②宰相退休时通

---

① 道观似乎不可能建造于公元前108年的浙江地区，当时浙江仍然是一个非常落后的地区。然而根据宋朝的地方志，据说一座道教宫坛始建于汉武帝元封三年(《洞霄图志》，卷1）（“郡志云：汉武帝元封三年始建宫坛于大涤洞前”——译注）。此事也记载于《咸淳临安志》卷75（“汉武帝元封三年创宫坛于大涤洞前”——译注）、吴自牧撰《梦粱录》(《学津讨原》本第69册）(“如洞霄宫者，按诸志书云：‘自汉武帝迄唐五代，至宋一千九百余年……’”——译注）和郑澐编《杭州府志》卷32（“汉元封三年建宫坛于大涤洞前”——译注）中。必须注意的是，汉代早期，在汉武帝的祖母窦太后的支持下，道教在朝廷上权势极大。汉武帝本人便热衷于研究道教神秘主义。众所周知，他在公元前106年曾巡视中国南方（参见《史记·孝武本纪》，卷12；《汉书·武帝纪》，卷6；英译本见Homer H. Dubs, trans., *The History of the Former Han Dynasty*, Baltimore: Waverly, 1938-1955, Vol. 2, p. 93)，余杭的道观很可能就是在这次南巡时所建。关于洞霄宫的历史，参见《洞霄图志》，卷1；张吉安编：《余杭县志》，卷16。另见图1。

② 现今的杭州在南宋建炎三年（1129）被称为“临安府”。那时创立南宋王朝的宋高宗四处迁移。杭州自绍兴八年（1138）成为南宋的首都，被称为“行在”或者“行在所”，意指它仅仅是临时的首都，因为宋朝原来的首都汴梁（或开封府、东都）在北宋靖康二年（1127）被北方部落女真占领。南宋政权虽然无法重新夺回汴梁，但是至少仍然在

常会被任命为洞霄宫的荣誉提举。[①]洞霄宫坐落于群山之间，是中国景色最为优美的地方之一；根据道教经书，大涤山是“三十六洞天”之一，天柱山是“七十二福地”之一。

由于邓牧是宋末元初这一过渡时期的隐士，故而他的传记无法在宋元时代记载著名人士的传记辞书中找到。我们关于邓牧的主要资料是：(1)《洞霄图志》附有一篇关于邓牧的简要传记；[②] (2)《洞霄诗集》收录了邓牧的一些诗歌。[③] 根据《洞霄图志》附录的邓牧传记，邓牧的生平如下：

> 邓牧，字牧心，家世钱塘，自号三教外人。年十余岁，读《庄》《列》，悟文法，下笔追古作者。及壮，[④] 视名利薄之，遍

考虑收复汴梁。《马可·波罗游记》中的“Quinsay”一名实际上便是“行在”的音译（参见 Sir Henry Yule and Henri Cordier, eds., *The Book of Ser Marco Polo*, London: John Murray, Vol. 2, 1929, p. 193, note 1）。然而因为南宋王朝未能重新统治中国北方，因此“行在”逐渐被称为“都城”。也因此，耐得翁关于杭州的著作被称为《都城纪胜》。南宋灭亡之后，该城不再被允许称为“行在”，而只能被称为“杭州”［《元史·世祖纪六》，卷9（“庚子，命中书省檄谕中外，江南既平，宋宜曰亡宋，行在宜曰杭州。”——译注）］。临安府下辖九县，包括了钱塘与余杭。参见《宋史》卷25—29、卷85—86；《乾道临安志》；《咸淳临安志》（“国朝大中祥符五年，漕臣陈文惠公尧佐以三异奏，赐额为‘洞霄宫’。”——译注）。

① 提举洞霄宫的完整名单，可见朱彝尊《曝书亭集》（《四部备要》本），卷65，第477—479页。洞霄宫的最后一位提举是马廷鸾，他是伟大的类书编纂者马端临的父亲。

② 即《邓文行先生》。——译注

③ 六卷本的《洞霄图志》和十四卷本的《洞霄诗集》由邓牧编撰，由孟宗宝（字集虚）在邓牧死后最终完成。《洞霄图志》被收录于《知不足斋丛书》第14集［乾隆五十七年（1792）刊本］；《洞霄诗集》被收录于《知不足斋丛书》第11集［乾隆五十一年（1786）刊本］。《洞霄图志》中的邓牧传记很可能出自孟宗宝之手。它们分别重刊于《丛书集成》第3167—3168册和第1757册。

④ 此时蒙古人已经占领了中国南方。根据郑元祐的记载，众多南宋朝臣和高阶宦官都进入道观，成为道士（郑元祐：《遂昌山樵杂录》，载《学海类编》，第86册）（“宋亡，故官并中贵往往为道士。”——译注）。根据邓牧的朋友林景熙的说法，邓牧实际上直至中年方才开始学习道教［参见林景熙《霁山集》，收录于《知不足斋丛书》第25集（嘉庆六年刊本），卷3］（“中岁修玄学”。——译注）（此外，正文中“及壮”的“壮”被作者英译为“thirty *sui*”。——译注）。

游方外，历览名山，逢寓止，辄杜门危坐，昼夜唯一食。① 岁丙申，② 至越山阴，修竹王公③延至陶山书院④。己亥还钱塘，入余杭洞霄止焉。

身不衣帛，服楮御寒。⑤ 尝遇异人，受修炼法，至是，于宫之超然馆，入室宴坐，或数月不出。四方名胜，不惮远途，以文字请。每一篇出，争传诵之。非其人求之，厚馈弗为，其自重如此。

住山介石沈公，⑥ 为营白鹿山房石室颠居之，⑦ 最深处，扁

① 邓牧很可能不仅仅在修炼所谓的“导引辟谷”之术（或“道引辟谷”），即特殊的呼吸体系（被道教认为可以趋向成仙），并尝试在不饮食的情况下生存［参见《史记·留侯世家》，卷55（“道引不食谷”“乃学辟谷，道引轻身”。——译注）；《史记·龟策列传》，卷128（“龟能行气导引”。——译注）；《汉书·张良传》，卷40（“道引不食谷”。——译注）；《南史·陶弘景传》，卷76（“弘景善辟谷导引之法，自隐处四十许年，年逾八十而有壮容。”——译注）］。邓牧也可能在修炼庄子倡导的“心斋”（fast of mind）、“坐忘”（sitting in forgetfulness）之术。借此，邓牧能够忘记由残暴的野蛮人占领其祖国而带来的巨大悲怆。此外，邓牧在白天静坐不动，这样便可以避免接待不速之客。邓牧喜欢在野外散步，尤其是在午夜月下［参见吾邱衍《闲居录》，载《武林往哲遗著》，第21册（“清夜放游，则不避豺虎，白昼危坐，则客至不起。”——译注）；顾嗣立、席世臣编：《元诗选癸集》，第13册（“清夜放游，则不避豺虎，白昼危坐，则客至不起。”——译注）］。

② 即1295年。——作者注

③ 有关王修竹的更多信息，详见下文。他的正式姓名是王英孙。关于他的传记，参见徐象梅《两浙名贤录》［光绪二十六年（1900）浙江书局刊本］，卷9（即《将作监簿王才翁英孙》——译注）；邵廷寀：《思复堂文集》，载《绍兴先正遗书》，第40册，卷3（即《宋将作监簿修竹先生传》《宋遗民所知传·王英孙》。——译注）。

④ 这所书院名为“修竹书院”，但是它坐落于陶山，陶山是道教的三十六福地之一，这是因为陶弘景曾在那里住过（“晋陶贞白高隐炼真，为蓬莱监，山因以氏，旷乎有道者也。”——译注）。陶山在浙江瑞安县以西35里。参见林景熙《霁山集》，章祖程注，卷4（即《陶山修竹书院记》。——译注）。

⑤ 真实的情况很可能是邓牧在旧衣破烂之后，使用纸片而非布片来缝补［《洞霄图志》，卷5（“衣敝不补”。——译注）］。邓牧描绘了他在进入洞霄宫前的生活状况：他投宿客栈，房间极其狭小逼仄，他的衣服破烂不堪，他的鞋子满是破洞［《伯牙琴》，载《知不足斋丛书》，第11集（“己亥季秋，余以贫故馆逆旅，楼广不二丈，深不八九，椽床榻几案外无余地，瓶无粟，衣敝履穿，漫不省。”——译注）］。

⑥ “介石沈公”乃沈多福（字介石），道号“修养素冲妙法师”。他很可能因为希望让邓牧与叶林二人撰写洞霄宫的图志，所以邀请二人前来洞霄宫，并尽其所能地盛情款待了他们。

⑦ 白鹿山房举世闻名，位于大涤山的顶峰，由此处远眺，周围山脉尽收眼底。它曾是历代众多道教仙人真人的居所［《洞霄图志》，卷3（“相传郭真君登山采药，尝濯于此，名洗药泉。郡志云：吴天师筠修炼之所，天师既尸解于宣城，指令门人藏书剑于此洞，有石室，故以名之。又《景行录》载天师云：当迁神于天柱石室，盖太上俾我炼蜕之处。故卜其西麓，果有石坐，扉自然成备，如是则不惟书剑，亦天师藏真焉。”——译注）］。见图1。

曰“空屋”，公自作记。命工凿石，奇甚。左右植梅竹，与五巨松相间，每云：“山居占胜，不啻足矣。”

时里人叶林亦隐九锁冲天观，[①] 有行窝山房中，与公为深交。忽一日，谓同道曰：“吾二人不久他往。”似有言别意。大德丙午正月八日，[②] 叶公坐蜕，[③] 公志其墓。逾半月，亦无疾而化，信然。瘗刱履石室洞下，寿六十。[④] 严陵胡汲古别为作传，[⑤] 有《洞霄志》《游山志》《杂文稿》传山中，众称曰“文

① 叶林号玄文，有时误作“去文”。关于他的传记，可见《洞霄图志》，卷 5（即《叶高行先生》。——译注）；吾邱衍：《闲居录》，载《武林往哲遗著》，第 21 册（“叶林字去文，钱唐（塘）人。与邓牧俱隐居大涤山，分地而居，或旬日不食，或一食。兼人清夜放游，则不避豺虎，白昼危坐，则客至不起。作为文辞，多世外语。邓则全效柳子厚也。大德乙巳冬，忽驰书别亲故，云将他往，且诣邓言别。至丙午正月八日，平坐而化，年五十九。后十余日，邓知叶已化去，叹息曰：‘叶君出处与我同，奈何给我言别，吾亦当长往耳。’乃述叶君墓志，又于灯下取叶文集读毕，而终其平生，如叶解化无异。其文集皆藏洞霄山中云。”——译注）；陆友：《研北杂志》，载《宝颜堂秘笈》，第 32 册，卷 2（即“叶林去文，钱唐人，与邓牧牧心俱隐大涤山，或数日不食，或一食。兼人清夜放游，则不避豺虎；白昼危坐，则客至不起。其为人高洁如此。所为文章，多世外语，邓则全效柳子厚。大德某年冬，忽驰书别亲友云：‘将他往。’且诣邓言别。至明年，年五十九，正月八日，端坐而逝。后十余日，邓知叶已仙去，叹曰：‘叶君出处与我同，奈何给我言别，吾亦当长往耳。’乃述叶墓志，又于灯下取其文集，读毕而终。吾子行有《怀邓、叶二道人诗》云。”——译注）；徐象梅：《两浙名贤录》，卷 44（即《叶本山林》——译注）。

② 1306 年 1 月 22 日。——作者注

③ 在宋朝史书中，“无疾”（作者将“坐蜕”译为“to die without illness”，将后文的“无疾而化”译为“pass away without illness”。——译注）意指非自然死亡［蔡絛：《铁围山丛谈》，载《知不足斋丛书》，第 9 集，卷 3（“国朝实录、诸史，凡书事皆备春秋之义，隐而显。若至贵者以不善终，则多曰‘无疾而崩’。”——译注）］。但是这位道教传记作者刻意提及邓牧与叶林是以一种神秘的方式死去，仿佛他们的死亡仅仅是“尸解”（deliverance of the corpse）。

④ 1247—1306. 2. 6。——作者注

⑤ 邓牧与林景熙有一位朋友胡侨（字汲古，号天放）［参见《伯牙琴》（“岁丙申三月三日，陈用宾、刘邦瑞、胡汲古与予举修禊故事”——译注）；《霁山集》，卷 1（《东山渡次胡汲古韵》——译注）、卷 2（《练川道中次胡汲古韵》——译注）、卷 3（《送胡汲古归严陵觐亲》——译注）、卷 5（《胡汲古乐府序》——译注）］，这位胡侨也是王英孙的朋友。胡侨为邓牧所作的传记已失传。根据顾嗣立和席世臣的记载，胡长孺（字汲仲）也写了一篇邓牧的传记［《元选诗癸集》，第 13 册（“石塘胡长孺为作传。”——译注）］。遗憾的是，笔者无法查阅胡长孺的《石塘文集》。胡侨与胡长孺很可能是亲戚。关于胡长孺，参见《元史·胡长孺传》，卷 190。

行先生”。①

上述传记十分简略。不过我们可以从其他同时代的资料（尤其是邓牧密友的传记和邓牧自己的作品）中，获得更多关于邓牧的信息和洞见。

图 1　洞霄宫的详细平面图

（出自嘉靖《余杭县志》）

（一）邓牧的同伴

1. 叶林

叶林是邓牧最亲密的朋友，《洞霄图志》也收录了叶林的简要传

① 《洞霄图志》，卷 5（《邓文行先生》）。《两浙名贤录》卷 44 也载有一篇邓牧的传记，其内容与《洞霄图志》中的上述传记相同，仅有一处差异，即据说是胡长孺（而非胡汲古）曾为邓牧写了一篇传记。因此，上文所提及的胡侨（字汲古）与胡长孺很可能是同一人。我们知道胡长孺的密友仇远和吾邱衍都曾写下哀悼邓牧和叶林的诗文（仇远的诗歌为《金渊集》卷 5《闻金之一邓牧心叶去文皆羽化山中》，吾邱衍的文章见《闲居录》。——译注）。

记，这篇传记可能部分出自邓牧之手。叶林和邓牧一样都是隐士，他甚至比邓牧还要避世。其传记摘要如下：

> 叶林字儒藻，一字玄文，① 号本山……日一食，二十年如一日。或强饮，亦不拒，至酌饱兼人。……三数旬，唯啖果蔬，颜色自若。遇积雪，登岩谷，四顾月下，独步林影间，深夜忘返。
>
> ……四方慕者，洎名公达官，排闼请见，对客箕踞，自若寄傲。或欲荐之，朝闻其清议而止。②
>
> ……乙巳冬，叶公兀兀危坐几两阅月，……遣书报："行期既，皆来。"明日，书偈案上，泊然而化，大德丙午正月八日也，寿五十九。
>
> 瘗书剑冲天观西步竹坞，有遗稿传山中，③ 众称曰"高行先生"。④

叶林与邓牧都被《洞霄图志》列入"列仙"的类别。虽然洞霄宫有一千多年的悠久历史，但是只有 22 人被洞霄宫尊崇为仙人。尽管叶林与邓牧受到同等尊崇，然而叶林的地位稍稍高于邓牧，因为当二人被一同提及时，叶林的名字总是排在邓牧之前。倘若我们彻底探究所有与叶林、邓牧二位仙人有关的资料，那么显而易见，他们的死亡绝非简单的童话故事，而是庄严的殉道。他们的死亡肇端于元廷征召他们。

为什么邓牧与叶林会被元廷征召？对此至少存在两种可能的解

① 原文作"去文"，乃"玄文"之误。——作者注

② 这里暗指一个漫长而悲伤的故事，即叶林告诉钦差大臣，他即便面临死亡的威胁，也不会效忠元朝皇帝。

③ 叶林的主要作品都未能留存，他只留下了一些诗歌，辑录于吴师道的《吴礼部诗话》[收录于《续金华丛书》，第 119 册（"金粟花前风细细，宝阶地上月辉辉。梦回不属红尘境，凉露满衣人醉归。""芙摇风柳挂月，醉来健倒梨花堆。千百春锄一株树，野田吹下雪花风。"——译注）] 和《洞霄诗集》卷 13（《赋洞霄宫隐居十年后》《石室洞》、《又登石室二首》《呈住山介石》。——译注）。

④ 《洞霄图志》，卷 5。

释。第一，很可能因为他们的卓越学识为众人所知，所以钦差大臣被派去寻访他们。蒙古人在元朝初期尚未采纳竞争考试制度；他们仅仅通过征召来任用官员。至元十三年（1276），元世祖（忽必烈汗）在蒙古人攻占临安之后，立即下诏“高尚儒、医、僧、道、卜筮，通晓天文历数，并山林隐逸名士，仰所在官司，具以名闻”。从那时起，钦差大臣不时地被派往中国南方去征召这些人，譬如元世祖统治时期的至元十八年（1281）、至元二十一年（1284）、至元二十三年（1286）和至元二十八年（1291），元成宗统治时期的大德六年（1302）和大德九年（1305）。[①] 简而言之，在邓牧去世前，有才能之人至少七次被征召仕元。毫无疑问，邓牧和叶林在大德九年受到征召。正如上文所述，邓牧是卓越的作家。[②]

第二，邓牧与叶林通晓养生之道，他们的名声很可能传至元廷。元成宗温和稳健，颇受世人欢迎。他病了很长一段时间。由于蒙古人平定中国已有三十年，故而元成宗乃是和平之君。他也许希望邓牧与叶林能够教授他养生之道，从而改善他的健康状况。出于某种原因，元成宗任命吴全节（地位最高的道教道士之一）为钦差大臣，[③] 授予其皇家专权，前去征召他们。我们不知道吴全节抵达洞霄宫的确切时间，但那肯定是在大德九年深秋或者初冬，因为吴

① 参见《元史·世祖纪六》，卷9；《元史·世祖纪十一》，卷14［“（二十三年）三月己巳，御史台臣言：‘近奉旨按察司参用南人，非臣等所知，宜令侍御史、行御史台事程文海与行台官博采公洁知名之士，具以名闻。’帝命赍诏以往。”——译注］；《元史·选举志》，卷81［“至元十八年，诏求前代圣贤之后，儒医卜筮，通晓天文历数，并山林隐逸之士。……（至元）二十八年，复诏求隐晦之士，俾有司具以名闻。成宗大德六年，征临川布衣吴澂，擢应奉翰林文字，拜命即归。九年，诏求山林间有德行文学、识治道者，遣使征萧渼，且曰：‘或不乐于仕，可试一来，与朕语而遣归。’”——译注］；《元史·程钜夫传》，卷172［“（至元）二十三年，见帝，首陈：‘兴建国学，乞遣使江南搜访遗逸；御史台、按察司，并宜参用南北之人。’帝嘉纳之。”——译注］。

② 戴天锡赞许邓牧是他那个时代最伟大的作家：“文章似尔绝代无。”（参见《元诗选癸集》，第1册）

③ 吴全节，字成季，号闲闲、看元道人。他是江西饶州人，是张留孙的爱徒，张留孙是元朝廷中地位最高的道教官员（“玄教大宗师”）。吴全节后来继承了张留孙的这一高位。关于吴全节的传记，可见《元史·吴全节传》，卷202；吴全节：《看云集》，载《元诗选二集》，第10册。他为《洞霄图志》所作的序言保存于《大涤洞天记》（载《道藏》，第559册）中。

全节当年夏天在大都（汗八里）（今北京）接受了皇帝的任命。他的长途旅行肯定花费了不少时间。吴全节在到达之后，便邀请邓牧和叶林出仕，效忠皇帝，因为二人都才华横溢。[①] 邓牧与叶林坚拒元廷的任何任命。我们虽然无法知晓吴全节何时返回朝廷，但是知道叶林在大德九年冬已经决定诀别人间。他把这一决定告知了他的好友（一位佛教僧人）和他的侄子。然后他前往超然馆，向邓牧诀别。邓牧在得知叶林的计划后，便表示了支持，并说："吾二人同往。"叶林很可能没有自杀，而仅仅是持续斋戒。因为他曾经长时间忍耐饥饿，所以他绝食两月之后方才离世。邓牧跟随叶林的脚步，并且很可能以同样的方式离世。

他们的山人同伴不敢公开称颂他们，透露他们以死亡回应皇帝的征召。但是他们成功地将邓牧与叶林尊崇为仙人，希望二人的爱国精神能够在蒙古人的统治终结之后为世人所知。因此，他们不仅要求吴全节为《洞霄图志》撰写序言（其中透露出关于邓牧与叶林坚定地拒绝接受朝廷任命的一些线索），而且在《叶高行先生传》中收录了李坦之（邓牧的学生、一位才华横溢的年轻诗人）所作的一首长篇悼亡诗。[②] 李坦之称颂叶林与邓牧：

> 千年之后公等出，名山之名当未毕。

他们的山人同伴为他们感到骄傲，这一点毋庸置疑。同时代的仇远是邓牧与叶林二人的好友，[③] 他也写道：

---

① "大德九年夏，予奉旨搜贤。知叶玄文、邓牧心隐余杭人柱山，即而征之。"（吴全节：《洞霄图志序》）——译注

② 李道坦，字坦之，是一名才华横溢的诗人，在洞霄宫跟随邓牧习诗多年。其传记可见吴师道《吴礼部诗话》；吴师道：《吴礼部集》，载《续金华丛书》，第86册，卷2；第87册，卷4、卷7。

③ 仇远，字仁近，号山村，宋朝诗人，钱塘人。其传记可见仇远《金渊集》，载《武英殿聚珍丛书》，第774册。

他日钱塘耆旧传，三高[①]宜入画图传。[②]

“千年之后”与“他日”均指涉蒙古政权的覆灭。

在蒙古统治中国之初，一位中国学者谢枋得隐居避世。[③] 然而自至元二十三年起，谢枋得屡次受到元廷的征召。最后他被迫前往元帝国的首都大都（“魏天祐……强之而北”）。从福建建阳至大都的漫长旅途中，谢枋得仅仅吃了一点水果和蔬菜（“日食菜果”）。他在到达大都之后，坚拒出仕，并且绝食（“不食而死”）。在世变鼎革之际，士大夫忠于旧朝，不食粟以示忠贞不渝，这乃是一个由来已久的传统。最早的著名例证便是周初孤竹国的两位著名兄弟伯夷与叔齐，二人拒绝变节。他们躲入深山，采撷“薇”这种野草而食。最终二人饥寒交迫而亡。[④] 这一传统的另一个例证是龚胜，[⑤] 他拒仕篡权者王莽，隐居避世。当被迫出仕时，龚胜绝食十四天而亡（“不复开口饮食，积十四日死”）。谢枋得追随了伯夷、叔齐和龚胜的脚步。谢枋得在自己的作品中强烈提倡这一传统。至元二十六年

① 在同一时间，除了叶林与邓牧外，还有一位道士金之一也以同样的方式离世。笔者无法找到金之一的传记。很有可能“金之一”是“金一之”之误。金应桂，字一之，号荪壁，钱塘人，是一名卓越的书法家。金应桂在宋朝担任县令，但是在宋朝覆灭之后，成为隐士。关于金应柱的传记，参见万斯同《宋季忠义录》，载《四明丛书》，第56册，卷14（“金应桂，字一之，号荪壁，钱塘人，能词章，宋季为县令，入元隐居风篁岭，书学欧阳修，画学李龙眠，筑荪壁山房，左弦右壶，中设图史古器，客至抚玩清谈，亹亹不休。每肩舆入城，幅巾氅衣，望之若神仙云。”——译注）；仇远：《山村遗集》，载《武林往哲遗书》，第17册（《赠金荪壁》：“黄纸红旗事已休，莫思入谷有鸣驺。天开东壁图书府，人立西湖烟雨楼。林浅易寻和靖隐，菊荒空忆魏公游。客来把玩新题扇，半似钟繇半似欧。”——译注）；朱澎：《南宋古迹考》，载《武林掌故丛编》，卷2（“仇远《赠金荪壁》……”——译注）。

② 仇远：《金渊集》，卷4（《闻金之一邓牧心叶去文皆羽化山中》——译注）。

③ 关于谢枋得的传记，参见《宋史·谢枋得传》，卷435；Herbert Giles，*A Chinese Biographical Dictionary*，London：Bernard Quaritch，1898，No. 730。

④ 伯夷是孤竹国（今河北卢龙）君主的长子。叔齐则是幼子。兄弟二人公开反对周武王征讨商纣王。关于伯夷的传记，参见《史记·伯夷列传》，卷61；Herbert Giles，*A Chinese Biographical Dictionary*，No. 1657。

⑤ 关于龚胜的传记，参见《汉书·龚胜传》，卷72；Herbert Giles，*A Chinese Biographical Dictionary*，No. 1027。

(1289)，他经过长时间的绝食而最终离世。他的事迹众所周知，被称颂为伟大的爱国者。

毫无疑问，叶林和邓牧效仿了谢枋得，做了完全相同的事情。不过较诸谢枋得，他们的事情发生得晚一些；他们不是去世于大都的朝廷之上，而是去世于中国南方的孤山之间，他们为儒学而殉道的事迹并不被外人知晓。因此，当清代学者邵廷寀撰文详述宋朝爱国人士，以便颂扬那些无名英雄时，他的结论是唯有谢枋得一人像龚胜那样殉道。①

叶林与邓牧在宋朝绝非显贵，他们在元朝的统治下生活了三十年。但是他们拒绝出仕，鄙夷名利权力。他们似乎愚不可及。倘若他们前往大都，那么他们就会失节，因为儒家学说禁止学者身仕二朝，尤其是元朝乃蒙古人所建立。

既然我们已经揭开了邓牧离世的方式，那么我们也就不会对他的其他朋友及其活动感到惊诧。

2. 谢翱

根据邓牧自己的说法，他的一位密友是谢翱（字皋父或皋羽）。② 谢翱在元初默默无闻，但是在明朝驱逐蒙古人之后，他闻名于世。谢翱是福建人，出生于富贵人家，1276 年南宋都城临安陷落，谢翱时年 28 岁。在临安陷落之前，文天祥③和德祐帝④的两

① 邵廷寀：《思复堂文集》，卷 3（“宋之季年……其强之出而终死，谢枋得而外，未闻之有闻也。”——译注）。

② 胡翰：《胡仲子集》，载《金华丛书》［同治十二年（1873）本］，卷 9（《谢翱传》——译注）；邵廷寀：《思复堂文集》，卷 3（自“谢翱字皋羽”至“若翱之志，有类横之客者非耶”。——译注）；宋濂：《宋学士全集》，卷 10（《谢翱传》。——译注）。

③ 文天祥，字宋瑞或履善。由于文天祥的故乡面朝文笔峰（江西吉水的一座小山），故而文天祥又号“文山道人”或“文山”。关于文天祥的传记，参见《宋史·文天祥传》，卷 418；J. J. M. de Groot，*Religious System of China*，Leiden：Brill，1910，Vol. VI，pp. 1014–1018；Joseph-Anne-Marie deMoyriac de Mailla，*Histoire générale de la Chine*，Paris：Ph. D. Pierres and Clousier，1779，Vol. IX，pp. 371–404；Herbert Giles，*A Chinese Biographical Dictionary*，No. 2306。

④ 参见《宋史·瀛国公二王附》，卷 47；Joseph-Anne-Marie de Moyriac de Mailla，*Histoire générale de la Chine*，Vol. IX，pp. 337–375。

位兄弟益王[①]、广王[②]被护送至温州。在德祐帝被俘之后，益王在福州（后改为福安府）被立为宋端宗。整个国家的爱国人士都被征召起来，捍卫自由中国，投奔新朝廷。谢翱响应这一紧急号召，组织了一支数百人的志愿军，前去救援新皇帝。他被任命为文天祥手下，谢翱对文天祥忠心耿耿。文天祥的部队由学者、诗人和学生组成，他们无法抵挡进犯的蒙古人，在江西溃败。其后，谢翱与文天祥失去联系。文天祥转战广东，继续抵抗蒙古人，直至1278年被俘。宋端宗在福建遭遇叛乱之后，将朝廷迁至广东，1278年夏天，宋端宗于碙洲去世，他的弟弟广王赵昺被立为帝（即“帝昺”）。在蒙古人的步步紧逼下，宋廷被迫流亡海上。一年之后（1279年3月19日），宋朝舰队被击败，包括皇帝在内的超过10万人死于崖山。[③] 蒙古人由此完全征服了中国。

由于宋室复辟完全无望，故而管理新征服的领土便成了蒙古人的一项紧迫任务。元世祖调查发现，在宋朝的大臣中间，被他俘虏的文天祥的才能无人能及。元世祖用尽一切办法来劝降文天祥。文天祥对亡宋忠贞不渝。他被囚于牢中，受尽各种折磨。传言有人密谋劫狱，释放文天祥。于是文天祥被定于至元十九年十二月九日（1283年1月9日）公开处决。

文天祥欣闻其将被斩首，由此他的折磨也将很快结束。他在自己的衣带上写下：

> 孔曰成仁，孟曰取义，惟其义尽，所以仁至。读圣贤书，所

---

① 参见《宋史·瀛国公二王附》，卷47；Joseph-Anne-Marie de Moyriac de Mailla, *Histoire générale de la Chine*, Vol. IX, pp. 374-394。

② 参见《宋史·瀛国公二王附》，卷47；Joseph-Anne-Marie de Moyriac de Mailla, *Histoire générale de la Chine*, Vol. IX, pp. 394-400。

③ 在这些生还的士兵中，有一位陈姓男子（不知其名），他恰好就是明太祖朱元璋的外祖父，而正是朱元璋推翻了蒙古人的统治。参见《明史·陈公传》，卷300（“陈公，逸其名，淳皇后父也。……当宋季，名隶尺籍伍符中，从大将张世杰扈从祥兴。至元己卯春，世杰与元兵战，师大溃，士卒多溺死。王幸脱死达岸。”——译注）。

学何事，而今而后，庶几无愧。[①]

文天祥冷静地欣然接受他的死亡。据说行刑的那天，突然起雾，仿若日食，老天都不忍见到他被杀害。文天祥被正统儒家尊崇为殉道的烈士，因为儒家伦理禁止忠臣身仕二朝，这就像贞妇不应该二嫁，即便她的第一任丈夫恶劣或者已经亡故。

文天祥获得了所有人的称颂与尊崇，蒙古人亦不例外。对于中国南方人而言，关于文天祥的记忆是神圣的。他是南人，但是在北方被杀。南人（尤其是文天祥之前的伙伴）希望为他精心举办追悼会。出于政治原因，他们只能非常秘密地行事。谢翱和其他宋朝的爱国人士希望能够在文天祥的殉道日为其举办追悼会，但是他们很难在不引起元当局注意的情况下聚集在一起。最终他们选择了一个非常偏僻的地方——钓台的西台，[②] 将此地作为他们聚会的固定处所。谢翱和他的同伴们在那里哀悼文天祥，并且由北至南为他招魂。然后谢翱开始吟唱挽歌，并同时以竹如意击石。歌阕失声，竹石俱碎。此事被谢翱记载于他的《西台恸哭记》中。《西台恸哭记》是爱国主义的名篇，却是以非常含混隐晦的语言撰写。这是因为若不然，它便无法在元朝流传。

谢翱被认为是一位悲剧性的人物，面对命运，深感无助。他自己悲恸欲绝的叙述令读者产生了这种印象。不过事实上，谢翱是那些活

---

① 文天祥：《庐陵文丞相全集》［道光二十八年（1848）本］，卷 15。（作者的英译文为“Confucius says：‘A good scholar will sacrifice his life to keep his virtue unimpaired.’ Mencius says：‘If I cannot keep both life and righteousness，I will let life go and choose righteousness.’ Only after righteousness is perfected will virtue be fulfilled. Why should we study the teachings of our sages if we are not prepared to practice them? I have faithfully carried out their teachings giving my life to my fatherland. Thereafter，I may be their worthy disciple.”。——译注）

② 这是汉代隐士严光的钓台（事实上他名“庄”，但为了避讳汉明帝，便被改为“光”），严光是东汉光武帝的旧友。关于严光的传记，参见《后汉书·严光传》，卷 83；Herbert Giles，*A Chinese Biographical Dictionary*，No. 2468；D. F. Navarette，*The Travels and Controversies of Friar Domingo Navarette*，ed. J. S. Cummins，Cambridge：Cambridge University Press，1960，p. 208。有两处钓台以严光命名：一处在西部，一处在东部。西钓台坐落于浙江严州桐庐县。参见图 2 的左上角。

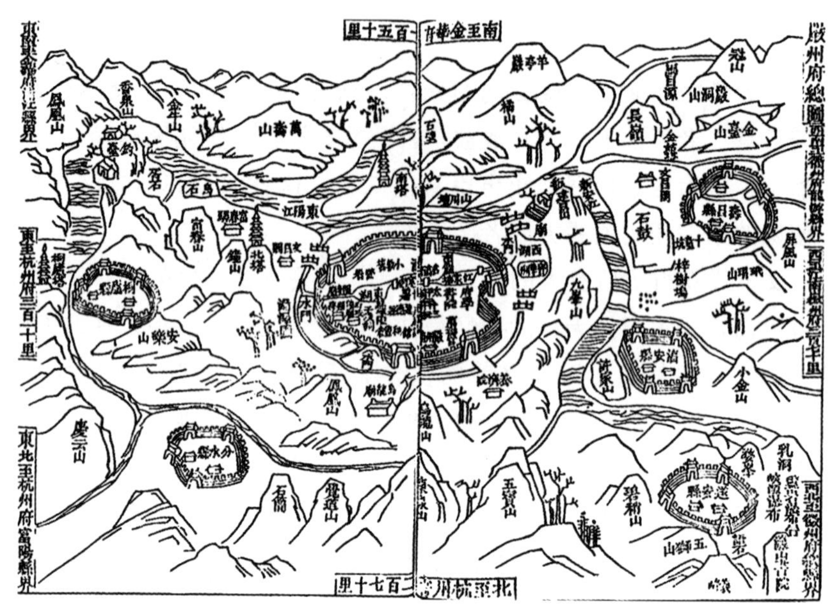

图 2 钓台的位置

跃的宋朝忠臣的领袖。在宋朝覆灭之后，他做了（或者被认为做了）如下事情。

第一，为宋朝忠臣修建公共墓地。谢翱在西台不远处购置了一块土地，用来安葬那些复辟宋室失败的宋朝忠臣。这处墓地被命名为“许剑亭”。[①] 谢翱自己便被埋葬于此。笔者怀疑邓牧与叶林去世之后，很可能被迁葬于此。换而言之，倘若没有任何类似英国西敏寺的那种寺庙（来抚慰他们的灵魂），那么他们孤独的灵魂可以在那块公墓中相互慰藉。

第二，组织宋朝爱国诗社联盟。在蒙古人征服南宋之后，许多忠

① “许剑”的故事见《史记·吴太伯世家》，卷 31。著名的吴国公子季札“初使，北过徐君。徐君好季札剑，口弗敢言。季札心知之，为使上国，未献。还至徐，徐君已死，于是乃解其宝剑，系之徐君冢树而去。从者曰：‘徐君已死，尚谁予乎？’季子曰：‘不然。始吾心已许之，岂以死倍吾心哉！’”宋朝忠臣借用这个故事来表明尽管已经没有宋朝皇帝了，然而无论其是生或死，他们都将忠于他。参见 Herbert Giles，*A Chinese Biographical Dictionary*，No. 287。

诚的南宋爱国人士在自己的家乡结成诗社。这些诗人尽管不是好战分子，却自称东晋著名诗人陶渊明的追随者，[①] 这意味着他们拒绝同元朝政权合作。至元二十四年（1287），这些松散的诗社被组织整合为一个名为“月泉吟社”的联盟。[②] 一位退隐的宋朝县令吴渭提供了所需的必要经费；[③] 谢翱与其他两位诗人担任评判。“春日田园杂兴”是这次诗歌竞赛的主题（“以春日田园杂兴为题”），参与者来自本地不同的诗社。虽然诗社的成员规模尚无从得知，但是我们知道共有 2735 位诗人参与了此次竞赛，其中，280 人获奖，百首最佳诗歌被印制流传。诗集被简单地命名为《月泉吟社》，绝大多数的作者仅仅使用了笔名，这很可能是出于政治原因。[④] “春日田园杂兴”是一个古老陈旧的主题，著名的宋朝大臣和诗人范成大之前便曾经围绕这一主题，写过十几行诗，[⑤] 尽管如此，月泉吟社的诗人们全部都是在吟

① 陶潜原名陶渊明（字元亮），江西寻阳人，晋代著名诗人。晋安帝于义熙十四年去世，怯懦的晋恭帝继位，但仅在位一年，便遭到权臣刘裕废黜和谋杀。刘裕随之肇造了刘宋王朝。忠于晋室的陶潜拒绝出仕效力弑君的篡位者，决定终生为农。他于是归隐位于寻阳西南 20 里的家乡柴桑。陶潜“所著文章，皆题其年月，义熙以前，则书晋氏年号；自永初以来，唯云甲子而已”。这种做法显示出他拒绝承认篡位者政权的存在。陶潜为效忠前朝的学者如何在新政权中自处树立了典范。迄今为止，忠于前朝的人别无选择，要么勉为其难地向新政权投降，要么像伯夷、叔齐那样自杀。而从今以后，他们像陶渊明那样，在忠于前朝的同时继续存活下去。这便是为什么陶潜在元初成为最受欢迎的人物，出现在大师们的各种绘画中。关于陶潜的传记，参见《晋书·陶潜传》，卷 94；《宋书·陶潜传》，卷 93；《南史·陶潜传》，卷 75；Herbert Giles，*A Chinese Biographical Dictionary*，No. 1892。

② 月泉坐落于浦江县（今浙江金华）西北 2 里处。它得名于河水的消长随着月亮的盈亏而变化（“其消长视月之盈亏”）。换而言之，水在满月（“望”）时涨潮，在新月（“朔”）时落潮。参见谢翱《晞发集》，卷 9。

③ 吴渭，字清翁，号潜斋，浦江县人。关于他的传记，参见《月泉吟社》，载《金华丛刊》，第 152 册（“吴子名渭，字清翁，其号潜斋。按重本有邑人黄灏首序，序渭：故宋时，尝为义乌令，元初，退食于吴溪，延致乡遗老方韶父与闽谢皋羽、括吴思齐主于家，始作月泉吟社，四方吟士从之，三子者乃为其评较揭赏云。”——译注）。

④ “凡收二千七百三十五卷……凡选二百八十人……此本仅载前六十人共诗七十四首，又附录句图三十二联……其人皆用寓名”（《四库全书总目提要》，卷 187）。——译注

⑤ 关于范成大的传记，参见《宋史·范成大传》，卷 386；Herbert Giles，*A Chinese Biographical Dictionary*，No. 530。（作者在此指的是范成大《四时田园杂兴》中的第一部分《春日田园杂兴》。——译注）

诵义熙十四年（418）后陶潜在柴桑的生活。[①] 这部诗集可以用如下意蕴丰富的诗句加以概括：

山翁不识时宜甚，[②]
犹学渊明裹葛巾。[③]

事实上，他们就是通过这一宣言，组成了一个消极反抗元政权的组织。

第三，移植“冬青树”。最终谢翱被认为属于一个成功偷运出宋朝皇帝遗骸的秘密团体。宋朝忠臣偷出宋朝皇帝遗骸，并移植冬青树来标记新的墓地，谢翱本人可能并没有参与这项活动。[④] 不过他与这一团体有联系，并且撰写了《冬青树引》。稍后下文将详述这一冒险活动。

我们现在必须回到邓牧与谢翱的友谊故事上来。根据邓牧的说法，他在至元三十一年（1294）与谢翱相遇，地点很可能是陶山，那时他们二人寓居此地的王英孙家。一开始，他们相互论辩，因为他们的文学观念相左（“所见不合，日夜论辩，互相诋”）。邓牧主张写作应富有创造性，不拘一格（“文章当出胸臆自成一家”）。他以一种浪漫主义的态度对待生命；他相信一个人应当利用个人的短暂生命，自由逍遥地生活。相反，谢翱更为严肃和保守；他认为必须严格遵守古代大师的规范（“必欲中古人绳墨乃已”）。然而谢翱在读过邓牧的诗文后，称赞邓牧：“君不肯区区有所模拟，然

① 吴渭在综述了那些提交给月泉吟社的诗歌之后，评论道：“与义熙人相尔汝。”（参见《月泉吟社》）

② 这句诗的意思是宋朝忠臣拒绝接受蒙古服饰。他们穿戴着旧日的衣服与帽子。宋人戴头巾或者帽子，而蒙古人戴草帽（“笠”）。

③ 《月泉吟社》，卷1。（出自诗人“才人”之手。——译注）

④ 众多资料记载了这一事件。万斯同的《南宋六陵遗事》完整辑录了所有与这一事件相关的重要史料。《南宋六陵遗事》被收录于《昭代丛书》（第67册，第1—48页）中。全祖望指出万斯同很可能夸大了谢翱在这一事件中发挥的作用，因为谢翱当时并不在那里。参见全祖望《书会稽宋陵始末》，载《鲒埼亭集》，卷10。

法度高古，殆天才也。”从此以后，他们二人停止日夜论辩，并且结为好友。邓牧作为钱塘人，将谢翱引介至杭州的文学圈中，当时杭州仍然是中国南方的文学中心。谢翱得以进入“人间天堂”的象牙塔中。

谢翱留下了两首显示他访问过洞霄宫的诗歌。毫无疑问，谢翱是去拜访邓牧的。不过他们的交往为时甚短。第二年，在邓牧出游（很可能是去采撷药草）时，谢翱死于结核病。谢翱在去世前盼望邓牧的到来，写下“九锁山人归未归”①，这据说是谢翱绝笔诗的最后一句。谢翱被视为南宋最出色的诗人之一。

邓牧返归，听闻谢翱离世，悲惋不已。他撰写了谢翱的传记，题为《谢皋父传》。邓牧在传记中讲述了谢翱如何在元朝养活自己。他写道，谢翱“中遭兵火，室家散亡，购得一子，军伍中相与，竭力生产仅自给”，“所居产薪若炭，率秋暮载至杭易米，卒岁少裕”，“属繇役繁兴，不堪迫辱，日益愤懑成疾”，这很可能便是谢翱患上结核病的原因。此外，邓牧记载了谢翱的故人门生得知他的死讯之后，其中的一些人“不远数百里来吊，咸哭尽哀奉丧去”，将他埋葬于许剑亭。邓牧最后写道：

> 上世之士，以文取显耀，而君穷于文。痛哉，皋父！痛哉皋父！②

3. 周密

周密（字公谨，号草窗，1232—1308）是宋朝饱学之士。他据说也是邓牧的好友。他著作等身，为所有汉学家所知。他是一名卓越的诗人、鉴赏家和成功的作家，其现存作品多达几十种。必须指出的是，周密也是一位专注的历史学家。南宋覆灭之后，周密本人全神贯注于著述，以编年的方式，纪实详述了南宋的快乐时光、机

① 邓牧号九锁山人。

② 邓牧：《谢皋父传》，载《伯牙琴》。

构设置、风俗节庆。他尤其称颂宋孝宗的孝道。此外，他在自己的著作中频繁讨论蒙古人得以征服南宋的主要原因。他得出的结论是譬如韩侂胄、贾似道等南宋大臣昏庸无能，负有亡国的责任。周密的《癸辛杂识》因周密居于杭州癸辛街而得名，该书辑录了各类笔记，包含了南宋末年动荡历史（尤其是崖山之战前的历史）的丰富信息。然而，周密刻意将历史与奇闻逸事混杂，以便保存他煞费苦心收集到的资料。

4. 王英孙和林景熙

王英孙和林景熙是密友，二人也是邓牧的朋友。王英孙即上文提及的王修竹，“英孙”是他的名。他是浙江山阳人（详见上文注释），南宋时曾任将作监簿。他家财万贯，但为人非常慷慨。蒙古人征服南宋之后，王英孙往往款待那些珍视宋朝事业的贫穷爱国学者，因为王英孙本人就对南宋忠心耿耿。

林景熙（字德阳），[①] 浙江温州平阳人，南宋进士和诗人。南宋覆灭之后，林景熙寓居王英孙的家中超过二十年（“馆会稽王修竹家二十载”）。他很有可能是在王英孙家中与邓牧相遇的。就保存在洞霄宫档案中的邓牧著述而言，[②] 我们无法从中找到表明林景熙与邓牧是朋友的证据；不过林景熙的《白石樵唱》记述了二人的亲密友谊。他们同游风景秀丽的陶山；林景熙前往九锁山，拜访邓牧，后来出席邓牧的葬礼，最后在邓牧与叶林去世之后，林景熙写下了一首悼亡诗，他哀悼：

---

① 根据《霁山集》中的吕洪（《霁山先生文集序》：“林先生，讳景熙，字德阳，号霁山。”——译注）和章祖程（《题白石樵唱》：“先生讳景熙，字德旸，姓林氏。”——译注）的说法，景熙是他的名，德阳是他的字，霁山是他的号；然而郑元祐指出德阳是他的名，景曦是他的字，霁山是他的号（郑元祐：《遂昌山樵杂录》）（《遂昌山樵杂录》的原文为“宋太学生东嘉林景曦，字霁山”，因此，作者此处有误，根据郑元祐的说法，景曦是名，霁山是字。——译注）。关于他的传记，参见万斯同《宋季忠义录》，卷 11（《林德阳》——译注）；程敏政：《宋遗民录》，载《知不足斋丛书》，第 24 册［嘉庆十三年（1808）本］，卷 14（《林景曦》。——译注）。

② 所谓的“洞霄宫档案”（archives of the Tung-hsiao Palace）指的应是开篇提及的《洞霄图志》和《洞霄诗集》。——译注

九锁洞中志，
一瓢身后诗。[①]

林景熙没有告诉我们叶林与邓牧的未刊稿是否最终被出版，他其实也没有办法告诉我们相关情况。林景熙因为一项义举而流芳百世：他拯救了宋朝皇帝的遗骸。根据中国的信仰传统，死者的遗骸能够影响他们后代的命运。蒙古人征服南宋之后，元世祖善待其俘虏的南宋皇室。然而，在蒙古人征服南宋中，出现了一件大丑闻，那就是掘毁南宋皇陵。[②]此事由西藏僧人杨琏真加所建议，[③] 他当时恰好是南方地区佛教事务

① 林景熙：《霁山集》，卷 3（《怀叶邓二友》。——译注）。“一瓢诗”的典故指的是晚唐道士唐球的故事。“球有诗名……球居蜀之味江山，方外之士也。为诗捻稿为圆，纳之大瓢中。后临病，投瓢于江曰：‘斯文苟不沉没，得者方知吾苦心尔。’至新渠，有识者曰：‘唐山人瓢也。’接得之，十才二三。”因此，“一瓢诗”被用来指代作者创作了高水准的文学作品，但是非常贫穷，无钱出版。参见计有功《唐诗纪事》（《四部丛刊》本），卷 50。

② 南宋皇帝坟墓被称为“攒宫”而非“陵”，这是因为真正的宋朝皇陵位于中国北方的河南。当宋朝首都迁移至南方之后，南宋皇帝与皇后的坟墓被称为“攒宫”，表示这只是暂时的皇帝坟墓。有朝一日宋朝夺回北方故土，皇帝与皇后的遗骸就将在北方重葬，紧邻他们先祖的陵墓。不过，由于南宋王朝未能收复中国北方，故而虽然皇帝坟墓在南宋时期的正式名称是“攒宫”，但是它们逐渐被称作“陵”。关于南宋皇陵及其掘毁，参见 Paul Demiéville，“Notes d'archéologie chinoise”，*Bulletin de l'Ecole française d'Extrême-Orient*，Vol. 25，1925，pp. 458-467；Paul Demiéville，“La situation religieuse en Chine au temps de Marco Polo”，in *Oriente Poliano*，Rome：Italiano per il Medio ed Estremo Oriente，1957，pp. 213-215；阎简弼：《南宋六陵遗事正名及诸攒宫发毁年代考》，《燕京学报》，1946 年第 30 卷，第 27—50 页；Herbert Franke，“Some Aspects of Chinese Private Historiography in the 13th and 14th Centuries”，in *Historians of China and Japan*，eds. William G. Beasley and Edwin G. Pulleyblank，London：Oxford University Press，1961，pp. 126-127。

③ 关于杨琏真加的传记，参见《元史·八思巴传》，卷 202（“有杨琏真加者，世祖用为江南释教总统，发掘故宋赵氏诸陵之在钱唐、绍兴者及其大臣冢墓凡一百一所；戕杀平民四人；受人献美女宝物无算；且攘夺盗取财物，计金一千七百两、银六千八百两、玉带九、玉器大小百一十有一、杂宝贝百五十有二、大珠五十两、钞一十一万六千二百锭、田二万三千亩；私庇平民不输公赋者二万三千户。他所藏匿未露者不论也。又至大元年，上都开元寺西僧强市民薪，民诉诸留守李璧。璧方询问其由，僧已率其党持白梃突入公府，隔案引璧发，捽诸地，捶扑交下，拽之以归，闭诸空室，久乃得脱，奔诉于朝，遇赦以免。”——译注）；《元史·世祖纪六》，卷 9［事见至元十四年（1277）］（“诏以僧亢吉益、怜真加加瓦并为江南总摄，掌释教，除僧租赋，禁扰寺宇者。”——译注）；《元史·世祖纪十》，卷 13［事见至元二十一年（1284）、至元二十二年（1285）］（“二十一年……

最高主管（“江南释教总统”）。他觊觎其中的珍贵陪葬品，故而唆使发掘宋朝皇陵。他命令损毁皇陵中的宋室遗骸，将其与马牛枯骸混杂，并予以深埋镇压，如此便可禁绝宋室后人再度崛起复兴。这一阴谋着实骇人听闻，然而没有汉人胆敢公开反对。

在这项邪恶的命令被付诸实施之前，王英孙和他的朋友们已经竭尽所能去阻止它得逞。这项任务被秘密指派给一群人。或许是通过劝服，或许是通过贿赂，或许兼而有之，总之抢在杨琏真加毁坏宋室遗骸并将其葬于高耸的镇南塔下之前，他们成功地将宋室遗骸偷运出来。[①]无人知晓偷运宋室遗骸的具体细节。不过似乎是王英孙赞助了偷运者林景熙、唐钰及其他人，[②]他们都是王英孙的朋友。他们亲自接近并贿赂西藏僧人，请求允许他们偷运除了宋理宗颅骨之外的全部

以江南总摄杨琏真加发宋陵冢所收金银宝器修天衣寺”“二十二年……桑哥言：‘杨琏真加云，会稽有泰宁寺，宋毁之以建宁宗等攒宫；钱唐有龙华寺，宋毁之以为南郊。皆胜地也，宜复为寺，以为皇上、东宫祈寿。’”——译注）；《元史·世祖纪十三》，卷16［事见二十八年（1291）］（“二十八年……六月……宣谕江淮民恃总统琏真加力不输租者，依例征输。……十月……敕没入琏真加、沙不丁、乌马儿妻，并遣诣京师。……十一月……监察御史言：‘沙不丁、纳速剌丁灭里、乌里儿、王巨济、琏真加、沙的、教化的皆桑哥党与，受赃肆虐，使江淮之民愁怨载路，今或系狱，或释之，此臣下所未能喻。’”——译注）；《元史·世祖纪十四》，卷17［事见至元二十九年（1292）］（“二十九年……三月……壬戌，给还杨琏真加土田、人口之隶僧坊者。初，琏真加重赂桑哥，擅发宋诸陵，取其宝玉，凡发冢一百有一所，戕人命四，攘盗诈掠诸赃为钞十一万六千二百锭，田二万三千亩，金银、珠玉、宝器称是。省台诸臣乞正典刑以示天下，帝犹贷之死，而给还其人口、土田。”——译注）。杨琏真加最终由于“擅发宋诸陵，取其宝玉，凡发冢一百有一所，戕人命四，攘盗诈掠诸赃为钞十一万六千二百锭，田二万三千亩，金银、珠玉、宝器称是”（《元史·世祖纪十四》，卷17。——译注），从而遭到了惩处。事实上，所有的著名宋墓都遭到掘发；甚至连隐士林逋之墓亦未能幸免。此事很可能极大地震撼了黄宗羲，因此他遗训诸子，不允许用棺材埋葬他。关于杨琏真加的藏名，参见戴密微（Paul Demiéville，1894—1979）的文章所转引的资料（Paul Demiéville，“La situation religieuse en Chine au temps de Marco Polo”，p. 231，note 53）。

① 此外，除了这座被建造用来镇压宋室遗骸的镇南塔之外，在被毁的杭州南宋皇宫原址上，修建了五座佛寺。到了元朝末年，汉人起义者张士诚拆毁了这些新建筑。明朝初年，高耸的镇南塔已然消失，参见贝琼《穆陵行》，载《清江贝先生诗集》（《四部丛刊》本，第1530册），卷3（“百年枯骨却南返，雨花台下开幽宫。流萤夜飞石虎殿，江头白塔今不见。”——译注）

② 关于唐钰的传记，参见罗有开《唐义士传》，辑录于陶宗仪：《南村辍耕录》（《四部丛刊》本），卷4；程敏政：《宋遗民录》，卷6。除了唐钰与林景熙之外，另一位宋朝学者郑宗仁参与了这项危险任务。不过较诸唐钰与林景熙，郑宗仁的名气不是那么大。

南宋皇帝遗骸，[①] 或者至少南宋王朝前两位皇帝（即宋高宗与宋孝宗）的遗骸，他们将这些遗骸迁葬至举世闻名的兰亭。[②] 他们还从南宋皇宫中移植了一些冬青树来标识新墓地。[③] 因此，对一小群南宋忠臣而言，此事被称作“植冬青”，[④] 其乃偷运皇帝遗骸的同义词；林景熙和其他参与其事者都曾写作有关冬青树的诗歌，借此纪念此事。林景熙据称假扮乞丐，持续在此地捡拾东西。他这样便可以在接近和收集遗骸的时候，避免遭受惩罚。

有元一代，林景熙始终是一介卑微布衣。他在王英孙的家中寓居超过20年。之后他返归家乡平阳，居于白石巷，教授学生。他去世于至大三年（1310），享年69岁，留下了两部遗稿：《白石稿》10卷和《白石樵唱》6卷。二者的题目均得自林景熙的住址白石巷。

（二）小结

综上所述，邓牧与南宋忠臣关系密切，他肯定同意他们的想法。对于邓牧在蒙古人征服南宋以前的情况，我们缺乏详细了解。不过他出生于当时最繁华的大都市行在（今杭州）。他在《元无人传》中表示元无人的家位于西湖（杭州最美丽的公园）的南岸。[⑤] 由于《元无人传》似乎是邓牧的自传，故而邓牧的家应该就在那里。邓牧还在别处表示1282年他修理了他在葛岭（葛洪曾经的住地）的住所，此

---

① 宋朝忠臣似乎无法替换宋理宗的颅骨，因为它极大，他们难以找到替代者。宋理宗的颅骨后来落入蒙古僧人之手，被用作饮器。明太祖推翻蒙古人之后，听闻了这个故事，命令僧人将颅骨上交政府，颅骨先被葬于南京，后于洪武三年（1370）归葬至位于会稽的故址永穆陵。参见《明太祖实录》，卷53；《明史·危素传》，卷285。

② 兰亭举世闻名，永和九年（353）三月初三上巳节，伟大的晋朝书法家王羲之与他的朋友相会于此，修禊事。此处位于绍兴西南，相距27里。

③ 南宋皇宫坐落于杭州，但是南宋皇陵位于会稽。根据传统，皇陵以冬青树环绕，因此南宋忠臣移植了六株冬青树，用于标识六位南宋皇帝的新墓地。根据罗有开的记载，南宋忠臣为此将冬青树从杭州运至会稽。他们在以冬青树标识新墓地之后，将新墓地称为“冬青穴”，其位于兰亭山南的天章寺前。参见《绍兴府志》，卷73。

④ 见图3。

⑤ 邓牧：《元无人传》，载《伯牙琴》（“西湖之阳有畸，不详姓氏，自称元无人。”——译注）。

图 3　宋朝忠臣移植冬青树

［出自《于越先贤图像》，光绪三年（1877）］

处位于西湖北岸的两座佛寺之间。① 这是他在元朝时期的新家。虽然他的家境可能不像他的朋友那样富裕，但是他肯定受过很好的教育。不过蒙古人征服南宋一事肯定令他悲恸欲绝。因为这是有史以来蛮夷首次占领全中国。直到那时，中国南方的儒家学者一直幻想着南宋收复中国北方。正因此，南宋嘉定三年（1210）爱国诗人陆游在临终前指示儿孙：

> 死去元知万事空，
> 但悲不见九州同。
> 王师北定中原日，

① 邓牧：《寓屋壁记》，载《伯牙琴》（“壬午秋，余卜数椽葛岭下，面湖背山，景象清美，是屋介两寺间。”——译注）。

> 家祭无忘告乃翁。[①]

然而九州最终被蒙古人统一了，林景熙在《书陆放翁诗卷后》中写道：

> 来孙却见九州同，家祭如何告乃翁？[②]

这种幻灭肯定令邓牧震惊了许久。他说元无人成了健忘症的受害者，患有与阳里华子同样的疾病，[③] 这意味着倘若他头脑清醒，那么他连一秒钟都忍受不了。因循旧有的生活方式已无可能。必须与之决裂。他隐居于道观中，以便坚守儒家气节。这种情况在元朝初年极为常见。儒家学者将道观作为避难所，逃避苛捐劳役。简而言之，邓牧隐居于道观中，但是尽管他精通道教经书，然而他并非通常意义上的道士。

二 邓牧的著述

邓牧是一位著名的作家，对自己独立的文风感到非常自豪。他希望创建他自己的新学派。他说自己“罕读古人著述”，因为他害怕可能被古代大师影响，变得缺乏创造力。事实上，他阅读广泛，充分利用了洞霄宫的丰富藏书，洞霄宫拥有十八所修道院（或学院），其中包括了集虚书院的优良藏书室。[④] 邓牧无法避免模仿古代大师，模仿

① 陆游：《示儿》，载《剑南诗稿》（《四部备要》本），卷 85。

② 林景熙：《霁山集》，卷 3。长久以来，中国北方的汉人梦想着他们在中国南方的同胞能够将他们从蒙古人的枷锁中解放出来，但最终同样感到失望。参见刘因《静修诗集》（《四部丛刊》本，第 1409 册），卷 12（“高天厚地古今同，共在人形视息中。四海堂堂皆汉土，谁知流泪在金铜。”——译注）。

③ 《列子》卷三《周穆王》讲述了春秋时代宋国阳里华子的故事。参见 A. C. Graham, trans., *The Book of Lieh-tzu*, London: John Murray, 1960, pp. 70–71。

④ 集虚书院坐落于余杭的苕溪，参见邓牧《伯牙琴》（“余杭孟君字集虚，筑室苕溪上为读书地，以其字扁之。”——译注）。

的对象不仅有经典的儒家与道家作者，还有不同学派（尤其是杂家）的哲学家。[①] 邓牧著述的真正价值表现在他的相当科学的时空观、他的独特生命观、他不同于正统儒家的激进政治理论。他的最重要贡献在于他的著述深刻影响了黄宗羲，为黄宗羲身后的成功奠定了基础。我们现在就来探究邓牧思想的核心内容。

（一）邓牧的时空观

正如上文所述，邓牧对无限时空、多重世界的看法领先于他自己的时代。他写道：

> 计岁月之在人生忽然尔，计人生之在古今亦无几尔。今以一天地所见一岁月所期……则今日去晋不犹旦暮乎？[②]

时间如流动的活水一般，永恒运动。人类在无限宇宙中非常渺小。

> 天地大也，其在虚空中不过一粟耳……虚空本也，天地犹果也，虚空国也，天地犹人也。一本所生，必非一果。一国所生，必非一人。谓天地之外无复天地焉，岂通论耶？[③]

邓牧在此似乎复兴了中国古代的“玄夜”（Infinite Empty Space）

① 刘向对“杂家”这一哲学学派的定义可见《汉书·艺文志》，卷30（“杂家者流，盖出于议官。兼儒、墨，合名、法，知国体之有此，见王治之无不贯，此其所长也。及荡者为之，则漫羡而无所归心。”——译注）；刘勰对“杂家”的定义可见《新论》（《汉魏丛书》本，第41册），卷10（“杂者，孔甲、尉缭、尸佼、淮南之类也。明阴阳，通道德，兼儒墨，合名法，苞纵横，纳农植，触类取与不拘一绪。然而薄者，则芜秽蔓衍，无所系心也。”——译注）。

② 邓牧：《超然馆记》，载《伯牙琴》。

③ 邓牧：《超然馆记》，载《伯牙琴》；英译文见 Joseph Needham, *Science and Civilisation in China*, Cambridge: Cambridge University Press, Vol. 3, 1959, p. 221。

理论,[①] 这一理论据说在东汉时期失传。然而著名的晋朝道士葛洪和一些晋朝科学家知晓这一天文学理论。邓牧读过葛洪的著述和《晋史》。据说葛洪在年轻的时候曾经造访过余杭。他的一些《抱朴子》未刊抄本有可能保存在当时南方最重要的道观洞霄宫的档案中。邓牧也知晓邹衍的九州理论（“大九州说”），根据这一理论的说法，中国仅仅是世界的八十一分之一。[②] 这一理论在邓牧钟爱的《吕氏春秋·有始览》中得到了详细发展。邓牧在他处曾经写道：

> 流泉亦非翠，
> 色缘映带得。[③]

这些语句显示出邓牧必然读过《抱朴子》（不是刻本，就是抄本）或者《太平御览》中的玄夜理论。在宋朝之前，所有的书籍都是抄本。现在刊行的《抱朴子》刻本仅仅是原初 116 卷本的一小部分。

（二）邓牧的生命观

邓牧的一位朋友称邓牧身为儒家，专研道教，深解禅宗奥义。“虚”是邓牧最喜爱的对象。他给道教藏书家、集虚书院的主人孟宗宝（字集虚）提出了以下建议：

> 君无志于道则已，苟有志书亦累也。比见世读书者，四方万里无所不通，上下数千载无所不闻，归而求其本心，则虚焉者寡

---

① 《晋书·天文志》，卷 11；《太平御览》（《四部丛刊》本），卷 2；Joseph Needham, *Science and Civilisation in China*, Vol. 3, pp. 210–211, 219, 438–439。

② 《史记·孟子荀卿列传》，卷 74：“驺衍……以为儒者所谓中国者，于天下乃八十一分居其一分耳。中国名曰赤县神州。赤县神州内自有九州，禹之序九州是也，不得为州数。中国外如赤县神州者九，乃所谓九州也。于是有裨海环之，人民禽兽莫能相通者，如一区中者，乃为一州。如此者九，乃有大瀛海环其外，天地之际焉。”——译注

③ 《洞霄诗集》，卷 13。

> 矣。圣人之道遂为绝学，可叹也。愿君悉素所蕴于无何有之乡，然后即方寸之地，朝而辟焉，暮而涤焉，使介然之有不得累乎其中，君益矣。颜子始好学，终坐忘，唯道集虚。盖深造自得之妙，颜何人哉。①

这一理论或许受到了“集虚书院”一名的启发，正如庄子所言：“唯道集虚；虚者，心斋也。”（*Tao* abides in emptiness; emptiness is the fast of mind.）

上文曾论及有可能是邓牧自传的《元无人传》，邓牧在其中宣扬“太虚”（Great Emptiness）。他首先说元无人怀疑其所见的一切（“天”）、所触的一切（“地”）、所听的一切（“人”），甚至怀疑自己的存在。他是健忘症患者。他逐渐受到启发，得出这样的结论：“倘若我没有知觉，那么天、地、人的压力就会消失殆尽。”然而，他意识到天、地、人将继续存在，无穷无尽，但是人类生命的范围在浩瀚宇宙中极其渺小。他令自己与无限合一。从此以后，他变得超脱。他很遗憾世上无知的大众为微不足道之事而相互争斗（“鼠肝虫臂争纷纭，折股裂喙陨其身”）。对他而言，他很自豪“道”彻底解放了他，使他免受悲欢离合的折磨。倘若我们用这条简要的线索来理解邓牧这个人，那么他的哲学可以被概括如下。

第一，他意识到他在自然中的有限性。个体出生在这样一个无情的世界，是历史演进的无助受害者。南宋王朝的覆灭是这一历史演进无可避免的“数”（process），② 它超出了他的控制能力。由于他无法改变这一将要到来的未来进程，故而他不得不制订长期计划，这样可以从长远角度帮助中国和中国人。他与无限的合一便是指代此事。

---

① 邓牧：《集虚书院记》，载《伯牙琴》。上述摘要只是意译。（中译者将作者所涉段落中文全文摘抄。——译注）

② 邓牧：《伯牙琴》（“夫一事成败一物完毁莫不有数行其间，岂有天地大运治乱废兴非是数所为者”“天地大运不可得泰乎，然亦曰有数”“良有天数”。——译注）。

第二，他认识到天、地、人将永远存在下去。[1] 千年之后的崭新宇宙只是现今宇宙的延伸而已，二者并无不同。[2] 尽管个人的生命短暂（“计岁月之在人生忽然尔”），然而人类这个物种会绵延不绝。倘若一个人可以在精神上或者物质上做出有益于人类的贡献，那么这个人的短暂一生对整个宇宙而言都将是有价值的。正因此，他声称：“灵然独存者，唯我尔！”[3]

第三，一方面，邓牧做着最坏的打算，即生前尽享充实的人生，死后无名万事空（“百千万世名无闻”）。祖国被异族征服，这让他深受刺激。正如我们在《元无人传》中所见，邓牧表示他根本无法承受这一切，除非他能够忘记过去二三十年的损失、悲伤与仇恨。他只是希望忘记这一切，不要陷溺其中。因此，邓牧与悲惋不已的谢翱不同。他认为世上确实充满苦痛，但是也提供了相当多的欢愉。一个精神开悟者应当尽其所能地享受欢愉，远离苦痛。当谢翱前往钓台哭文天祥时，邓牧给他寄了一首诗：“孤山山下约陈实，联骑须来踏春色。西湖千树花正繁，莫待东风吹雪积。有酒如渑，有肉如陵。鼓赵瑟，弹秦筝，与君沉醉不用醒。人生行乐耳，何必千秋万岁名？”[4] 邓牧通过“心斋”和“坐忘”，将自己从情绪的折磨中解脱出来，深知悲伤只会缩短生命，一无是处。

第四，另一方面，邓牧也憧憬着最光明的未来，希望能够做出某些具有恒久价值的贡献，泽被千万世。对他而言，最重要的问题是研究中国历代王朝相继覆灭的主要原因。换言之，他试图考察中国为何如此脆弱，以至于无法自我保护，免受无知残暴的蛮夷的征服，并且

---

① 邓牧相信伟人可以灵魂不灭［《洞霄图志》，卷4（“人事有代谢，山川无古今。生身千岁之下，游心千岁之上。……千万世同一理，千万人同一心。”——译注）］。他当然同意阳栋（“阳栋”似是“东阳”之误。——译注）的观点：“一物有尽，而万物无终；一身有终，而万人无尽。万人无尽，即我之无尽矣。又何人己之分？”（《东阳楼记》，载《洞霄图志》，卷6。）

② 邓牧：《鉴湖修禊序》，载《伯牙琴》（“千万世一日之积也，千万人一气之分也。”——译注）。

③ 邓牧：《代问道书》，载《伯牙琴》。

④ 邓牧：《寄友》，载《吴礼部诗话》；邓牧：《寄友》，载《伯牙琴》。

探究学者可以如何为他们的祖国效劳，从而令中国人变得明智、自由、不可战胜。邓牧虽然没有留下任何实用性质的史书，但是必然全面深入地研究了中国历代王朝的历史。他肯定开始相信中国的君主制及其王朝制度其实并不完美，君权最初是留给德才卓绝之人（“才且贤者”）的。然而在王朝制度建立之后，君权会落入暴君、弱主和幼主手中。倘若大臣德才兼备，那么王朝将持续更久。倘若君臣均昏庸无能，那么中国这样一个失去领袖的伟大帝国就无法抵御由强大领袖领导的一小撮蛮夷。邓牧最终得出的结论是：为了避免遭受征服、深陷战争的灾难，只有德才最佳之人才能成为领袖。简而言之，应该废除王朝君主制（dynastic monarchy），中国应当一直由最优秀的人统治。唯有如此，中国才能在未来避免所有的灾难。邓牧认为这种思想是他对天下所做出的贡献。

（三）邓牧的政治理论

邓牧撰写了以下著作：（1）6卷本的《洞霄图志》，它与3卷本的《大涤洞天记》几乎相同。[①]（2）邓牧编辑了一部关于洞霄宫的诗集，题为《洞霄诗集》。上述两部著作都是为洞霄宫所作。由于它们具有半官方的性质，故而它们不能展现邓牧的真实性格。（3）邓牧还撰写了一本名为《伯牙琴》的书，[②] 篇幅不长，然而实际上是他的主要著作；邓牧在书中谴责独裁专制，他凭借这本小书，获得了身后的声誉。

邓牧告诉他的读者，《伯牙琴》[③] 这本书独一无二：

① 3卷本的《大涤洞天记》与6卷本的《洞霄图志》之所以相同，是因为（1）《大涤洞天记》的卷1与《洞霄图志》的卷1相同；（2）《大涤洞天记》的卷2是《洞霄图志》的卷2、卷3和卷4的综合；（3）《大涤洞天记》的卷3与《洞霄图志》的卷6相同。不过《洞霄图志》另有一卷（卷5），篇幅很长。

② 伯牙是春秋时代楚国最出色的作曲家和琴师。伯牙的音乐高深，曲高和寡，唯有同为楚国人的鉴赏家钟子期（或简称子期）能够真正欣赏。钟子期在二人相遇之后不久便不幸去世了，这使得伯牙悲痛不已。参见《吕氏春秋·本味》，卷14；《列子·汤问》；A. C. Graham, trans., *The Book of Lieh-tzu*, pp. 109–110; Herbert Giles, *A Chinese Biographical Dictionary*, No. 1661。书名“伯牙琴”意指“一本没有读者的书”。

③ 《伯牙琴》收录于《知不足斋丛书》，第11册，后重印于《丛书集成》，第2046册。

> 予集诗文若干，名伯牙琴。伯牙虽善琴者，钟子期死，终身不复鼓。知琴难也。今世无知音，余独鼓而不已，亦愚哉！然伯牙破琴绝弦，以子期死耳，余未尝遇子期，恶知其死不死也？故复存此。

这本小书原收录诗文 60 篇，[①] 现仅存 24 篇。根据内容，可以将其分为以下诸类。

(1) 模仿古代道家著作（尤其是《庄子》和《列子》）。《寓屋壁记》和《逆旅壁记》均属此类。它们提出宇宙仅仅是旅舍（“逆旅之舍”），人们仅仅是暂时的旅客，无法永久占有自己的屋子，世上的富人与穷人都无法长生不老；人不能浪费自己的生命去追求财富以便留给子孙，因为没有人可以永远占有财富。这暗指没有王朝能够万世长存。

(2) 寓言《二戒——学柳河东》。[②] 在这一类中，邓牧仅仅撰写了两则短篇故事，它们均影射时事政治，且均是迂回曲折的讽刺作品，邓牧希望借此避免直抒胸臆：[③] (a)《越人遇狗》，在其中，邓牧批判南宋政府采取了与蒙古人军事结盟的外交政策；(b)《楚佞鬼》，在其中，邓牧奚落了崔立[④]这类叛徒，[⑤] 指出新来者并非合法

---

① 数量似有误，《伯牙琴后序》称该书收录“诗文六十余篇”。《四库全书总目提要》称今本“佚其诗一卷”。——译注

② 柳宗元（字子厚），河东人，也被称为“柳河东”。参见《旧唐书·柳宗元传》，卷 160；Herbert Giles，*A Chinese Biographical Dictionary*，No. 1361。

③ 事实上，邓牧的故事主题来自《吕氏春秋·异宝》，卷 13，“荆人畏鬼而越人信禨”，（另见《淮南子·人间》卷 18 的“荆人鬼，越人禨”）或者《列子·说符》，卷 8，“楚人鬼而越人禨”。“寓言”是道家钟爱的文体。事实上，邓牧并没有模仿柳河东，但是他刻意提及柳河东。这可能是因为他的故事影射时事政治。

④ 崔立是金朝的大臣。当蒙古人攻占金朝首都汴梁时，崔立如傀儡般为他们卖命。关于崔立的传记，参见《金史·崔立传》，卷 115。

⑤ 周密和林景熙都在各自的著作中谴责了叛徒。他们认为叛徒比敌人更坏。谢翱的名诗《鸿门宴》是嘲笑叛徒的巨作。（《鸿门宴》：“天云属地污流宇，杯影龙蛇分汉楚。二人起舞本为楚，中有楚人为汉舞。鹖鹔淬光雌不语，楚国孤臣泣俘虏。他年疽背怒发此，芒砀云归作风雨。君看楚舞如楚何？楚舞未终闻楚歌。”——译注）

的统治者，而是假扮为神的鬼，而“市井亡赖”（叛徒）阿谀鬼，虐待生而自由之人（“齐民”，汉人），比蒙古人自己还坏。

（3）邓牧在三月初三的节日游记和日记。这一天被称为“修禊”，人们在河边野餐（《西湖修禊序》和《鉴湖修禊序》）。邓牧在杭州西湖或者鉴湖聚会，此地距离上文论及的历史地点兰亭不远。

（4）宋朝忠臣的传记［如《谢皋父传》（即上文提及的谢翱的传记）］和宋朝忠臣著作（如周密的《蜡屐集》）的序言（《蜡屐集序》）。

（5）为宋朝名人所作的祭文。① 在这一类诗文中，邓牧表达了正统的儒家思想。

（6）《宝说》。这是一篇正统儒家之作，邓牧在文中教导道：生于黑暗时代的伟人必是那些守节之士，他们即便身居卑位，也不萎靡沮丧。邓牧将这些有德之人称为“一介之士”，视为天下至宝。无论是生于“天运之泰”（“泰”为《易经》第 11 卦，此时“君子道长，小人道消”），还是生于“天运之否”（“否”为《易经》第 12 卦，此时“君子道消，小人道长”），② 他们都会成为伟人。这篇文章的意思是：倘若蒙古人没有征服中国，那么邓牧肯定会出仕。

（7）在《伯牙琴》中，最不同寻常者是那些邓牧在其中倡导社

---

① 邓牧称颂胡苇航是他那个时代的伟人，强调他是中国学术大师（《代祭胡苇航文》，载《伯牙琴》）。尽管如此，胡苇航默默无闻，不为人知。事实上，有一位名叫胡苇杭的人，他与邓牧生活在同一时代，是仇远的朋友［仇远：《山村遗集》（参见《答胡苇杭》《次胡苇杭》——译注）］，也是《苇航漫游稿》的作者。根据博闻强识的《四库全书》编修者的说法，“苇航”是胡仲弓（字希圣）的号，清源人，不过他的生平及事迹不详。《苇航漫游稿》收录于《四库全书珍本初集》（第 171 函）。“胡苇航”可能是文天祥的笔名，被一小群宋朝忠臣使用，因为“苇航”典出“谁谓河广？一苇杭之”（《诗经·河广》）（英译文见 James Legge, trans., *The Chinese Classics*, Vol. 4, *Book of Odes*, p. 104）。

② 根据《易经》注疏，“否”之时指代“邦国灭亡”之时。（《周易正义》释“否”：“‘上下不交则其志不同’也，非但其志不同，上下乖隔，则邦国灭亡，故变云‘天下无邦’也。”——译注）

会主义和民主的文章。在《伯牙琴》的首篇《君道》中,[①] 邓牧讨论了后世统治者如何道德沦丧，成为人民的诅咒而非赐福。由于这是邓牧最重要的文章，故而笔者在此全文翻译:[②]

君道

古之有天下者，以为大不得已（In ancient times，a ruling prince regarded his rule over the world as a great responsibility which he had no choice but to accept）。[③]【讨论 A】而后世以为乐，此天下所以难有也。生民之初，固无乐乎。为君不幸，为天下所归，而不可得拒者。“天下有求于我，我无求于天下也。”

子不闻至德之世（era of perfect virtue）乎?[④] 饭粝粱啜藜藿,[⑤]

---

① 众多中国经典文本讨论了“君道”，其中最早者是《尚书·周书·洪范》（不过其中使用的是“王道”一词）（“无偏无党，王道荡荡；无党无偏，王道平平；无反无侧，王道正直。”——译注）。邓牧的主要参考资料毫无疑问是《吕氏春秋·恃君览》，“君道”一词在其中被使用了 5 次。该文指出君主必须为人民而非自己的最大利益而行动（“君道何如？利而物利章”）。另见《说苑·君道》《说苑·臣术》《抱朴子·外篇·君道》《抱朴子·外篇·臣节》。倘若宋朝忠臣寻找能够适用于他们自己处境的经典本文，那么《吕氏春秋》将是最为符契的；譬如《吕氏春秋·孟冬纪》中的《节丧》和《安死》可以解释南宋皇陵为何被掘毁，因为南宋皇室陪葬了太多“珠玉国宝”，主动吸引了“奸邪盗贼寇乱之难”。

② 中译者用中文原文替代了作者的英译文，但是会标注一些关键词句的英译文。——译注

③ 这句话令人费解，因为邓牧暗指南宋倒数第二位皇帝宋端宗（1276—1278 年在位）的遗诏中的“吾无乐乎为君，天未释于有宋”（参见黄淳《崖山志》，卷 2，1912 年重刊）。这份遗诏由南宋忠臣陆秀夫起草，陆秀夫后来背着南宋末代皇帝跳海自尽。“吾无乐乎为君，天未释于有宋”一语定然深深震撼了南宋忠臣。古代已有许多先例，声称君权乃是重负，会缩短人的生命，因此没有人愿意肩负这项痛苦的重任。参见《庄子·让王》（“夫天下至重也，而不以害其生，又况他物乎？”——译注）；《吕氏春秋·仲春纪·贵生》（“天下，重物也，而不以害其生，又况于它物乎？”——译注）。这里讨论的主题用 A、B、C……来进行分类，以此与下文的黄宗羲《原君》一文进行比较。

④ 在《庄子·马蹄》和《无能子·圣过》中，理想的“至德之世”出现在圣人之前。但是对邓牧而言，“至德之世”就是圣人之世。

⑤ 参见《韩非子·五蠹》；W. K. Liao，trans. *The Complete Works of Han Fei Tzu*，London：Arthur Probsthain，Vol. 2，1959，p. 277。（“尧之王天下也，茅茨不翦，采椽不斫，粝粢之食，藜藿之羹。”——译注）

饮食未侈也；夏葛衣冬鹿裘，[①] 衣服未备也；土阶三尺茅茨不穷，[②] 宫室未美也。为衢室之访，[③] 为总章之听。[④] 故曰“皇帝清问下民”，[⑤] 其分未严也。尧让许由，而许由逃。[⑥] 舜让石户之农，[⑦] 而石户之农入海终身不反。其位未尊也。【讨论 B】夫然故天下乐戴而不厌，惟恐其一日释位而莫之肯继也。

不幸而天下为秦，坏古封建，六合为一，[⑧] 头会箕敛。[⑨] 竭

---

① “鹿裘”可以理解为：（1）用鹿皮制作的皮衣（韩非子写作“麑裘”，参见《韩非子·五蠹》；“麋鹿之裘”，参见《晏子春秋·内篇·杂上》）；或者（2）“鹿”是“麤”的简称，“鹿裘”的意思是粗制滥造的皮衣。参见《晏子春秋·外篇·杂上》（“晏子相景公，布衣鹿裘以朝。公曰：‘夫子之家，若此其贫也，是奚衣之恶也！……’”——译注）；洪颐煊注《吕氏春秋·仲春纪·贵生》（原文“颜阖守闾，鹿布之衣”，洪颐煊《吕氏春秋丛录》注曰：“鹿，即‘麤’字之省。”——译注）。

② 参见《韩非子·五蠹》（“尧之王天下也，茅茨不翦。”——译注）；《吕氏春秋·恃君览·召类》（“明堂茅茨蒿柱，土阶三等，以见节俭。”——译注）；《论六家要旨》，载《史记·太史公自序》，卷 130（“墨者亦尚尧舜道，言其德行曰：‘堂高三尺，土阶三等，茅茨不翦，采椽不刮。’”——译注）。

③ 尧帝的宫殿被称为“衢室”，他在那里倾听臣民的声音。参见《管子·桓公问》（“尧有衢室之问者，下听于人也。”——译注）；《三国志·魏书·明帝纪》，卷 2（“轩辕有明台之议，放勋有衢室之问，皆所以广询于下也。”——译注）。

④ 舜帝的宫殿面朝西边，被称为“总章”，他在那里接见人民。参见高诱注《吕氏春秋·孟秋纪》（原文为“天子居总章左个”，高诱注曰：“总章，西向堂也。西方总成万物，章明之也，故曰‘总章’。”——译注）。

⑤ 参见《尚书·周书·吕刑》：“皇帝清问下民鳏寡有辞于苗。”（英译文见 James Legge，trans.，*The Chinese Classics*，Vol. 3，Pt. 2，p. 593。）

⑥ 许由据说是舜的老师。关于许由的故事，参见《庄子·逍遥游》；《吕氏春秋·孟夏纪·尊师》《吕氏春秋·慎行论·求人》；《史记·伯夷列传》，卷 61；Herbert Giles，*A Chinese Biographical Dictionary*，No. 797。

⑦ 参见《庄子·让王》（“舜以天下让其友石户之农，石户之农曰：‘卷卷乎后之为人，葆力之士也。’以舜之德为未至也，于是夫负妻戴，携子以入于海，终身不反也。”——译注）；《吕氏春秋·离俗览·高义》（有误，应是《吕氏春秋·离俗览·离俗》：“舜让其友石户之农。石户之农曰：‘棬棬乎后之为人也，葆力之士也。’以舜之德为未至也，于是乎夫负妻妻携子以入于海，去之终身不反。”——译注）。

⑧ “六合”即南、西、北、东、上、下，因此，“六合”即宇宙。参见《庄子·齐物论》（“六合之外，圣人存而不论；六合之内，圣人论而不议。”——译注）。

⑨ 此处的引文出处被省略。其出自《史记·张耳陈馀列传》，卷 89。陈馀是一位卓越的演讲家，他发表长篇演说，谴责秦朝暴政，这也适用于统治中国的蒙古人身上。秦朝的罪过在于灭亡诸国（蒙古人灭亡了金、夏、宋以及其他许多国家），并且向百姓征收苛捐杂税［蒙古士兵要求家家户户献上撒花钱，郑思肖：《心史·大义略叙》（“凡得去州县乡村，排门数次，胁索金银，曰撒花。”——译注）］，他们的课税沉重（《元史·食货志一》，卷 93）。这篇演讲鼓励人们加入陈涉的军队。

天下之财以自奉，而君益贵；焚诗书，任法律，筑长城万里。凡所以固位而养尊者，无所不至。【讨论 C】而君益孤。惴惴然若匹夫，怀一金惧人之夺。其后亦已危矣!①【讨论 D】

天生民而立之君，非为君也，奈何以四海之广，足一夫之用邪。②【讨论 E】故凡为饮食之侈、衣服之备、宫室之美者，非尧舜也，秦也。为分而严、为位而尊者，非尧舜也，亦秦也。后世为君者，歌颂功德动称尧舜，而所以自为，乃不过如秦，何哉？《书》曰："酣酒嗜音，峻宇雕墙，有一于此，未或不亡。"③ 彼所谓君者，非有四目两喙、鳞头而羽臂也。状貌咸与人同，则夫人固可为也。今夺人之所好，聚人之所争，"慢藏诲盗，冶容诲淫"，④ 欲长治久安，得乎？【讨论 E】

夫乡师里胥，虽贱役亦所以长人也。然天下未有乐为者，利不在焉故也。⑤ 圣人不利天下，亦若乡师里胥然。独以位之不得，人是惧，岂惧人夺其位哉？夫惧人夺其位者，甲兵弧矢以待，盗贼乱世之事也。恶有圣人在位，天下之人戴之如父母，⑥

① 墨子的学生知道墨子是史角后代的学生。史角曾经仕宦周桓王，但在鲁惠公的要求下，被周桓王派往鲁国。参见高诱注《吕氏春秋·仲春纪·当染》(《吕氏春秋》正文为"鲁惠公使宰让请郊庙之礼于天子，桓王使史角往，惠公止之，其后在于鲁，墨子学焉"，高诱注曰："其后，史角之后也。亦染墨翟。"——译注)。

② 这句话很重要，出自《吕氏春秋·恃君览》("置君非以阿君也，置天子非以阿天子也"。——译注)。《墨子》的原文是："置君非以阿君也，置天子非以阿天子也。"另见《慎子·内篇》("立天子以为天下，非立天下以为天子也；立国君以为国，非立国以为君也"。——译注)。

③ 此处的引文出处再次被省略。它出自《尚书·夏书·五子之歌》；英译文见 James Legge, trans., *The Chinese Classics*, Vol. 3, Pt. 1, p. 159。

④ "慢藏诲盗，冶容诲淫"的原意是当小人占据君子的位置时，就会引发盗窃劫掠(《易经·系辞上》)("子曰：作易者其知盗乎？易曰：负且乘，致寇至。负也者，小人之事也。乘也者，君子之器也。小人而乘君子之器，盗思夺之矣！上慢下暴，盗思伐之矣！慢藏诲盗，冶容诲淫，易曰：负且乘，致寇至，盗之招也。"——译注)。葛洪《抱朴子·外篇·诘鲍》也引用了这句话("夫圣人知凶丑之自然，下愚之难移，犹春阳之不能荣枯朽，炎景之不能铄金石。冶容慢藏，诲淫召盗。故取法乎习坎，备豫于未萌。"——译注)。

⑤ "古之天子"仅仅接受"监门之养"(相当于战国时期)，但是不得不忍受"臣虏之劳"，这便是他们希望将王位让与外人而不传给子孙的原因。参见《韩非子·五蠹》。

⑥ "天子作民父母，以为天下王"(《尚书·洪范》)，英译文见 James Legge, trans., *The Chinese Classics*, Vol. 2, p. 333；《尸子》("舜无为也，而天下以为父母""天下归之若父母"。——译注)。

而日以盗贼为忧，以甲兵弧矢自卫邪？[①]【讨论 G】故曰：欲为尧舜，莫若使天下无乐乎为君；欲为秦，莫若勿怪盗贼之争天下。嘻！天下何尝之有。败则盗贼，成则帝王。若刘汉中[②]、李晋阳[③]者，乱世则治主，治世则乱民也。

有国有家，不思所以救之，智鄙相笼，强弱相陵，天下之乱，何时而已乎？【讨论 H】

邓牧在《君道》一文中没有提出问题的解决方案。不过他在接下去的《吏道》一文（《伯牙琴》的次篇）中继续进行了讨论，其中的结论堪称这两篇文章的总结论。《吏道》的内容可以概括如下：[④]

与人主共理天下者，吏而已。内九卿百执事，外刺史县令，其次为佐为吏为胥徒，若是者贵贱不同，均吏也。古者军民间相安无事，固不得无吏，而为员不多。唐虞建官，厥可稽已，其去民近故也。择才且贤者，才且贤者又不屑为是，以上世之士高隐

① 《易经·系辞下》："弧矢之利，以威天下。"相同的引文也出现在《抱朴子·外篇·鲍诘》，卷 48（"载橐弓矢，犹以为泰"。——译注）。

② 汉朝开国皇帝刘邦是一个幸运儿。秦朝的苛政激起陈胜在公元前 209 年起义。六国的爱国志士和许多出身卑微的英雄响应了陈胜的起义。其中，项籍（又名项羽）是楚国能力最强的将军，他击败了秦朝军队。刘邦幸运地撷取了这场起义的胜利果实。谢翱与周密都认为凡是挑战秦朝统治的人士（尤其是陈胜、吴广二人），都应该被认定为英雄，而公元前 206—前 203 年的那段时间应该被视为"项羽统治下的西楚霸业，项羽封刘邦为汉王"。事实上，这是司马迁的看法。因为南宋在 1276—1279 年的抗争中失败，所以南宋忠臣关注失败原因的重要性。参见周密《癸辛杂识后集》。关于刘邦的传记，可见《史记·高祖本纪》，卷 8；《汉书·高帝纪上》，卷 1；英译文见 Homer H. Dubs, trans., *The History of the Former Han Dynasty*, Vol. 1, pp. 27 – 150；Herbert Giles, *A Chinese Biographical Dictionary*, No. 1334。

③ 李渊是隋朝的唐国公，他在 617 年起义，而在 613 年起义的杨玄感在起义后两个月即被杀害。众多的起义呼应了杨玄感，直到隋朝覆灭；然后李渊起义了。周密并没有认为 618 年是唐朝的元年。根据周密的说法，汉朝和唐朝分别直到汉高帝五年（前 202）和唐高祖五年（621），才建立了自己的正统合法性［《癸辛杂识后集》（"义帝亡而西楚为首，至汉高帝之五年，始得正统……高祖武德五年乃得正统"——译注）］。关于李渊的传记，参见《旧唐书·高祖本纪》，卷 1。

④ 译者将《吏道》的原文全文摘抄。——译注

大山深谷上之人，求之切切然恐不至也，故为吏者常出不得已，而天下阴受其赐。后世以所以害民者牧民，而惧其乱，周防不得不至，禁制不得不详，然后小大之吏布于天下，取民愈广，害民愈深。才且贤者愈不肯至，天下愈不可为矣。今一吏，大者至食邑数万，小者虽无禄养，则亦并缘为食，以代其耕，数十农夫力有不能奉者，使不肖游手，往往入于其间，率虎狼牧羊豕，而望其蕃息岂可得也？天下非甚愚，岂有厌治思乱，忧安乐危者哉！宜若可以长治安矣，乃至有乱与危，何也？夫夺其食不得不怒，竭其力不得不怨，人之乱也由夺其食，人之危也由夺其力，而号为理民者，竭之而使危，夺之而使乱，二帝三王平天下之道若是然乎？天之生斯民也，为业不同，皆所以食力也。① 今之为民，不能自食，以日夜窃人货殖，搂而取之，不亦盗贼之心乎？盗贼害民，随起随仆，不至甚焉者，有避忌故也；吏无避忌，白昼肆行，使天下敢怨而不敢言，敢怒而不敢诛，岂上天不仁，崇淫长奸，使与虎豹蛇虺均为民害邪？然则如之何？曰：得才且贤者用之，若犹未也，废有司，去县令，听天下自为治乱安危，不犹愈乎？

邓牧倡导民主，但似乎是在倡导无政府主义（“无为”），这是自老子以来的古老道家观念。② 邓牧决不反对君主制。他背离了传统的道家观念，他承认在最初的时候设立一位统治人民的君主乃是一件好事。他同意农家的“乌托邦社会主义者”，主张在理论上，每个人都必须自食其力。③ 也正因此，在《四库全书》编修者看来，④ 邓牧是许行思想的追随者。⑤ 但是他同样追随墨家，他倡导一种清教徒式

---

① 自食其力的这种观念未必一定来自农家，它也被许多学派接受。参见《吕氏春秋·士容论·上农》《管子·轻重》。

② 参见《道德经》《庄子·马蹄》《抱朴子·外篇·诘鲍》《无能子·圣过》等。

③ 事实上，邓牧的想法与下述著作的观点一致：《韩非子·五蠹》《商君书·开塞》《淮南子·修务训》《淮南子·泛论训》《吕氏春秋·恃君览》以及许行的理论。

④ 《钦定新四库全书总目提要》，卷 165（“竟类许行并耕之说”。——译注）。

⑤ 参见《孟子·滕文公》；《汉书·艺文志》，卷 30；《新论·九流》。

的生活方式，抗议社会不公。总之，杂家（尤其是《吕氏春秋》）深刻影响了邓牧。[1]《吕氏春秋·孟秋纪·振乱》宣扬了革命："当今之世，浊甚矣，黔首之苦，不可以加矣。天子既绝，贤者废伏，世主恣行，与民相离，黔首无所告诉"，因此，"贤主秀士"领导的革命将最为可取。然后"天下之民，且死者也而生，且辱者也而荣，且苦者也而逸"。……相较于其他经典著作，这本相当不受欢迎的书肯定给邓牧留下了更为深刻的影响。这便是他将自己的著作命名为《伯牙琴》的原因，《伯牙琴》表明了他的文献来源是《吕氏春秋》，并且促使他的读者去阅读这部号召使用武力去推翻暴政的著作。邓牧憧憬一个乌托邦共和国，在那里，所有人都平等（"齐民"），并且都必须工作。

邓牧很清楚他的理论不会被他的同代人欣赏。然而他相信根据《易经》对"道"的定义（"一阴一阳之谓道"），未来将属于今日的无名失败者。在随后的岁月中，"泰"时（"天运之泰"）会再次来临；他的著作将最终受到欣赏。然后他的小书将会给他带来身后的荣誉。因为他在《伯牙琴后序》中写道：

> 噫！三千年后，必有扬子云。[2]

---

① 《吕氏春秋》由学者们在秦国权相吕不韦的宅邸中撰写。它在汉代是一部重要文献。然而，因为吕不韦在中国历史中极其不受欢迎，所以这本书从未被广泛阅读过。关于吕不韦的传记，可见《史记·吕不韦列传》，卷85；Derk Bodde, trans., *Statesman, Patriot, and General in Ancient China*, New Haven: Yale University Press, 1940, pp. 1-10。《吕氏春秋》的德译本见 Richard Wilhelm, trans., *Frühling und Herbst des Lü Bu We*, Jena: E. Diederichs, 1928。

② 扬雄，字子云，西汉四川人（"蜀郡成都人。"——译注），身后闻名于世。他缺乏口才，口吃不能剧谈，其貌不扬，来自边疆，远离都城长安，没有强有力的支持者，因此，在朝廷的象牙塔中，没有人会赏识他的著述，即便他们知道他的学识卓绝。因此，"扬雄"或者"扬子云"变成了那些生前籍籍无名、死后大名鼎鼎的博学之士的代名词。关于扬雄的传记，参见刘知几《史通·自序》（"雄之《玄经》始成，虽为当时所贱，而桓谭以为数百年外，其书必传。其后张衡、陆绩果以为绝伦参圣。"——译注）。《汉书·扬雄传》，卷87；Herbert Giles, *A Chinese Biographical Dictionary*, No. 2329。扬雄在宋朝被敕封为"成都伯"。

邓牧希望身后受到尊崇，这种愿望符契儒家思想，事实上，儒家乃是荣誉的宗教（a religion of honor）。古往今来，所有儒家学者都是热爱身后之名的人。倘若一位学者很不幸未能实现内圣外王（亦即树立高尚道德的典范并为人民的福利做出贡献），那么他将不得不寻找第三种办法，即撰写对自己国家和人民有益的伟大著作。通过这种方式，他希望能够实现身后之名。

总而言之，邓牧的著述显示出与其说他是道家，不如说他是儒家。他的激进政治理论受到了先秦诸子的启发。他指出应该废除君主制，但他并非革命者（不管是社会革命者、政治革命者甚或宗教革命者）。不过他深知君主制的缺陷，皇权总会落入少数人之手。倘若大臣们野心勃勃或者昏庸无能，那么这个王朝就会覆灭。当宋朝使臣前去向蒙古统帅伯颜求和时，他们表示因为宋帝是年幼的孤儿，刚刚失去了父亲（“嗣君幼冲，且在衰绖中”），所以元军应该宽恕宋朝（“哀恕班师”）。伯颜回曰：“尔宋昔得天下于小儿[①]之手，今亦失于小儿之手。盖天道也！”[②] 伯夷以此回绝了宋朝使臣的要求，不同意宋朝像朝鲜那样，成为元朝的附庸国。毫无疑问，伯夷的观点给许多中国思想家留下了深刻印象，他们会回忆起杜太后[③]如何警告自己的儿子、宋朝开国皇帝宋太祖（960—976 年在位）：“能立长君，社稷之福也。”[④] 当邓牧反对王朝统治、主张“彼所谓君者……则夫人固可为”（凡身体健全者，皆有资格成为君主）的时候，他的心中肯定想到了这个问题，不过他没有明确提及这样的君主候选者必须是皇室的后裔。邓牧的观点很可能与其他宋朝忠臣的看法一致，他们对腐朽堕落的宋朝政府丧失信心，认为它无法抵抗像蒙古人那样的强大敌人，他们期盼从出身卑微之人中

---

① 此事发生于 960 年，得自后周末代皇帝周恭帝。

② 《元史 · 伯颜传》，卷 127；Joseph-Anne-Marie de Moyriac de Mailla，*Histoire générale de la Chine*，Vol. IX，366。

③ 杜太后临终时，坚持要赵匡胤发誓将皇位传给他的弟弟而不是他自己的儿子（“‘汝百岁后当传位于汝弟’……命普于榻前为约誓书。”——译注）。《宋史 · 太祖母昭宪杜太后传》，卷 242。

④ 《宋史 · 太祖母昭宪杜太后传》，卷 242。

涌现出一个强有力的领袖，换言之，这位领袖拥有新鲜血液，不是来自知识分子。这也难怪杰出的学者周密会在他的《癸辛杂识》中插入一篇称颂梁山三十六盗寇的赞词，[①] 并同时谴责了主宰宋朝末年政局的虚伪的新儒家。[②] 周密深深地憎恨和鄙夷这群人，因此他在书中收录了揭露这些伪君子丑陋肮脏面目的逸闻。尽管邓牧未曾公开称赞这些盗寇，然而他提及盗寇劫掠只是暂时的行为，暗示了他们因为遭受剥削而被迫如此。换言之，梁山式的罗宾汉既是对蒙古政权的挑战，又是对绝望的宋朝忠臣的慰藉。

邓牧不敢公开抨击蒙古人，所以他对暴政的抨击表现得仿佛憎恨所有的暴君。他全面深入地研究了中国文化、科学、艺术、文学、历史和宗教等各个方面，但是从未想过为蒙古政权效劳。他没有去学以致用。他决定利用自己的有限时间撰写真正有价值的内容。[③] 同时，练习禁欲功夫，保养生命，抵抗天气、饥饿等折磨。很不幸，由于他是卓越的学者，享有盛誉，故而元朝皇帝元成宗邀请他出仕。元成宗知道根据儒家传统，学者不能身仕二朝，而他不能强迫优秀的学者出仕。有一次，他命令钦差大臣向一位他打算邀请的学者传递以下的信息："或不乐于仕，可试一来，与朕语而遣归。"[④] 这样的邀请相当诱

---

① 龚开（字圣予）是激情澎湃的宋朝忠臣和杰出的画家，他表示自己希望能够阐明梁山三十六寇，因为他们是专业的盗寇，行为高尚，为人民谋利，并且出类拔萃，识性超卓有过人之处。但是众多官员谴责了他们。因此，龚开撰写了三十六首短诗来称赞这些高尚的盗寇。简而言之，对于宋朝忠臣而言，这些盗寇应该受到称颂，他们的地位远在昏庸无能的官员与叛徒之上（参见周密《宋江三十六赞》，载《癸辛杂识续集上》）。毋庸置疑，这种观点得到了所有宋朝忠臣的同意；这便是为什么小说《水浒》创作于这个时期。最终正是没有受过教育的汉人驱逐了蒙古人。关于这些梁山盗寇的详细情况，参见余嘉锡《论学杂著》，中华书局 1963 年版，第 325—416 页。

② 贾似道在担任宰相的时候，特别将虚伪的儒家提拔至高位，因为他们是缺乏真正原则和能力的教条主义者。他们支持贾似道，将有能力的人排除于政府之外。周密坚信这群虚伪的儒家（即所谓的"新儒家"）实际上对宋朝覆灭负有责任。参见周密《罗椅》，载《癸辛杂识续集上》。

③ 邓牧的简短序言和后序明确显示出他真的希望撰写一部伟大的著作。

④ 参见《元史·选举志》，卷 85。（有误，应是《元史·选举志一》，卷 81。——译注）

人。倘若邓牧不是儒家，那么他很可能会成为另一个“邱长春”。[①]然而邓牧是一位真正的儒家而非虚伪的新儒家，对他而言，他不可能向蒙古统治者称臣。他的朋友叶林决定以死来回应元廷的征召。邓牧完全赞成叶林的决定，并且放弃了自己的生命，即便他多年来一直都在自我训练，以获得长生。对他而言，较诸成为一名享受现世荣耀的成功学者，成为一名忠贞不渝的优秀儒家更为重要。

邓牧的事迹与上文所述的谢枋得事迹同样伟大，毫不逊色，然而公众对此仍然知之甚少。因此，人们一直都只知道邓牧是一名隐士，是谢翱的朋友。事实上，邓牧与谢翱一样爱国。谢翱度过了其完整一生，自然而终，他的同伴为其操办了很好的葬礼。邓牧则出于爱国情怀而自尽身亡，故而人们不敢公开地报道他的故事。他成为一名无名英雄，古往今来，他的光辉一直遭到遮蔽。

三 邓牧如何以及为何影响了黄宗羲?

（一）邓牧的朋友（南宋忠臣）身后备受尊崇，邓牧却未享此礼遇

《易经》告诉我们如何应对不同时代和环境中的不同境遇。《易经》的《象传》对第 36 卦“明夷”的解释是教导好人在逆境中不应该出仕，他必须和广大的平民生活在一起。最终他将获胜：

> 明入地中，明夷；君子以莅众，用晦而明。[②]

---

① “邱长春”即著名的道士丘处机，又称长春真人，他曾受到成吉思汗（又名元太祖）的邀请。关于丘处机的传记，参见《元史・丘处机传》，卷 202；Emil Bretschneider, *Mediaeval Researches from Eastern Asiatic Sources*, London: Kegan Paul, 1887, Vol. 1, pp. 35-108; Arthur Waley, trans., *The Travels of an Alchemist: The Journey of the Taoist Ch'ang-ch'un from China to the Hindu Kush at the Summons of Chingiz Khan*, London: Routledge, 1952; Igor de Rachewiltz, “The *Hsi-yu lu* by Yeh-lü Ch'u-ts'ai”, *Monumenta Serica*, Vol. XXI, 1962, pp. 1-128。

② 《易经・明夷》；Richard Wilhelm, *The I-Ching or Book of Changes*, trans. Cary F. Baumes, New York: Pantheon, 1950, pp. 210-211。

这正是上文论及的邓牧所有朋友（除了可怜的叶林）的境遇。他们去世之后，都在适当的时候得到了尊崇。

1. 谢翱

尽管谢翱的一生都很不幸，然而出于一些原因，时运不济的他在死后幸运地获得殊荣。其中的主要原因如下所示。

（1）杨维桢关于谢翱的著述。

元末，当时影响最大的诗人杨维桢[1]成为谢翱的“钟子期”。通过杨维桢，谢翱被形塑为“文山老客智且勇”。杨维桢之所以得出这样的结论，是基于下列理由。

（a）“玉带生”乃谢翱与文天祥的友谊见证。

在文天祥与谢翱共同抗击蒙古人的那段时期，文天祥将自己的砚台（被称作“玉带生”）赠予谢翱。这意味着文天祥高度赞赏谢翱的忠诚，因为中国学者将自己的砚台视作书斋中的终身伴侣，不会将它送给任何人，只会把它传给子孙后代。谢翱肯定终生珍藏文天祥的砚台，视为其朋友殉道后的最神圣遗物。谢翱去世之后，这方砚台被杨维桢偶然得到。[2] 杨维桢非常珍视它，这并非因为它是一方砚台，而是因为文天祥亲自在其上铭刻了四十四字的短诗。这是圣人文天祥的真迹！杨维桢将“玉带生”视为其中国古董收藏中的“七客”之一。与之相应的是，他将“玉带生”展示给他的所有朋友和学生；他们则作诗颂之。[3] 不久以后，所有文人都知道谢翱是文天祥的密友。

（b）严渊见证了在文天祥殉道后谢翱对文天祥的忠诚。

此外，杨维桢遇见了严渊。严渊来自严州，是汉代著名隐士严光（字子陵）的后人。严渊的父亲严侣不仅参加了钓台西台的追悼会，而且参加了谢翱组织的爱国诗社。杨维桢通过严渊，知晓了谢翱的隐

---

① 《明史·杨维桢传》，卷 285；Herbert Giles，*A Chinese Biographical Dictionary*，No. 2415。

② 杨维桢：《铁厓逸编》，卷 3；张宪：《玉笥集》，卷 4（《玉带生歌序》。——译注）。

③ 程政敏：《宋遗民录》，卷 2。这方砚台最终为乾隆皇帝所获得。参见《故宫周刊》1936 年第 344 期。

秘身份是元初爱国人士的领袖。因此，杨维桢与严渊一道拜谒了钓台西台和谢翱墓。之后杨维桢写了一篇颂词，称赞谢翱乃“奇士”。[①]它被铭刻在一块石头上，置于谢翱墓道旁。

（c）杨维桢赞赏和钟爱谢翱的诗歌与人格。

上文所提及的插曲促使杨维桢开始研究谢翱的作品。杨维桢在阅读谢翱的《冬青树引》（很可能是谢翱为咏冬青树的诗集所作的序或跋）时，肯定从谢翱的诗歌中发现了他的爱国活动。谢翱寓居王英孙处，熟知策划那次秘密冒险的主谋。杨维桢写了一首诗歌，题为《冬青冢》，[②] 将偷运南宋诸帝遗骸的事迹归功于谢翱。

总之，谢翱通过声望极大的杨维桢的形塑，成为元朝知识分子所熟知的高尚人物。

（2）张丁等论谢翱的作品。

很有可能由于杨维桢的影响（或者出于有利的政治环境），明初在朝为官的学者张丁（字孟兼）注疏了谢翱的两篇作品：[③] ①散文《西台恸哭记》，谢翱在其中描述了他如何成功地为文天祥举办了追悼会；②诗歌《冬青树引》，谢翱在其中描述了宋朝忠臣如何在宋朝皇帝的新墓地周围种植冬青树。由于谢翱的两篇作品用词含混隐晦（“读者未易通其词”），故而需要注疏来揭示其中的隐含之意。

张丁是朝廷的一员，享有特权。他在完成注疏之后，邀请了30位优秀学者为谢翱的这两篇简短作品唱和题赠。这些唱和题赠的长度要比谢翱的原文和张丁的注疏加起来都要长。谢翱由此声名远播。

---

① 杨维桢：《东维子文集》（《四部丛刊》本，第1499册），卷26（《高节先生墓铭》。——译注）。在图2中，严光的祠堂（子陵祠）很可能位于中间偏左处。

② 杨维桢：《铁厓咏史诗初集》［光绪十四年（1888）刊本］，卷8。（“老瓶夜射钱塘潮，天山两乳王气消。秃妖尚厌龙虎怪，浮图千尺高岧峣。文山老客智且勇，夜舟拔山山不动。江南石马久不嘶，冢上冬青今已拱。百年父老愤填胸，不知巧手夺化工。冬青之木郁葱葱，六綍树更蒲门东。”——译注）

③ 张丁的注疏完成于洪武四年（1371），他当时邀请了明朝许多杰出学者为之唱和题赠。他为谢翱《西台恸哭记》和《冬青树引》所作的注疏收录于《白石山房逸稿》（《续金华丛书》本，第96册），卷2。关于张丁的传记，参见《明史·张孟兼传》，卷285。

（3）谢翱的作品在明代被刊行。

谢翱曾创作了100卷的诗文。然而，当谢翱热情的明代崇拜者在弘治十五年（1502）刊行其作品时，仅存10卷诗歌，题为《晞发集》，因为“晞发子”正是谢翱的号。谢翱之所以号“晞发子”，是因为他崇拜战国时代楚国的著名爱国诗人屈原。[①] 尽管10卷本的《晞发集》只是原来28卷本的一小部分，然而它还是令谢翱被明朝的一些批评家视为宋朝最杰出的诗人之一，或者说是南宋最佳诗人。[②]

总而言之，谢翱受到了后世的喜爱与尊崇。他变成了圣人文山（文天祥）最著名的同伴。严州有祠堂供奉和祭祀他。

2. 林景熙

林景熙也在身后受到尊崇。他的成就为许多宋朝忠臣所知晓。他们竭尽所能保存他的手稿，并且充分尊崇他。

林景熙去世24年后，学者章祖程（字和父）为他的手稿作注。章祖程崇敬林景熙的人格和诗艺。因此，即便在元朝，林景熙也没有被世人遗忘。在蒙古人被逐出中国之后，林景熙的声望日隆。在皇帝的赞助和支持下，六处冬青穴焕然一新。每一位宋朝皇帝都被赐予了非常体面的陵墓。参与移植冬青穴的宋朝忠臣得到了褒奖。1466年[③]仅存部分章祖程注林景熙手稿，来自林景熙家乡的学者吕洪刊行了这

---

① 《离骚》的作者屈原是谢翱的英雄原型，因为他们二人均是爱国诗人，他们的祖国被占领，统治者被敌人俘虏。正是因此，谢翱模仿屈原的言行，譬如他坐在河边，散发恸哭。关于屈原的传记，参见《史记·屈原传》，卷84；Lim Boon Keng，trans.，*The Li Sao：An Elegy on Encountering Sorrows*，Shanghai：Commercial Press，1929，pp. 19 - 32；David Hawkes，trans.，*Ch'u tz'ŭ：The Songs of the South*，Oxford：Oxford University Press，1959，pp. 11-19。

② 杨慎便是这样称赞谢翱的［杨慎：《升庵外集》，卷78（“诗皆精致奇峭，有唐人风，未可例于宋视之也。……虽未足望开元天宝之萧墙，而可以据长庆宝历之上座矣。”——译注）］。谢耐和（Jacques Gernet，1921—2018）翻译了谢翱的一首诗歌，参见Jacques Gernet，*Daily Life in China on the Eve of the Mongol Invasion 1250 - 1276*，trans. H. M. Wrigh，New York：Macmillan，1962，p. 237。

③ 似有误，据吕洪《霁山先生文集序》载，吕洪本刊行于天顺七年（1463）。——译注

部分手稿。另外两个不包含章祖程注的版本（其中之一由藩王赞助[①]）被重刊。双义祠被建造，用于纪念林景熙和唐钰，他们在偷运宋朝皇帝遗骸一事中发挥了主要作用，被封为“冬青义士”。嘉靖二十六年（1547），铭刻他们英雄事迹的石碑被树立于双义祠前。[②] 简而言之，林景熙的爱国精神受到了赞赏。

3. 邓牧未受称颂

元朝覆灭以后，宋朝英雄文天祥被尊崇为民族圣人。所有的宋朝忠臣都得到了纪念。文天祥的忠臣门徒谢翱在明朝备受尊崇。邓牧所作的谢翱传记手稿保存在洞霄宫中，一些明朝学者誊抄了这篇传记。然而有明一代，《伯牙琴》不为人知，因为无人为之作注，也无人刊行它。目前我们只知道一位名叫“都穆”的人在明代阅读了邓牧《伯牙琴》的手稿。[③] 尽管都穆非常敬仰邓牧，然而他表示他无法理解邓牧作品的深意，并且决定保存这部珍贵手稿，留待未来的知音去理解。都穆出生于承平时代。他的背景阻碍了他成为邓牧琴声的“钟子期”。[④]

（二）谢翱、林景熙、周密：黄宗羲的英雄原型

然而，时光飞逝。明朝在 1644 年覆灭。另一个边疆部落满洲人统治了中国。于是一群明朝忠臣绝望地反抗着清朝。其中必须提及张

---

① “辽藩光泽王”。——译注

② 这座祠堂最初坐落于县学附近，但很快沦为废墟。它后来被重建，位于宋理宗陵寝旁。明朝的杰出学者文徵明（他是卓越的画家、书法家，也是圣人文天祥的后人）被要求撰写一份赞词，讲述林景熙和唐钰的英雄事迹（《双义祠记》。——译注）；它被铭刻在嘉靖二十六年竖立的石碑上。同时林景熙在他的家乡平阳得到尊崇；他的木主入庙祀，他的故居白石巷一直保存至民国时期。参见符璋《平阳县志》，1925 年，卷 35、卷 53。在清朝时期，著名戏剧家蒋士铨（1725—1785）曾经写作一部名为《冬青树》的戏剧，以移植冬青树为主线，将所有重要的爱国故事编织为一部戏剧。文天祥、谢枋得、林景熙、谢翱等人物都出现在戏剧中。

③ 都穆（字玄敬，号南濠，1459—1525），吴县人，是吴宽的学生，著有《南濠文略》《南濠文跋》《南濠诗略》《铁网珊瑚》。

④ 参见《铁网珊瑚》，卷 2（“余藏之箧中余三十年，未尝轻以示人。呜呼，先生之操高矣！余非知音者也。姑秘之以俟世之钟子期耳。”——译注）。

煌言（1620—1664），[①] 他为复辟明朝而战。张煌言被清朝俘虏并且杀害。其追随者像文天祥的追随者崇拜文天祥那样崇拜张煌言。

张煌言的忠诚追随者中有一位非常杰出的学者，那就是黄宗羲。[②] 如今黄宗羲身为明朝忠臣，却注定要生活在清朝。黄宗羲的一大抱负是尊崇张煌言，并将他塑造为新的“文天祥”。为此，黄宗羲将谢翱视作自己的英雄原型。而为了尊崇谢翱，黄宗羲全面深入地研究了谢翱其人、其文、其事等情况。

黄宗羲自称在1636年偶然地为谢翱的《西台恸哭记》作了注，[③] 但这并非真实的情况；正如全祖望指出的那样，[④] 黄宗羲是在晚年（即明朝覆灭之后）方才狂热喜爱谢翱的作品。[⑤] 事实上，人类的本质是以自我为中心的，伟大的文学通常本质上是自传性质的。黄宗羲在清朝统治中国之后的生平事迹，非常近似于谢翱在元朝统治中国之后的生平事迹。黄宗羲在结束了自己失败的反清斗争之后，采取了以下措施来帮助明朝忠臣。

第一，与移植冬青树的义士相似，黄宗羲负责筹款，埋葬他的殉道同伴张煌言和他的追随者。[⑥] 他购买了墓地，秘密地举办葬礼，种植了具有象征意义的冬青树并且秘密地将墓志铭埋于地下。他想尽了各种办法来保存英雄的遗物。

---

① 关于张煌言的传记，参见《清史稿·张煌言传》，卷224；Arthur W. Hummel，*Eminent Chinese of the Ch'ing Period*（1644-1912），Washington：United States Government Printing Office，1943，p. 31。关于他的作品，参见《张苍水集》（《四明丛书》本），1934年。

② 现有许多黄宗羲的传记，但是其中以出自邵廷寀（《遗献黄文孝先生传》，载《思复堂文集》，卷3）和全祖望（《梨洲先生神道碑文》，载《鲒埼亭集》，卷11）之手者为最佳。

③ 黄宗羲：《南雷文约》，载《梨洲遗著汇刊》，第5册，时中书局1910年版，卷4。（《谢皋羽年谱游录注序》：“余于戊寅岁，曾注《西台恸哭记》《冬青引》，此时不过喜其文词耳，然无故而为之。”——译注）

④ 参见《清史稿·黄宗羲传》，卷480；Arthur W. Hummel，*Eminent Chinese of the Ch'ing Period*（1644-1912），pp. 203-205。

⑤ 全祖望：《梨洲先生神道碑文》，载《鲒埼亭集》，卷11（“晚年忽爱谢皋羽之文，以其所处之地同也。”——译注）。

⑥ 黄宗羲：《南雷文约》，卷1（见《李杲堂先生墓志铭》《万充宗墓志铭》。——译注）；《南雷诗历》，卷2。

第二，与钓台西台的哀悼者相似，黄宗羲竭尽所能地去尊崇他去世的领袖，以便他们的苦难经历与英雄壮举不会湮没不闻。在黄宗羲的笔下，西台祭是其钟爱的短语，意指纪念殉道者的追悼会。我们知道在春季的上巳节（三月初三）和秋季的重阳节（九月初九），黄宗羲的爱徒万斯大总会杀鸡备酒祭祀，他竭尽所能地劝说更多的明朝忠臣参加张煌言的哀悼仪式（“每上巳重九，裹锅絜酒，拉同志聚哭之”）。[①]

第三，与月泉吟社的成员相似，许多爱国诗社被组织起来。即便黄宗羲不是组织者，他也肯定是这些爱国诗社中的一员。这样的爱国诗社确实存在于陈贞慧的阳羡家中[②]和冒襄的扬州家中。陈贞慧与冒襄均是黄宗羲的好友。在冒襄家乡创作的诗集名为《同人集》。[③]

第四，与专注的历史学家周密相似，黄宗羲在晚年全神贯注于《明史》的准备工作，在其中，他热爱的英雄都受到了尊崇。有人从井底意外地挖出一方周密的旧砚台，这方砚台后来被黄宗羲得到。黄宗羲兴奋不已。他希望凭借周密的才华，自己能够写出一些具有恒久价值的作品，从而可以流传后世。[④]

综上所述，明朝覆灭之后，黄宗羲成了明朝忠臣的领袖，肩负了许多“愚蠢的”责任，就像谢翱和他的朋友为宋朝忠臣所做的那样。

---

① 《清史稿·万斯大传》，卷 481（“明臣张煌言死后弃骨荒郊，斯大葬之南屏。”——译注）；Arthur W. Hummel，*Eminent Chinese of the Ch'ing Period*（1644-1912），p. 801；邵廷寀：《思复堂文集》，卷 3。

② 黄宗羲：《南雷文约》，卷 1（《陈定生先生墓志铭》：“崇祯己卯……举国门广业之社……昆山张尔公、归德侯朝宗、宛上梅朗山、芜湖沈昆铜、如皋冒辟疆及余数人，无日不连舆接席，酒酣耳热，多咀嚼大铖以为笑乐。……国亡之后……遗民故老时时向阳羡山中一问生死，流连痛饮，惊离吊往，恍然如月泉吟社也。”——译注）；《清史稿·陈贞慧传》，卷 501（“遗民故老时时向阳羡山中一问生死，流连痛饮，惊离吊往。”——译注）；Arthur W. Hummel，*Eminent Chinese of the Ch'ing Period*（1644-1912），pp. 82-83。

③ 参见《清史稿·冒襄传》卷 501（“家故有园池亭馆之胜，归益喜客，招致无虚日……著述甚富，行世者，有……六十年师友诗文《同人集》。”——译注）；Arthur W. Hummel，*Eminent Chinese of the Ch'ing Period*（1644-1912），pp. 566-567；12 卷本《同人集》刊行于 1825 年，后于 1882 年和 1923 年分别重刊。

④ 黄宗羲：《南雷诗历》，卷 2（《周公谨砚台》：“诗格清寒穷愈高，须知此砚著功劳。……奇物终非井内藏，还来发泄好文章。流传到我真惭愧，不识可能继弁阳。”——译注）。

他最崇拜的对象是宋朝忠臣而非古代圣贤。他宣称紧随宋朝覆灭之后的那段时间是中国文学的黄金时代，而谢翱正是那个时代最伟大的诗人，谢翱、林景熙和周密所做出的最大贡献是他们填补了中国历史的空白，因为在那段时间，宋朝官方史家突然停止记录历史。① 在黄宗羲的笔下，谢翱和他的朋友被多次援引，② 因为他们开创了许多对地下爱国人士尤其有用的礼仪、仪式、秘密象征符号和暗号。

黄宗羲竭尽所能地阐明谢翱。尽管之前张丁已经注释了谢翱的两篇作品（即前引《西台恸哭记》和《冬青树引》），然而黄宗羲又为这两篇文章作了注。黄宗羲表示他自己的背景令其得以理解谢翱含混隐晦的语言，也因此他更有资格为之作注。③ 由于黄宗羲力图在注释上比张丁做得更好，故而黄宗羲身为一名学识渊博的学者，不可能在注释谢翱谜一般的诗文时不参考邓牧的作品，毕竟邓牧为谢翱撰写了传记。

此外，在黄宗羲的指导下，黄宗羲的弟子徐沁④做了下述与谢翱相关的事情：（1）重刊了谢翱的《晞发集》；（2）注释了谢翱的

---

① 黄宗羲：《南雷文约》，卷4（《万履安先生诗序》："景炎、祥兴，《宋史》且不为之立本纪，非《指南》《集杜》，何由知闽广之兴废？非水云之诗，何由知亡国之惨？非白石晞发，何由知竺国之双经？陈宜中之契阔，心史亮其苦心；黄东发之野死，宝幢志其处所，可不谓之诗史乎？"——译注）。

② 黄宗羲：《南雷文约》，卷1（"宋景濂谓：谢翱、方凤、吴思齐皆上诗，客浦阳，浦阳之诗为之一变。""遗民故老时时向阳羡山中一问生死，流连痛饮，惊离吊往，恍然如月泉吟社也。""尝思宋之遗民，谢翱、吴思齐、方凤、龚开、郑思肖为最著。方吴皆有家室，翱亦晚娶刘氏，开至贫，画马有子同居，惟思肖孑然一身，乞食僧厨。魏美妻死不更娶，有子托于弟。行事往往与思肖相类，遗民之中又为其所甚难者。""张苍水死国难，弃骨荒郊，充宗葬之南屏，使余志之，春秋野祭，盖不异西台之哭焉。"——译注）、卷2（"日之出兮，以晞吾发，日之没兮，以寄吾哭，前有谢翱。"——译注）；黄宗羲：《南雷诗历》，卷3（《钓台》。——译注）、卷4（《宿天章寺》、"恣冥搜西台，赓恸哭蕺山。"——译注）。

③ 黄宗羲：《西台恸哭记注》（《昭代丛书》本）："其中多忌讳隐语……张孟兼注……所云甲乙若丙之人，都无确据，因为辨证。"——译注

④ 徐沁（字埜公），会稽人。关于他的简要记载，参见《四库全书总目提要》，卷59（"沁字埜公，会稽人。尝刊谢翱《晞发集》，因复搜采遗事为作是《谱》。中间如紥木杨喇勒智发宋陵事，以《元世祖本纪》参核，当在至元戊寅，不当在乙酉。沁则据周密《癸辛杂识》，定为乙酉。黄宗羲为作《序》，颇疑其非。又姜夔《乞正雅乐》在宁宗庆元间，而《谱》以为理宗时，亦沁之误也。"——译注）

《金华游录》;[①]（3）撰写了《谢皋羽年谱》[②]（撰写该书时参考了邓牧的《谢皋父传》）。黄宗羲的另一位弟子万斯同（1638—1702）[③]也做了下述关于谢翱的事情：（1）《宋季忠义录》收入了谢翱的传记;[④]（2）《南宋六陵遗事》认为谢翱是偷运宋朝皇帝遗骸一事的主谋。[⑤] 万斯同在撰写谢翱传记的时候，也肯定参考了邓牧的《谢皋父传》。因此，黄宗羲熟知谢翱。由于黄宗羲极其尊崇谢翱，谢翱又称赞邓牧是伟大的天才，故而黄宗羲应该很自然地会想去阅读邓牧的作品。此外，因为黄宗羲的学生们探究了邓牧的《伯牙琴》，所以黄宗羲肯定在检阅其学生著作的时候甚或之前阅读了这部作品。黄宗羲极为崇拜谢翱和他的朋友，以至于将自己的一些作品命名为《南雷文定》《南雷文约》《南雷诗历》等，因为他住在余姚南雷里，那里模仿了林景熙的白石巷子和周密的癸辛街。简而言之，黄宗羲的言行与宋朝忠臣的言行一致。

（三）黄宗羲如何以及何时知晓邓牧的《伯牙琴》?

黄宗羲很可能在明朝覆灭之前就读过了邓牧的《伯牙琴》，有一些理由可以证明这种可能性。

黄宗羲可能读过吾邱衍（1272—1311）的《闲居录》，该书记载了叶林与邓牧奇异的死亡方式。吾邱衍特别提醒读者要注意叶林与邓牧的作品都保存在洞霄宫中。[⑥] 此外，黄宗羲可能读过都穆的《铁网珊瑚》，该书邀请读者去探究《伯牙琴》的深意。尽管我们无法确知究竟有多少份《伯牙琴》抄本流传至洞霄宫以外的地方，然而至少可以确定的是，除了都穆以外，明朝著名藏书家、顶尖图书馆千顷堂

---

① 谢翱的《金华游录》被收录于许多文选中，不过徐沁的《金华游录注》收录于《国粹丛书》中。

② 徐沁的《谢皋羽年谱》被收录于《昭代丛书甲集》第 3 册，卷 21。

③ 万斯同，浙江宁波人，参见《清史稿·万斯同传》，卷 484；Arthur W. Hummel, *Eminent Chinese of the Ch'ing Period*（1644-1912），pp. 801-803。

④ 16 卷本《宋季忠义录》被收录于《四明丛书》第 52—57 册。

⑤ 《南宋六陵遗事》被收录于《昭代丛书甲集》第 67 册。

⑥ 吾邱衍:《闲居录》（“其文集皆藏洞霄山中”。——译注）。

的主人黄居中[①]也有一份《伯牙琴》抄本。黄宗羲是黄居中的远亲，他在1630—1641年寓居千顷堂，肯定全面彻底地检阅了其中的所有藏书。同时，黄宗羲也在南京朝天宫中读书，并在那里发现了一整套《道藏》。黄宗羲抄写了《道藏》中收录的所有名山大川的珍贵游记。[②] 他有一份邓牧《大涤洞天记》手稿的抄本。不过即便黄宗羲没有在明代读过邓牧的《伯牙琴》，他也很容易地在清代造访洞霄宫，因为他就是浙江人。无论是何种情况，黄宗羲肯定在注释谢翱作品前读过《伯牙琴》。黄宗羲读罢《伯牙琴》，他不再是“都穆”，而是邓牧期盼已久的“钟子期”。黄宗羲的背景与邓牧交游圈的背景相似，因此他能够理解都穆所无法理解的“伯牙”之“琴”。《伯牙琴》这本薄薄小书肯定深刻影响了黄宗羲，因为黄宗羲在准备他的《明夷待访录》（作于1662年）时，《伯牙琴》是其主要参考资料。

尽管《伯牙琴》和《明夷待访录》的内容并不完全相同，然而许多迹象显示《伯牙琴》是《明夷待访录》的参考资料。

（a）《明夷待访录》事实上受到了邓牧《见尧赋》的启发。这篇赋是《伯牙琴》的引言。邓牧鼓励他的隐士朋友“渔隐”吴君不要绝望：不应当抱怨自己怀才不遇、地位卑微的糟糕运气；也许不久以后圣人尧会前来接见他，并且邀请他出仕。[③]

倘若没有上述解释，那么《明夷待访录》的书名将极其晦涩难懂。《明夷待访录》的书名包含两个部分，即“明夷”和“待访”，二者的意思恰恰完全相反。正如上文所述，“明夷”意指“明入地中”（光线被遮蔽、才华被压抑、光线变暗）。它代表一种特殊的宇宙状况，此时黑暗的力量主宰世界；在上莅众的君子必须掩盖自己的才华光芒，不再仕宦（“君子莅众，用晦而明”）。据说商朝

---

① 《清史列传》，卷71；Arthur W. Hummel，*Eminent Chinese of the Ch'ing Period*（1644-1912），pp. 355-356。

② 黄宗羲《丹山图咏序》：“在金陵，从朝天宫翻《道藏》，自易学以外，干涉山川者，皆手钞之，矻矻穷日。”——译注

③ 邓牧：《见尧赋》，载《伯牙琴》（“安知君不尝见尧于黄屋清问之上，尧不复见君于耕田凿井之卑！……奚吾愿君澡雪而精神，宁极而天机，而与四子者逍遥乎无何有，放荡乎遥恣睢，御六气之辩而道不穷，游四海之外而物不疵。”——译注）。

太师箕子[①]曾经经历过这种状况，当时商朝末代国王暴君商纣王在位，箕子佯狂而为奴。简而言之，“明夷”意指辞官告去。“待访”也指涉箕子，他是前朝的资深政治家，新王朝的创建者周武王亲自拜访他。[②] 这位新的君主向箕子询问治天下之道与天人和谐之道。对此，箕子向周武王出示了《洪范》。[③] 因此，当黄宗羲在《明夷待访录・题辞》中提及他正在期待明主的造访时，他的说法其实相当不严谨。后世怀疑黄宗羲身为前朝旧臣，如今抛弃了明朝，因为当周武王访箕子时，箕子被迫出示《洪范》，黄宗羲却自愿准备在未被要求的情况下将自己的著作呈给新的君主。事实上，黄宗羲受到了邓牧《见尧赋》结语（“尧固将往见君矣，君何以见尧为哉”）的启发。邓牧将《见尧赋》置于卷首，仿佛他是在期待出仕。事实上，当邓牧真的得到了朝廷任命时，他坚定地拒绝了。“待访”意指等待在位君主的拜访。“明夷”与“待访”二者相合，则“明夷待访录”乃暗指一位前朝政治家期待为新朝君主贡献自己的学识。[④]

---

① 《易经》在解释第 36 卦“明夷”时曾言“箕子之明夷，利贞”，其中的“箕子”有两种解释：（1）根据传统的解释，“箕子”指的是商朝政治家箕子；（2）“箕子”指的是阴阳的一个特殊方面，是万物（动物与植物）生育的一种气氛（atmosphere）。参见《汉书・孟喜传》，卷 88（“箕子明夷，阴阳气亡箕子；箕子者，万物方荄兹也。”——译注）。黄宗羲在《明夷待访录・题辞》中认为“箕子”是商朝遗老。关于箕子的传记，参见《史记・宋微子世家》，卷 38；Herbert Giles，*A Chinese Biographical Dictionary*，No. 300。由于箕子不愿仕周，故而周武王册封箕子为朝鲜国王，周王朝当时是朝鲜的宗主国。

② 周武王受到孟子和其他哲学家的称颂，他们赞扬周武王将人民从商纣王的暴政中解放出来。但是周武王遭到了商朝忠臣伯夷、叔齐的谴责，认为他不过是取代了旧暴君的新暴君（《史记》载：“父死不葬，爰及干戈，可谓孝乎？以臣弑君，可谓仁乎？”对此，司马贞《史记索隐》曰：“以武王之暴臣易殷纣之暴主。”——译注）。因此，当一本书牵涉朝代更替的问题时，必须考察其作者的背景。

③ 《洪范》是《尚书・周书》第 6 章。《尚书》的英译文参见 James Legge，trans.，*The Chinese Classics*，*Shoo-King*，Vol. 3，Pt. 2。

④ 黄宗羲真的希望将自己撰写的明史著述（尤其是明朝殉国忠臣的传记）呈给清廷。他认为欧阳修是拙劣的史学家，因为欧阳修未曾在《新五代史》中为后周的忠臣将领韩通立传，韩通被宋朝开国皇帝赵匡胤的党羽杀害［黄宗羲：《南雷诗历》，卷 2（《送万季野贞一北上》：“史局新开上苑中，一时名士走空同。是非难下神宗后，底本谁搜烈庙终。此世文章推婺女，定知忠义及韩通。凭君寄语书成日，纠谬还防在下风。”——译注）］。欧阳修确实是一位拙劣的史学家。吴镇曾撰书（共 20 卷）批判欧阳修的《新唐书》。当清廷邀请黄宗羲参与编修《明史》时，黄宗羲乐意与其合作，他派遣了自己的儿子和爱徒万斯同前往朝廷。显而易见，当黄宗羲准备明史的时候，他就在等待清廷的咨询。他的“待访”

(b) 黄宗羲在《明夷待访录·题辞》中援引了孟子的历史循环论("一治一乱")和胡翰[1]对"一治一乱"的"十二运"的解释,[2]然而,邓牧《伯牙琴》的主题便是历史循环观,邓牧抱怨他和他的朋友生于一个错误的时代("天运之否",此时圣人不存),希望当正确的时代("天运之泰")重新来临时,他们可以重生。这种回归太平盛世的梦想是邓牧《见尧赋》的真髓,它启发了黄宗羲为他的《明夷待访录》撰写简要题词。

(c) 黄宗羲的《原君》和《原臣》模仿了邓牧的《君道》和《吏道》。此外,尽管黄宗羲以"原君"为题,然而他不断使用"君之职分"(即"君道"的同义词),并且提过一次"君之道"。与之相似,虽然他以"原臣"为题,但是他提过两次"臣道",呼应了邓牧的"吏道",并且两次使用了"非其道"。显而易见,"原君"和"原臣"受到了"君道"和"吏道"的启发。黄宗羲仅仅用"道"替换了"原",并颠倒了二者的次序。倘若我们将《君道》与《原君》进行比较,那么这两篇文章的密切关系将一目了然:[3]

【讨论 A】在两篇文章的开篇,邓牧与黄宗羲均认为在最初的时候设立一位统治人民的君主乃是一件好事。二者都提到人性是自私自利的。黄宗羲稍稍发展了这一观点,表示圣人过去常常服务于天下的公利,[4] 邓牧在《见尧赋》中已经阐明了这种观点:"古有圣人作君作师,忧民之溺由己之溺,忧民之饥由己之

很有可能便是指此,因为他很遗憾当元朝准备编修《宋史》时,邓光荐的后人没有与那些参与编修工作的元朝学者合作,邓氏家族虽然保存了许多宋朝忠臣撰写的宋史手稿,但是拒绝将它们交给那些编修者。参见黄溍《黄学士文集》(《四部丛刊》本),卷3。

① 关于胡翰的传记,参见《明史·胡翰传》,卷285。

② 胡翰:《胡仲子集》,卷1(《衡运》:"天下之变,纪之以十二运。"——译注)。

③ 参见上文对《原君》一文的分析。《明夷待访录》部分内容(包括了《原君》)的英译文可见 Wm. Theo de Bary, trans., *Sources of Chinese Tradition*, New York: Columbia University Press, 1960, pp. 585-597。本文将使用狄百瑞(Wm. Theo de Bary, 1919—2017)的译文。

④ "有人者出,不以一己之利为利,而使天下受其利,不以一己之害为害,而使天下释其害。"——译注

饥。”不过，邓牧与黄宗羲均未指出最初的君主是如何被拣选出来的。邓牧暗示圣王是人民的选择，因为他们“为天下所归”。黄宗羲则暗示“古之人君”肩负了天下的重任（“有人者出”），但这似乎与黄宗羲进一步的说法（即无人愿意承认这项重任）[①] 相抵牾。

【讨论 B】邓牧与黄宗羲均指出古代无人愿意成为君主，并且提及在被授予君权时逃匿的两位隐士姓名。邓牧提供的例证是许由和石户之农，黄宗羲给出的事例是许由与务光。[②] 相较之下，邓牧的例证更佳，因为务光选择了自杀而非简单的逃匿。

【讨论 C】邓牧与黄宗羲均提及后世君主的堕落状况。邓牧指责秦始皇将皇位传给自己的家族，因为他宣称从此以后，皇位应当永远由他的子孙万代享有。尽管《原君》顾名思义，理应探讨这一历史性的时刻，然而黄宗羲并未提及这个古代美好时代一去不复返的时刻。不过，二者都提到天下沦为了一个家族的私产。

【讨论 D】黄宗羲详细阐发了邓牧的“其后亦已危矣”一语，并且指向了他自己的时代。邓牧的态度更为客观，他从整体上批判专制，没有指明任何特定的朝代。

【讨论 E】邓牧表示“天生民而立之君，非为君也”，黄宗羲则说“古者以天下为主，君为客”，二者相互呼应。

【讨论 F】邓牧与黄宗羲均提及在皇位成了君主的私人财产之后，争斗不息，人民不得安宁。君主本该服务人民，如今却成了人民的重负。

【讨论 G】邓牧说：“恶有圣人在位，天下之人戴之如父母，

---

① “夫以千万倍之勤劳而己又不享其利，必非天下之人情所欲居也。”——译注

② （“古之人君，量而不欲入者，许由、务光是也。”——译注）务光与商朝的创立者汤生活在同一时代。商汤在废黜了夏朝末代君主之后，谋划立务光为君。务光非常不快，最终投水自尽。参见《吕氏春秋·离俗览》，卷 19。他的名字在《庄子》的一些段落中写作“瞀光”。黄宗羲使用了《吕氏春秋》的读解。

而日以盗贼为忧，以甲兵弧矢自卫邪?”黄宗羲则说：“古者天下之人爱戴其君，比之如父，拟之如天。”二者彼此符契。

【讨论H】邓牧与黄宗羲均提及没有君主可以永远将皇位传给自己的子孙，争夺皇位的斗争是血腥和危险的。

简而言之，黄宗羲用自己的话改写了邓牧的观点，并且做了相当多的增删。黄宗羲查阅了邓牧的参考资料，并且发现《吕氏春秋·恃君览》是邓牧最主要的文献来源之一。这也是黄宗羲谴责圣人伯夷、叔齐（二者反对革命推翻暴君）的原因。然而，在另一方面，邓牧试图说服那些勇敢能干之人去像陈胜一样起义反抗。[①] 虽然他们的目标一致，但是邓牧更具建设性，因为他倡导人民革命而非贵族革命。由于黄宗羲没有在邓牧的文章基础上补充新的观点，故而邓牧的《君道》要优于黄宗羲的《原君》。

根据我们现代的标准，收割他人的丰收果实并贴上自己的名字，这必然是错误的行为。然而黄宗羲不应该遭受指责，因为谢翱是黄宗羲的偶像。黄宗羲三四十年来一直努力仿效谢翱。他仅仅希望继承三百年多前谢翱、邓牧及其朋友的传统。黄宗羲在作品中大量引用谢翱及其朋友（邓牧的交游圈）的语录和典故。因此，黄宗羲在准备自己的杰作时，自然而然地将邓牧作为他的主要参考对象。我们必须记住的是，在黄宗羲的那个时代，作者在自己的著作中常常只字不提文献来源，这正如一句名言所警告的那样：

鸳鸯绣了从教看，莫把金针度与人。[②]

此外，黄宗羲之所以如此谨慎，可能是因为他知道朝廷中有许多

① 陈胜（字涉），阳城（今属河南）人，秦二世元年（前209）在蕲（今属安徽）发动起义。尽管陈胜不久之后被秦朝将军章邯击败并被自己的车夫杀害，然而他的起义如星星之火迅速燎原，最终导致了秦朝的灭亡。关于陈胜的传记，参见《史记·陈涉世家》，卷48；《汉书·陈胜传》，卷31；Herbert Giles, *A Chinese Biographical Dictionary*, No. 242。

② 这两句诗出自著名诗人元好问（1190—1257）的笔下。

趋炎附势的学者。他之所以敢于提及谢翱、林景熙和周密，是因为他们是受人尊崇或者声名显赫的学者。但是邓牧从未受到尊崇。都穆对《伯牙琴》的评论虽然是有明一代唯一一篇关于《伯牙琴》的书评，但是令人不快。因此，黄宗羲为了避免引发读者的不快，可能不太情愿在自己的《明夷待访录》中提及邓牧之名。

（四）重估邓牧与黄宗羲

1890 年，那个时代最具影响力的作家之一梁启超（1873—1929）阅读了《明夷待访录》（手稿）。他立即证明了自己是黄宗羲的“钟子期”。梁启超刊行了这部小书，印数甚多，广泛分发，并且开始将黄宗羲奉为中国最早倡导现代民主的哲学家，其理由是黄宗羲《明夷待访录》的创作时间比卢梭《社会契约论》要早“数十年”。[①] 梁启超几乎不知道，比黄宗羲早 340 多年，一位孤独的中国隐士就已经为黄宗羲的伟大成就铺平了道路。黄宗羲通过梁启超及其朋友的帮助，在清朝覆灭的前夜被封为圣人；1909 年，黄宗羲的木主入祀孔庙。民国肇建之后，黄宗羲获得了更大的荣耀。他被尊奉为现代民主主义和民族主义运动的直接先驱、中国革命的元老……事实上，黄宗羲显然要比“扬子云”幸运。

而在另一方面，邓牧依旧默默无闻。他的气节遭到了清朝批评家姜宸英（1628—1699）的质疑，[②] 姜宸英认为邓牧缺乏创造力，仅仅

① 参见梁启超《中国近三百年学术史》，载《饮冰室专集》，第 43—48 页（“梨洲有一部怪书，名曰《明夷待访录》。这部书是他的政治理想。从今日青年眼光看去，虽象平平无奇，但三百年前——卢骚《民约论》出事之前之数十年，有这等议论，不能不算人类文化之一高贵产品。”——译注）；梁启超：《清代学术概论》，商务印书馆 1934 年版，第 29—32 页（“清初之儒，皆讲‘致用’，所谓‘经世之务’是也。宗羲以史学为根柢，故言之尤辩。其最有影响于近代思想者，则《明夷待访录》也。”——译注）；英译文见 Liang Ch'i-ch'ao, *Intellectual Trends in the Ch'ing Period*, trans. Immanuel C. Y. Hsü, Cambridge, Mass.: Harvard University Press, 1959, pp. 37 - 38; Wm. Theo de Bary, “Chinese Despotism and the Confucian Ideal”, in *Chinese Thought and Institutions*, ed. John K. Fairbank, Chicago: The University of Chicago Press, 1957, pp. 198-199。

② 参见《清史稿·姜宸英传》，卷 480；Arthur W. Hummel, *Eminent Chinese of the Ch'ing Period* (1644-1912), pp. 133-136。

是自夸的拙劣传记作者，他不相信邓牧是谢翱的朋友。姜宸英的理由如下：邓牧的《谢皋父传》没有提及谢翱是参与了反抗斗争的宋朝忠臣，[①] 传记作者不应该遗漏如此重要的事实；邓牧没有安排和参加谢翱的葬礼。凡此种种，不一而足。[②] 姜宸英坚信邓牧仅仅是假扮谢翱的朋友，因为他企图分享谢翱身后的荣耀。姜宸英甚至想象邓牧只是一个没有原则的机会主义者，他可以一方面撰写高尚人士的生平事迹，声称自己也是其中一员，另一方面又竭尽所能地阿谀拥有权势的政客和富豪，以便获取一些权力和财富。因此，邓牧希望自己既获得现世的荣华富贵，又能享受未来的身后荣誉。[③]

姜宸英并不知道邓牧在元朝的统计调查中被登记为道士，他的道观受到皇室的供养。倘若他把谢翱的生平事迹写得清清楚楚，那么谢翱的传记将根本无法传世。这也就是为何谢翱的《西台恸哭记》和《冬青树引》写得极其含混隐晦。邓牧出于同样原因，使用寓言来记录时事政治事件；他不能公开地撰述政治。因此，不是因为他喜欢模仿，而是因为他不得不使用寓言。邓牧撰写了两篇模仿柳宗元的寓言（《二戒——学柳河东》），但是其总字数不到300字。姜宸英对邓牧的刻薄评论可能受到了吾邱衍的影响。吾邱衍曾说邓牧只不过是在模仿柳宗元。倘若如此，那么姜宸英忽视了吾邱衍是邓牧和叶林二人的朋友，并且在他们离世后，非常敬仰他们。[④] 吾邱衍之所以那样写，只是为了提醒读者注意邓牧与叶林的手稿保存在洞霄宫中，他肯定不是有意要贬低邓牧。事实上，邓牧正确地指出：

---

① “翱，宋末义士，而牧传中无所述。”——译注

② “自言为翱死友，然翱之没，遗命惟托方韶卿凤、吴子善思齐，不及牧，葬翱子陵台南者，凤、思齐及方幼学方焘、冯桂芳、翁登兄弟，而牧亦未尝闻讣其葬也。”——译注

③ 姜宸英：《题宋潜溪谢皋羽传后》，载《湛园未定稿》，卷5。（“末世好名滋甚，凭借权势，踵接侯王之门，入则短后曼缨，出则幅巾草服，摇笔著书忠义奋发，流播远近，迈迹巢许。幸而其书不传也，不然又孰知盗跖之与曾史哉？”——译注）

④ 吾邱衍是李道坦的朋友，屡次计划隐居洞霄宫。他很可能参加了邓牧的葬礼。他曾写作悼亡诗，称颂邓牧与叶林的死亡。参见《竹素山房集·附录》（《武林往哲遗著》本）；《洞霄诗集》，卷14。

> 书所载者古人之粗，所不可载者古人之精。粗为言，精为心也。①

在此，邓牧的意思是说他无法随心所欲地写作，后世的读者未来只会读到他所能写的不重要内容，无法读到他想写却不敢写的内容。

姜宸英和梁启超在写作的时候，均没有展开全面深入的研究。姜宸英在指责邓牧是骗子的时候，肯定没有读过太多邓牧的原著。邓牧的人格和谢翱的人格一样高尚；他不需要沾谢翱的光。他没有出席谢翱的葬礼，很可能是因为他在外远游，无人知其行踪。事实上，安排谢翱葬礼的是邓文原（字善之），② 他既是邓牧的旧友，也是谢翱的新朋。在邓文原的帮助下，谢翱的葬礼得以举办。最后，邓牧肯定未曾阿谀权势；甚至当元朝皇帝邀请他出仕时，他也坚定地拒绝了。尽管他深谙长生之道，然而为保宋臣气节，他决定舍弃生命。

而在另一方面，梁启超曾说："（《明夷待访录》）乾隆间入禁书类。光绪间我们一班朋友曾私印许多送人，作为宣传民主主义的工具。"③ 但是梁启超实则夸大了他的发现。《明夷待访录》并未在乾隆时期被列为禁书，也不是绝版书籍，因为有清一代，该书被多次刊行

---

① 邓牧：《友古斋记》，载《伯牙琴》。另见《抱朴子·外篇·尚博》，卷 32（"文章微妙，其体难识。夫易见者粗也，难识者精也。夫唯粗也，故铨衡有定焉；夫唯精也，故品藻难一焉。吾故舍易见之粗，而论难识之精，不亦可乎。或曰：德行者本也，文章者末也。故四科之序，文不居上。然则著纸者，糟粕之余事。可传者，祭毕之刍狗。"——译注）

② 邓文原最初是邓牧交游圈中的一员，但是之后被选中，在杭州任教，后来更官居元廷高位；他与宋朝忠臣失去了联系。邓牧似乎引介谢翱给杭州的邓文原，他们之后成为好友。谢翱去世后，邓文原给参加谢翱葬礼的护柩者发出了邀请。然而，徐沁在罗列谢翱在杭州的朋友时，未能发现邓文原正是其中的一员。参见《谢皋羽年谱》。

③ 梁启超：《中国近三百年学术史》，第 46 页。相反，《四库全书》的编修者在评价邓牧的《伯牙琴》和《洞霄图志》时，显示出钟爱和同情的态度（参见《四库全书总目提要》，卷 165），并且两本书都被收入《四库全书》。邓牧的作品没有被列为禁书，它们被收入藏书家鲍廷博（1728—1813）的《知不足斋丛书》中。

和重刊，收录于譬如《指海》（1839）、《海山仙馆丛书》（1849）、《小石山房丛书》（1874）之中。因此，在梁启超的“发现”之前，该书早已广泛流传。不过，梁启超的影响着实惊人，通过梁启超的出版，黄宗羲被誉为“现代民主之父”，但是邓实早在1907年就已经指出邓牧的《伯牙琴》是《明夷待访录》的主要文献来源。[①] 邓实重刊了邓牧的《君道》和《吏道》全文，并写道：

> 后二百年，余姚黄宗羲本之以作《原君》等篇。然后，民贵君轻之旨始大昌。顾世皆知颂言黄氏发明之功，而不知牧乃先于数百年前已言之，切至如此。

邓实重刊《伯牙琴》并且撰写二文来介绍邓牧，此事已经过去了半个多世纪，[②] 然而黄宗羲的权威地位仍然屹立不倒，未被撼动，这一点着实令人惊讶。在前后相继的无数著作和文章中，黄宗羲被誉为中国近代最具影响力的思想家。[③] 邓实的努力付诸东流，没有人会给予邓牧如此高的赞誉。

笔者很久以前便读过《伯牙琴》和《明夷待访录》，二者存在诸多相同观念，令笔者印象深刻。然而，笔者后来注意到大量著作异口同声地称颂黄宗羲，却对邓牧只字不提，直到那时，笔者才决定呼吁

---

① 邓实是晚清的藏书家和学者。尽管邓实很可能和梁启超一样博学多识，然而他的知名度不如梁启超，因为梁启超是一名政客，极具影响力。早在1905年，邓实就在《国粹学报》第1册上为《伯牙琴》的重刊本做了广告，该重刊本名为《邓牧心伯牙琴集》，被收入《国粹丛书》第二集第1册。该书刊行于1907年。邓实为之撰写了一篇跋（《邓牧心伯牙琴集跋》），发表于《国粹学报》1907年第36期。邓实还撰写了一篇邓牧的传记（《邓牧传》），发表于《国粹学报》1908年第40期。上述引文即来自这篇传记。邓实堪称邓牧的“钟子期”。

② 本文发表于1965年，自1907年已过去50多年，故有此说。——译注

③ 就笔者所知，对黄宗羲《明夷待访录》的征引，在中文世界，最近的文献是陈安仁《中国近代史要》，上海印书馆1962年版；在英文世界，最近的文献是Paul K. T. Sih, “Review of *A Source Book in Chinese Philosophy* by Wing-Tsit Chan”, *Journal of Asian Studies*, Vol. 23, 1964, p. 463。

学者注意这位无名英雄邓牧。[1] 就其对民主思想的贡献而言，黄宗羲显然被高估了。我们倘若比较邓牧与黄宗羲的话，那么便会发现二者是同类人：均出生于错误的时代，无法仕宦。邓牧在宋朝覆灭之后开始了一种宗教生活，独身一人，死后无嗣；黄宗羲则是宗教平信徒，并且有了家室。邓牧与黄宗羲均致力于撰写可以传世的杰作。邓牧只写下了一些作品，倘若他没有自尽的话，那么他本可以写得更多。他不得不留下众多未竟之稿。尽管他是一位颇有造诣的诗人，[2] 然而他的现存诗歌寥寥无几。单就数量而言，较诸邓牧，黄宗羲当然遥遥领先，因为现有 100 多部作品被归在他的名下。然而，人们如今尊崇黄宗羲，最主要的原因是他的小书《明夷待访录》，尤其是其中的第一篇文章《原君》。正如上文所示，这篇文章模仿了邓牧的《君道》（《伯牙琴》的首篇）。邓牧的《君道》比黄宗羲的《原君》早 350 多年，而且从历史上来看，其比黄宗羲的《原君》更准确。邓牧（而非黄宗羲）意识到在遥远的未来，天下将由全体人民而非单独个体（君主）来统治。邓牧在其《吏道》中说道："若犹未也，废有

① 笔者在《增补与删改：中国历史编纂学研究》（*Interpolation and Deletion: A Study of Chinese Historiograph*）的演讲中发出这一呼吁。该演讲发表于 1962 年 4 月 4 日在波士顿举办的亚洲研究协会年会（the annual meeting of the Association for Asian Studies）上。该演讲的简短摘要发表于 "Abstracts of Papers Presented at the Fourteenth Annual Meeting," *Journal of Asian Studies*, Vol. 21, No. 4, 1962, p. 626。本文的初稿在 1963 年 12 月邮寄给戴密微教授，他善意地提醒我注意佐藤震二的论文（《伯牙琴の思想と明夷待访录》，《东方学》1962 年第 23 期）。佐藤震二的论文不仅告诉我们 50 多年前，邓实就已经发现《伯牙琴》是《明夷待访录》的文献来源（笔者由此参阅了邓实的作品），而且指出侯外庐最近也赞颂邓牧是独立的思想家（笔者目前无法参阅侯外庐的著作）（参见侯外庐的《中国思想通史》第 4 卷下第 18 章第 2 节《宋元之际邓牧"异端"的社会空想》。——译注）。然而，佐藤震二未能发现邓牧《君道》的主要参考文献是《吕氏春秋》（由一群六国学者撰写，他们的祖国被秦国征服）。同时，佐藤震二没有揭示邓牧的死亡实为殉道。尽管笔者并不自诩深谙中国哲学，并且很多年来一直熟稔"坐忘"，然而本文或许还是可以稍稍有助于深化我们对邓牧的生平事迹和哲学思想的了解。本文绝非无所不包、详尽无遗。毋庸置疑，一些新的发现（尤其是笔者至今仍然无法参阅胡长儒的《石文集塘》）会进一步修正本文的观点。

② 谢翱与林景熙均盛赞邓牧的诗歌。邓牧曾教授了一名诗人李道坦，并且提携了另一位诗人戴天锡。参见《吴礼部诗话》（"钱塘李道坦坦之，早岁入道洞霄宫，学文于隐者邓牧牧心，盛为所称许。……戴锡祖禹能诗，因牧心推奖，遂知名。"——译注）。

司，去县令。”这便暗示了他的大胆解决方案：倘若君主不效忠人民的利益，那么他就应当被除职。这种看法不见于《明夷待访录》。此外，邓牧与黄宗羲均粗通中国的科学。但是邓牧的时空观在其所处时代非常先进。总而言之，邓牧的作品在质量上更胜一筹。毫无疑问，单就欣赏邓牧之“琴”而言，黄宗羲十分杰出。黄宗羲的爱国精神当然值得入祀，毕竟他追随了谢翱与林景熙的脚步。谢、林二人早已入祀，黄宗羲也应当得到同样的尊崇。

中国历史学家的传统责任之一是揭示隐秘的德行，以便颂扬那些默默无闻的英雄，这些英雄的言行值得称颂，但是遭到了遗忘。笔者认为黄宗羲的显赫声名过于其实，当之有愧。依据《伯牙琴》和《吕氏春秋》，邓牧和他的朋友应该获得更多的关注。总之，“君子疾没世而名不称焉”①，邓牧“明夷”太久了（Teng's light has been veiled too long）。②

① 《论语 · 卫灵公》。英译文见 James Legge, trans., *The Chinese Classics*, Vol. 1, p. 300（“the superior man dislikes the thought of his name not being mentioned after his death.”——译注）。可以比较狄德罗（Denis Diderot, 1713—1784）的名言：“哲学家的后世是宗教人士的另一个世界。”（La postérité pour le philosophe, c'est l'autre monde de l'homme religieux.）

② 笔者感谢戴密微教授的热心帮助，他帮助笔者修改本文的初稿，并最终定稿和发表。（本文是“宋朝项目”［*Sung Project*］［Paul Demiéville, “Étienne Balazs”, *T'oung Pao*, Vol. 51, 1964, p. 253］的部分成果。——戴密微注）

20世纪中国文论中的域外因素

——以文学概论/理论著作为中心*

王　波**

摘　要：20世纪中国文论的话语立场、理路、形态与文学概论/理论著作如何阐释文学的本质、特性、构成与发展有着密切联系。通过研究分析百年来文学概论/理论著作的主要内容发现，中国文论是在对域外文论移植与借鉴的基础上构建的，只不过每一阶段择取的域外文论主体有所不同，浪漫主义、写实主义、审美主义、无产阶级文学理论、后现代主义等域外文学理论或思潮先后产生过影响。基于自身文化需要，域外文论在中国的面目呈现出不同程度的转换和变异，同时也会对中国文论的本土性和民族性"削足适履"。域外文论"中国化"和"化中国"这同一进程的两面，共同构成了20世纪中国文论丰富复杂的图景。

关键词：中国文论　域外文论　文学概论　文学理论　文学阐释

20世纪中国文论除文学批评文章及著作外，还有数量颇多的具有知识体系的文学概论/理论著作。据《民国时期总书目·文学理

---

* 国家社科基金重大招标项目"二十世纪域外文论的本土化研究"（批准号：12&ZD166）之子课题"二十世纪域外文论与中国文论融通过程中的本土化因素"。

** 王波，清华大学中文系文学博士，国防大学军事文化学院学报编辑，主要研究领域：中国现代文论。主要代表作：《"近代的文学研究精神"——莫尔顿〈文学的近代研究〉与郑振铎的中国文学研究》等。

论》统计，从 1917 年至 1937 年，国人编著的“文学概论”著作有 40 余种。20 世纪后半叶，由于大学学科逐步纳入教育体制中，教育部组织专家力量集中策划编撰高校统一教材，文学概论/理论著作的数量与民国时期相比有所减少，但种类仍然繁多，既有统编教材，也有学者专著。可以说，20 世纪中国文论的话语立场、理路、形态与这些著作如何阐释文学的本质、特性、构成与发展有着密切联系，因此研究域外文论本土化的过程与机制也就绕不开这些著作。文学理论在 20 世纪是如何发生与演进的，在这一过程之中如何借鉴和移植域外文论的有关知识来构建自身的学科体系和话语，而在借鉴和移植的同时，又是如何对域外文论进行有选择的接受和误读，这些问题都是本文所探讨的对象。

一

陈平原指出：“‘文学史’之迅速崛起，主要得益于教育改革”，“晚清学部（以及民初的教育部）对于课程设置、教科书编写和学生考试方法的规定，乃‘文学史’神话得以成立的决定性因素”①。不仅仅是文学史，文学理论学科的建立和发展都与晚清的教育体制改革有关，而这一学科作为高等教育课程的确立，又带动着文学理论作为一种著作体例和知识体系的兴起和普及。

1904 年 1 月，张之洞在《筹议京师大学堂章程》（1898）、《钦定京师大学堂章程》（1902）的基础上重订大学堂章程，借鉴日本学制，分为八科，“文学科”是其中之一，其下又分为九门，其中之一是“中国文学门”。“中国文学门”修“主课”七类，包括“文学研究法”“历代文章流别”“古文论文要言”等。“文学研究法”的总纲说明是“研究文学之要义”，又有 41 条细则，包括字的形音义、文之致用及要求、辨体、文学与外在环境的关系、中国文学与外国文

① 陈平原：《文学史的形成与建构》，广西教育出版社 1999 年版，第 4 页。

学的对比参考等。[①] 这是时人在传统的知识谱系中对“文学”的整体定位，可看作具有知识体系的“文学理论”。

由此可知，自晚清京师大学堂学习日本学制始，中国文学门的学科设置就含有文学理论的雏形，此后这一学科也逐渐成为民国大学国文系/中国文学系的主要课程，并沿用至今，尽管学科内涵和外延与早期有所变化。文学理论一旦成为具备知识生产的学科进入教育体制，也就预示着一大批身在大学讲堂进行文学教育的专家学者需要编著文学理论讲义。可以说，自大学堂章程诞生之日起，随之而产生的教育体制就带有明显的域外色彩，而这一教育体制催生的文学理论学科也摆脱不了域外文论的影响。其中，中学与西学并存、旧识与新知杂糅，而在西学新知输入的过程中，日本又起到桥梁的作用。早期大学堂章程的制定者章百熙、张之洞等人固守“中学为体，西学为用”的观念，从课程说明可知，其仍遵从传统学术的脉络，而大学堂章程催生的晚清民初的一些著作域外色彩并不太浓烈，就话语方式而言，传统学术仍占主导地位。

姚永朴在北京大学的讲义《文学研究法》（1914）共 4 卷，24 讲，每卷 6 讲，卷一是起源、根本、范围、纲领、门类、功效；卷二是运会、派别、著述、高语、记载、诗歌；卷三是性情、状态、神理、气味、格律、声色；卷四是刚柔、奇正、雅俗、繁简、瑕疵、工夫，分别相当于“文学本质论和文学特征论”“文学发展论和文学体裁论”“文学作品论和文学批评论”“文学风格论”。[②] 关于文体论，姚氏将其分为著述、告语、记载、诗歌，4 大类 16 小类，不仅采用传统意义上的“文”之概念，而且与姚鼐、曾国藩的“文”之分类一脉相承。以刚柔、奇正、雅俗、繁简来铺叙文学风格，更是体现了自《易经》而始的中国古代二元辩证互补的思维方式和美学观念。因此，无论是从篇章体制、文体分类还是话语方式而言，姚氏《文

① 舒新城编：《中国近代教育史资料》（中），人民教育出版社 1981 年版，第 588 页。

② 许结：《姚永朴与〈文学研究法〉》，载姚永朴《文学研究法》，凤凰出版社 2009 年版，第 4—5 页。

学研究法》深深地渗透着传统文论的观念和话语方式，特别是桐城派文论的影子。

很多论者以为黄侃在北京大学讲授《文心雕龙》及其讲义《文心雕龙札记》是古代文论进入大学体制的标志。不过，1914 年始，黄侃在北京大学讲授的其实是“文学概论”课程，只是以《文心雕龙》为本。据《1918 年北京大学文科法科改定课程一览》记载，“文学概论”的课程说明是：“略如《文心雕龙》《文史通义》等类。”当时国文门学生杨良功回忆称：“黄季刚先生教文学概论，以《文心雕龙》为本，著有《文心雕龙札记》。”[①] 黄氏早年跟从章太炎学习文字学，后因自认经学不如刘师培而执弟子礼，因固守传统学术观念而与胡适等新文化人针锋相对。在北大文选派与桐城派的学术纷争背景下，黄侃讲授文学概论课程，选择集大成的《文心雕龙》理所应当。对于章太炎、刘师培的文学观念，他“折衷师说，以为言各有当”，“对文学特点的看法与刘勰相合，对文学领域的区分也与刘勰切合”[②]。

马宗霍少时受业于晚清经学大家王闿运，以治音韵学起家，后又完成《中国经学史》，因此他的《文学概论》（1925）明显地受到传统学术（经学、小学）的影响。他不仅专设两章“文学与语言”“文学与文字”，阐述语言的起源、言与文之关系、汉字的构造和组织，而且界定“凡构思结想，累字结句者，皆可称文”，并认同章学诚的文之定义。此外，对于文学本论，他将其分为“文学之内相”和“文学之外象”，前者包括神、趣、气、势，后者包括声、色、格、律，很明显受到姚鼐等桐城派文论的影响。不过，马氏虽然称得上传统意义上的士子，但毕竟身处中西思潮碰撞的现代中国，不可能规避时代大浪潮中的西学东渐。因此，书中的西学痕迹也十分明显。比如，书中还叙述“西人论文”“西洋文学之分类”“西洋文学之分

① 杨亮功：《早期三十年的教学生活》，台北传记文学出版社 1980 年版，第 20 页。

② 周勋初：《黄季刚〈文心雕龙札记〉的学术渊源》，载黄侃《文心雕龙札记》，上海古籍出版社 2000 年版，第 6 页。

体”“西洋文学之派别”等内容。只是，中学、西学在书中像平行不相交的双线，各说各话，作者并没有尝试进行融合与沟通。

相比较而言，刘永济的《文学论》（1922）则开始尝试中西文学观念的交融与互通。作者以毛尔登（Moulton）的文学原质说（描写、表演、反射）和狄昆西（De Quincey）的文学分类（学识之文、感化之文）为理论框架，整合中国传统文学的文体。而且，他还以梁元帝之“笔”与“文”、曾国藩之“理”与“情”来呼应狄昆西之“学识之文”与“感化之文”。尽管作者在“文学与他种学术之异同”一节中，辨认文学与宗教、哲学、科学等其他学术类别的区别，甚至给文学下了一个接近纯文学的定义：“文学者，乃作者具先觉之才，慨然于人类之幸福有所贡献，而以精妙之法表现之，使人类自入于温柔敦厚之域之事也”①，但要求文学对于人生之作用及“温柔敦厚”之文教又深深烙印着传统文论的影子，而且书中所述文体更接近于广义“文”之概念。但不可否认的是，西方文论观念和话语已经逐渐抬头。

戴燕指出，林传甲对中国文学史“这门新兴学科的范围、内容和手段的认识，多少有些介乎中西、古今之间的摇摆和含糊：既要照顾被模仿被吸收的西方学理，又要迁就传统的中国学术思维的定势”②。这个评价也适用于姚永朴、黄侃、马宗霍、刘永济等最早的一批尝试撰著文学概论著作的知识分子。尽管和陈独秀、鲁迅、钱玄同等新文化运动者同代，但他们大都没有留洋生涯，西学对于他们的熏陶和冲击微乎其微，而且自幼的传统教育又根深蒂固，使得他们即使讲授受西学教育体制影响而设立的文学概论课程，以及撰著就著作体例而言是“舶来品”的“文学概论”，自始至终并没有摆脱传统的言说方式，所采用的文学概念仍兼有文章与学术二义。当然，时间稍微延后的刘永济比之姚永朴等人，已经接受西方思潮和观念的灌输，开始尝试中西诗学的混杂乃至交融，只不过西方诗学并未占据主导地

① 刘永济：《文学论》，商务印书馆1924年版，第21页。

② 戴燕：《文学史的权力》，北京大学出版社2002年版，第7页。

位，但已经预示了逐渐加重的趋势。

二

五四文学革命时期，西方浪漫主义、自然主义、唯美主义等各种思潮席卷而入。虽然“五四文学革命论者要求文学成为宣传新思想的工具，但这种新思想（个体自由主义）却鼓励作者和读者反对任何工具性要求，因此，一旦将这种思想贯彻到底就必然走向文学自主和个体自由”。[①] 文学自主论的表现就是“纯文学”观念的确立。1920年，胡适在致钱玄同的信中谈道，文学需具备三个条件：“第一要明白清楚，第二要有力能动人，第三要美”，核心是“表情达意”。[②] 郑振铎在《什么是文学》中把“想象”“表现人们的思想与情绪”定义为文学的要素。[③]

除了新文学文艺家对文艺自主论近乎宣言式的表达，对“纯文学”观念更理论化的论述体现在文学理论著作中，其中欧美及日本的同类著作起到了关键作用。郁达夫在《英文文艺批评书目举要》一文中列举了有关文学理论、文学批评的英文书目。这些著作被翻译成中文者虽是少数，但在当时文艺理论家中间流传却十分普遍。特别是第四部分的“文学概论”著作——Winchester：Some Principle of Literary Criticism；Moulton：The Modern Study of Literature；Hudson：An Introduction to the Study of Literature；Dudley：The Study of Literature，四书对于当时编著的文学概论著作影响甚大，引用、借鉴原书观点和论述者比比皆是。比如，温彻斯特（Winchester）的《文艺评论之原理》把文学的四要素规定为情绪、想象、思想、形式。

① 余虹：《革命·审美·解构——20世纪中国文学理论的现代性与后现代性》，广西师范大学出版社2001年版，第12页。

② 胡适：《什么是文学（答钱玄同）》，载《胡适文集》第2卷，北京大学出版社1998年版，第149页。

③ 郑振铎：《什么是文学》，载《郑振铎文集》第3卷，花山文艺出版社1998年版，第392页。

胡行之《文学概论》第四章“文学底要素”直接复制温彻斯特《文学评论之原理》中的四要素。[①] 赵景深在《文学概论》中先从文字、感情、想象、思想、艺术等五方面定义文学[②]，后又分“文学与想象”“文学与情感”“文学与思想”“文学与语言”四章对其进行专门论述。田汉《文学概论》第四章“文学的要素”从三方面展开：“美的情绪”“想象”“思想”。[③] 此章虽然没有涉及“形式”这一要素，但后面又单设“文学与形式”一章。潘新年《文学概论》把文学分为内质和形式两大核心，内质又分为情绪、想象和智慧[④]，此仍是温彻斯特之文学四要素的变异。

再如，杜德莱（Louise Dudley）的《文学之研究》认为，文学的特性包括永久性、个性、普遍性。田汉《文学概论》设“文学的特性”一章，直接移植杜德莱的说法。赵景深《文学概论》也列“文学的特质”一章，论述文学的普遍性、永久性两方面，虽然此处略去“个性”这一特性，但后又专设“文学与个性”一章。赵氏不仅接受杜德莱的观点，而且在具体论述时大段引用作者的原文，说直接翻译原书也不为过。[⑤] 孙俍工《文学概论》也有“文学的性质”一节，把文学的性质概括为永远性、普遍性、个性、了解性、同化性，前三种复制杜德莱的观点，后两种是嫁接胡适之“懂得”和梁启超之“熏、浸、刺、提”的说法。胡行之《文学概论》第三章“文学底特质”也包括永久性、普遍性，只不过在此之外又添加了“暗示的艺术”。

以上只是从文学的要素和文学的特性两方面展示 20 世纪二三十年代的文学概论著作是如何借鉴或移植域外相关著作，管中蠡测，可以了解当时作者在撰著文学理论或文学概论时，域外文论起到了何等重要的作用。他们或取法欧美，或借鉴日本，即使是后者，日本也往

① 参见胡行之《文学概论》，乐华图书公司 1933 年版，第 14—18 页。
② 参见赵景深《文学概论》，世界书局 1932 年版，第 5—9 页。
③ 参见田汉《文学概论》，中华书局 1927 年版，第 15—25 页。
④ 潘新年：《文学概论》，北新书局 1928 年版，第 49 页。
⑤ 参见赵景深《文学概论》，世界书局 1932 年版，第 11—20 页。

往只是扮演中介的角色。比如，本间久雄《文学概论》受到温彻斯特《文学评论之原理》与哈德森《文学研究之入门》二书的影响。[①]而且，有时候不仅仅是观点或材料方面的移植，甚至是直接照搬域外著作。1925 年，郁达夫《生活与艺术》一文分上、下两篇先后发表于《晨报副镌》。作者承认，文章所依据的是有岛武郎《生活与艺术》一书的前几章，甚至称为“编译”[②]，后来此篇成为《文学概说》（1927）一书的第一章。有些著作全书的论述框架借鉴于域外著作，比如赵景深《文学概论》就是参考了本间久雄《新文学概论》的理论框架。

国内编著者在移植或译介域外文学理论著作时，很难做到真实还原，出于自身的文化立场和选择，往往会出现以中国文学经验来印证外来理论的现象，即“以中格西”，或者说域外文论的本土化。1920 年，梅光迪以温彻斯特《文学评论之原理》作为南高师暑期学校文学理论课程的教材，该课程的学生景昌极、钱堃新以文言翻译该书的译本于 1923 年出版。但译本并不是对原著的忠实翻译，不仅删去论诗歌的一章，以吴宓的《诗学总论》作为附录而替代，而且在翻译过程中以中国文学例证对原著所选择的作品进行大量置换，而这种意义置换不仅“用于对文化激进主义的批评和证伪”，而且“通过中国文学经验来理解西方理论，为外来资源打上了中国烙印”。比如，译者用“有启示道德之力，仁者乐山，智者乐水，观夫茅舍炊烟而忆室家之乐”来翻译温彻斯特阐释文学赋予自然景物以道德暗示，“这种简化的处理方式删减了原著中西方人对自然景物的审美体验，……使中国读者难以真正了解西方文学的伦理维度”。[③] 这种内容置换或意义错位的案例并不鲜见，译者为了便于国内读者接受，常常忽略中西文学现象或理论的不可通约性因素，从而对西方文学或理论进行改

① 参见张旭春《文学理论的西学东渐——本间久雄〈文学概论〉的西学渊源考》，《中国比较文学》2009 年第 4 期。

② 参见郁达夫《生活与艺术》文末附语，《晨报副镌》1925 年 4 月 10 日。

③ 马睿：《作为文化选择与立场表达的西学中译——温彻斯特〈文学评论之原理〉中译本解析》，《中山大学学报》2013 年第 1 期。

造，于是不可避免地出现误读、同化域外文论的地方。

除了早期的姚永朴、黄侃、黄宗霍等著作，五四之后文学概论著作的理论框架、话语方式往往是域外的，以输入文学观念和知识为主，大多采取以中国文学或文论的本土经验来阐释域外文论的策略，因此往往出现域外文论的“中国化”。

三

1928 年，后期创造社、太阳社成员开始运用从日本贩来的革命文学理论攻击五四新文学作家，连鲁迅、茅盾也未幸免，同时把五四新文学描述为代表着小资产阶级的意识形态，郭沫若甚至把鲁迅批判为“资本主义以前的一个封建余孽”[①]。成仿吾在《从文学革命到革命文学》中指出：“在这个无产阶级对资产阶级进行革命的时代”，“我们要努力获得阶级意识，我们要使我们的媒质接近农工大众的用语，我们要以农工大众为我们的对象”。[②] 李初梨在《怎样地建设革命文学》中借鉴马克思主义意识形态与经济基础的理论，论证无产阶级文学取代五四新文学的必然性与正当性。这种“拿来主义”的革命文学理论分析中国文学，难免走向简单化和模式化，以致压抑文学的多样性和丰富性。论争之初，茅盾发表《从牯岭到东京》，指出革命文艺所存在的问题：不仅忽视文艺的本质，排斥小资产阶级于劳苦群众之外，而且质疑新写实主义在中国现阶段的适应性。不过，在革命文学疾风暴雨的口号式宣传下，不久茅盾转向，在 30 年代初写作《“五四”运动的检讨》，承认“时代走上了新的机运，‘五四’埋葬在历史的坟墓里了”。[③] 鲁迅在写《三闲集》序言时也承认：“我有一件事要感谢创造社的，是他们‘挤’我看了几种科学底文艺论，明白了先前的文学史学家们说了一大堆，还是纠缠不清的疑问。

① 郭沫若：《文艺战线上的封建余孽——批评鲁迅的〈我的态度气量年纪〉》，《创造月刊》1928 年第 2 卷第 1 期。

② 成仿吾：《从文学革命到革命文学》，《创造月刊》1928 年第 1 卷第 9 期。

③ 茅盾：《“五四”运动的检讨》，《文学导报》1931 年第 1 卷第 2 期。

并且因此译了一本普力汉诺夫的《艺术论》，以利正我——还因我而及于别人——的只信进化论的偏颇。”[①] 他认为，马克思主义文艺理论是“科学底文艺论”，而之前独尊进化论是一种“偏颇”。此后，进化论不再占据思想界的主导地位，而唯物史观被越来越多的人认同和接受。

在革命文学理论传播的过程中，先后有两次大规模的译介工作。30 年代初，上海水沫书店计划出版 14 种“科学的艺术论丛书”[②]，译者有鲁迅、冯雪峰、冯乃超、沈端先等，译介对象大部分是苏俄理论家，包括普力汉诺夫、卢那卡尔斯基、梅林格等。1928 年到 1932 年，陈望道在大江书铺主持出版《文艺理论小丛书》，译介对象大部分是日本左翼理论家，包括藏原惟人《新写实主义论文集》等。这两种丛书是国内读者学习和接受马克思主义文艺理论的系统读本，同时也成为不少著作的参考书目。

尽管文学概论著作不像具体的文学批评一样接受域外文论具有时效性，也不像后者那样容易陷入社团的文学论争旋涡之中，但也会不可避免地受到思想潮流的影响。革命文学理论兴起后，具备想象、情感、审美等要素的文学属性以及以进化论阐释文学发展的理论思路不再占据中心地位，文学的意识形态属性开始被强调，同时出现了不少在阶级论框架内论述文学的性质，以及以唯物史观阐释文学历史发展的著作。

顾凤城《新兴文学概论》（1930）分为三篇，分别是“什么是普罗列塔利亚文学”“普罗列塔利亚文学的内容和形式”“普罗列塔利亚文学批评的基准”。作者指出，文学的本质属性是阶级性和意识形态，普罗列塔利亚写实主义与旧写实主义之区别在于，前者“站在前卫阶级的，群众的，集体的见地上，是配合着普罗列塔利亚的革命

---

① 鲁迅：《〈三闲集〉序言》，载《鲁迅全集》第 4 卷，人民文学出版社 1981 年版，第 6 页。

② 包括普力汉诺夫《艺术论》《艺术与社会生活》《艺术与文学》，波格达诺夫《新艺术论》，卢那卡尔斯基《艺术之社会的基础》《艺术与批评》，列什涅夫《文艺批评论》，梅林格《文学评论》等。不过，由于很快遭到当局查禁，14 种并未出全，仅出 8 种。

战争，是向着新时代的全人类解放的路上走的”。[①] 可以看出，这本著作带着无产阶级文学主张的烙印，其源头则是藏原惟人的新写实主义理论，全书多处引用借鉴他的理论观念。谭丕模《新兴文学概论》(1932) 运用大量篇章驳斥唯心论的文学论，文学的永久性、普遍性，天才表现说，文学个性说，文学的国民性等观念，并指出文学是现实生活的反映、受经济支配、有时代性和阶级性、能够指导阶级斗争。从书后的参考书目而知，作者参阅了苏俄和日本的无产阶级文学理论。

如果说 30 年代革命文学理论还仅仅是采取斗争者的姿态在文坛扩大公共空间，那么 1942 年毛泽东《在延安文艺座谈会上的讲话》明确表示“文艺为工农兵服务”后，特别是 1952 年第二次全国文艺工作者代表大会指定它为文艺创作和批评的最高准则，社会主义现实主义开始被权威理论家反复阐释，文学概论著作大都涂抹着列宁主义文论的色彩。

随着苏联文论的输入及其“中国化”，“文艺学”这一学科名称开始在国内普及，并逐渐地取代沿用 30 多年的“文学概论”“文学理论”。50 年代中期，毕达可夫、柯尔尊先后在北京大学和北京师范大学授课，其讲稿《文艺学引论》《文艺学概论》先后出版[②]，再加上谢皮洛娃《文艺学概论》的出版，苏联文艺学模式在中国大陆大行其道，“文艺学”这一学科名称开始进入教育部的学科体制，并一直沿用至今。不过，“文艺学”名称其实与当初苏联所使用的含义并不对等，存在着片面的“中国化”。50 年代初，季摩菲耶夫《文学理论》由查良铮翻译出版，分为三册：《文学概论》《怎样分析文学作品》《文学发展过程》。季摩菲耶夫虽然并未使用“文艺学”这一称谓，但指出，文学的科学包括文学理论、文学史、文学批评，而文学理论只是相当于文艺学引论。[③] 之后，作为季摩菲耶夫学生的毕达

① 顾凤城：《新兴文学概论》，光明书局 1930 年版，第 137 页。

② 前者由高等教育出版社 1958 年 9 月出版，后者由高等教育出版社 1959 年 12 月出版。

③ 参见季摩菲耶夫《文学概论》，查良铮译，平明出版社 1953 年版，第 4 页。

耶夫延续着其师的这一说法，把“文学的科学”称为“文艺学”，而且明确地指出：“研究文学的科学，叫做文艺学”，而“文艺学包括文学研究各领域的三门独立的科学，即文学理论、文学史和文学批评”。[①] 柯尔尊、谢皮洛娃皆认同这一界定。国内沿用的“文艺学”概念经过了变异，并不像在苏联那样涵盖文学理论、文学史、文学批评，而仅仅指“文学理论”。

1957 年，蒋孔阳在北京大学聆听毕达可夫授课后，撰写《文学的基本知识》。该书虽然分 28 个小题目，但较为系统地介绍了文学的基本知识，主要分为文学的原理、文学的作品分析、创作方法和文学样式三部分，其结构参考季摩菲耶夫的《文学原理》。作者试图向文艺理论民族化的方向努力：“在结合中国文学的具体情况上面，作者也曾经在主观上作了很大的努力。作者认为，文艺理论应当尽可能民族化。”[②]

教育部 1956 年 8 月编订的《师范学院中国语言文学系文学概论试行教学大纲》（以下简称《教学大纲》）发行，编写方针是“发扬文学为人民服务、为社会主义服务的精神……贯彻马克思列宁主义和马克思列宁主义与中国实际相结合的文艺方针”[③]，内容分为三个单元：“文学和生活”“文学作品的分析”“文学发展的过程”，很显然参考了毕达可夫的文艺学理论模式。《教学大纲》的主要观念、框架、章节与毕达可夫的相关内容大体一致，只是稍有微调，第一编增加“文学的民族性”一章，第二编增加“文学作品的评价”一章，第三编增加“文学的种类”一章，而“文学的种类”一章应该是借鉴季摩菲耶夫著作的内容。在此之后编写的文艺学概论教材都接受毕达可夫的文艺学理论和《教学大纲》的框架模式。李树谦、李景隆《文学概论》（1957）内容包括三个部分：“关于文学的一般学说”“关于文学作品构成的学说”“关于文学过程的学说”，受季摩菲耶夫

① 毕达耶夫：《文艺学引论》，高等教育出版社 1958 年版，第 3 页。

② 蒋孔阳：《致读者》，载《文学的基本知识》，中国青年出版社 1957 年版，第 5 页。

③《师范学院中国语言文学系文学概论试行教学大纲》，高等教育出版社 1957 年版，第 2 页。

和毕达可夫文艺学学科模式很大影响。冉欲达等的《文艺学概论》（1957）分为三编："文学与生活""文学作品分析""文学的发展过程"，基本照搬教育部教学大纲，甚至章节也一致。霍松林称，《文艺学概论》（1957）"这部稿子因为原来是讲课用的讲稿，所以基本上是吸取大家的研究成果'编'成的"[①]，所谓"大家的研究成果"是指苏联的文艺学理论及其后的教学大纲，前两编"文学和生活""文学作品的分析"参考教学大纲中的第一、二单元，只不过把教学大纲中的第三单元"文学的发展过程"分为"文学的种类""创作方法"两编。刘延文《文学概论》（1957）分为文学的任务、文学的特征、文学的思想性和艺术性、创作方法、文学的种类五编，但具体章节也和教学大纲高度吻合。这些教材著作虽然有各自的叙述方式，但主要观念却一致，比如文学的阶级性、人民性；文学的特征是形象和典型；文学作品是包括内容（主题、思想和情节）和形式（结构、语言和体裁）的统一；提倡社会主义现实主义的创作方法；文学的种类包括诗歌、小说、戏剧和散文，等等。一直到以群主编的《文学的基本原理》（1964），也是如此，只不过比之前的教材更加重视文学批评，单列第三编，包括文学鉴赏和文学评论两章。

五六十年代国内文学理论著作受季摩菲耶夫、毕达可夫文艺学理论模式的影响，就框架内容而言，可以说大体一致。但是，苏联文论是如何借着马克思文艺理论的外衣以"科学"方法论的名义产生影响的？夏中义以学案研究方法对毕达可夫的反映论进行了源流考辨。他指出，毕达可夫文学反映论是列宁哲学反映论到文艺学方法论的一项"转基因"工程："列宁反映论内涵结构因被注入外源性的斯大林权力语素，而致使一种古典哲学方法变异为另种润色现实的虚妄性的阐释道具。"[②] 而这一工程存在着对马克思美学的挑战，具体表现为："限制"其影响范围、"利用"以涉足文学功能、"改造"以确立

① 霍松林：《后记》，载《文艺学概论》，陕西人民出版社 1957 年版，第 314 页。

② 夏中义：《反映论与毕达可夫〈文艺学引论〉——中国文论学科的方法论源流考辨》，《学术月刊》2015 年第 1 期。

“马列文论”称谓，最后造成“以反映论来钦定‘文学本质’、用马克思美学来点缀‘文学功能’”的格局。而这一文论格局影响了中国文论界近30年。可以说，毕达可夫的现实主义和反映论是对马克思有关美学论述的误读，而当时中国对于马克思美学的接受经过了两次移植：马克思美学“苏联化”和苏联文论“中国化”，经过这两次转换，马克思美学在中国的模样已发生变异。

四

随着“文化大革命”的结束，人道主义话语和审美文学理论开始抬头，并很快地占据思想界中心。经过朦胧诗论争和人性论争，“文学表现自我”“文学是人学”成为界定文学的标签。谢冕在《在新的崛起面前》中借助五四新诗传统来为朦胧诗的合法性辩护。孙绍振在《新的美学原则在崛起》中直接表达诗歌“表现自我”的主张：“他们不屑于做时代精神的号筒，也不屑于表现自我感情世界以外的丰功伟绩”[①]，并认为传统美学的失误在于以政治的实用价值来衡量艺术领域，从而导致取消艺术。徐敬亚更是大声喊出：“‘诗人首先是人’——人，这个包罗万象的字，成了相当多中、青年诗人的主题宗旨。”[②] 1985年，刘再复发表《论文学的主体性》，全面阐释了文学的主体性原则。他分别论述了作为对象之人物形象的主体性、作家的主体性、读者和批评家的主体性，批判了文学观念上的“机械反映论”，呼吁“构筑一个以人为思维中心的文学理论与文学史的研究系统”，以取代旧的文学理论系统。[③] 一个崭新的中国文论体系呼之欲出。

不过，文学理论著作的学术写作不同于文学观念的论争容易受政治形势和域外思潮的影响，稍有滞后性。80年代初，一些文学概论

① 孙绍振：《新的美学原则在崛起》，《诗刊》1983年第3期。

② 徐敬亚：《崛起的诗群》，《当代文艺思潮》1983年第1期。

③ 刘再复：《论文学的主体性》，《文学评论》1985年第6期。

的著作模式仍是沿着毕达可夫的框架书写，比如蔡仪主编《文学概论》(1979)、刘德重《文学概论》(1981)、李衍柱《文学概论》(1983)等，文学反映论、文学的阶级性、形象和典型等观念仍然显著。

直到80年代中期，文学审美论才开始进入高等院校的教材著作。1984年，童庆炳编写的《文学概论》由红旗出版社出版。作者开始纠正“文学是现实的形象反映”这一观念，把审美这一元素重新纳入文学的本质之中，规定文学是“社会生活的审美反映”，并指出“审美是文学的特质”，文学的表现对象是“整体的、具有审美属性的社会生活”。[①] 曲本陆、郭育新编著的《文学概论教程》在原先的文学本质观念之上增加“能动”一词：“文学是社会生活的能动的反映”，突出文学创作主体的主体性，并鲜明地指出：“文学是人学。”[②] 虽然文学仍然是反映社会生活，但作者认为，文学反映社会生活有自己的特殊途径，即审美性、形象性、情感性、想象性。压抑很久的审美、情感、想象等要素重新回到文学的园地。关于文学的功能，除了教育功能，作者还强调了认识功能、美育意义与娱乐意义。1988年，童庆炳《文学理论导引》结合马克思主义话语和文学审美主义话语给文学下了一个经典的定义：“文学是一种审美意识形态。”而且，作者受西方接受美学的影响，把文学看作一个活动系统，包括四大要素：生活、作家、作品、读者，并重视读者这一要素：“作品也不等于就是文学，如果把作品束之高阁、藏于密室，它就是死的”[③]，因此单设第四编“批评鉴赏论”。此外，关于文学的功能，作者批判之前的政治标准代替艺术标准的单纯功利主义倾向，特别是“文学是阶级斗争工具”说，指出文学功能主要是审美教育功能，具有寓教于乐、动人以情、潜移默化等特点。此后，审美进入国家教育部门对于文学的权威认定。国家教委社科司编的《文学概论教学大纲》认

---

① 童庆炳：《文学概论》，红旗出版社1984年版，第47页。

② 曲本陆、郭育新：《文学概论教程》，东北师范大学出版社1985年版，第17页。

③ 童庆炳：《文学理论导引》，高等教育出版社1988年版，第3页。

为，文学是意识形态，是艺术掌握世界的方式，不同于一般社会意识形态之处在于“以审美情感为心理中介来反映生活”①，基本特点是个别性与一般性的统一、再现性与表现性的统一、真实性与假定性的统一、精神性与物质性的统一。

80年代以来，审美主义和人性论先后渗入文学理论著作中，这与时代的改革开放与思想解放运动密不可分。在新的文化政策引导下，理论批评家开始对新中国成立后长期以来的文学工具论进行反拨，要求淡化文学的功利性、政治性与意识形态性，于是走向文学自律论以及审美性和人道主义诉求。在这一过程之中，文学工具论批评者运用了两大思想武器：五四新文学传统和西方自康德以来的无功利性审美传统。而五四新文学正如梁实秋所说，“就是外国式的文学”②。归根结底，新时期文学理论仍受西方审美主义的影响，评价标准仍参考西方标准，以此衡量，传统的“文以载道”“兴观群怨”等颇具民族特色的文艺理论仍被看作带有功利主义的色彩，与“真理性”的文学理论无缘。可见，以域外文论评价、阐释中国文学和文论的理论模式仍然存在。

五

进入90年代，文化研究开始兴起，福柯、德里达、利奥塔等后现代主义者对于西方形而上学的反思和批判在中国的影响也日益显著。这股后现代主义思潮核心之一就是反“本质主义”。何谓本质主义？在本体论上，“假定事物具有超历史的、普遍的永恒本质”；在知识论上，“设置了以现象/本质为核心的一系列二元对立，坚信绝对的真理”。③ 而反本质主义就是对这种观念的反拨。自然，反本质主义思潮也渗入文学理论领域：“由于反本质主义的后现代主义与兴

① 国家教委社科司编：《文学概论教学大纲》，高等教育出版社1993年版，第8页。

② 梁实秋：《现代中国文学之浪漫的趋势》，载《梁实秋批评文集》，珠海出版社1998年版，第51页。

③ 陶东风主编：《文学理论基本问题》，北京大学出版社2004年版，第3页。

起于20世纪后半期、至今仍然盛行不衰的文化研究（Cultural Studies）的影响，当代西方的一些文学理论家早已开始对‘文学’以及文学的‘本质’采取一种历史的、非本质主义的开放态度，而且强调‘文学本质’各种界定的具体社会文化语境而不是寻找一种普遍有效的‘文学’定义。他们不把‘文学’视作一种可以一劳永逸地解决的概念，而是转向把‘文学’视作一种话语建构。”[①] 伊格尔顿《20世纪西方文学理论》、乔纳森·卡勒《文学理论导论》都首先就“什么是文学”进行了思辨，二者都否认存在永恒的、固定不变的文学定义。

在此思潮影响下，国内一些文艺理论家开始审视之前文学理论模式的危机，意识到审美对于文学理论的绑架：“审美作为文学的特性是历史的产物，而非天生如此。另外，认为审美是历史的本质无形中陷入了褊狭之境，它既忽视了‘审智’，也把审美在特定历史结构中所扮演的角色脸谱化、定型化。”[②] 不仅如此，追求“文学本质”的旧模式最大的弊端就是本质主义思维，这种“以各种关于‘文学本质’的元叙事或宏大叙述为特征的、非历史的本质主义思维方式严重地束缚了文艺学研究的自我反思能力与知识创新能力，使之无法随着文艺活动的具体时空语境的变化来更新自己”。[③] 2009年，《文艺争鸣》设置“关于文艺学的建构论与本质论的讨论”专栏，刊发了大文章，引起“本质主义”与“反本质主义”之争。

文艺理论反思进行的同时，重建也逐步进入尝试阶段。进入新世纪，陶东风《文学理论基本问题》（2004）、王一川《文学理论》（2003）、南帆《文学理论基础》（2008）三本著作皆对旧文学理论模式不满，试图以西方后现代思维来重构文学理论。现以陶东风《文学理论基本问题》为例，说明文学理论如何接受后现代思潮进行自我革新。

---

① 陶东风主编：《文学理论基本问题》，北京大学出版社2004年版，第8页。

② 王伟：《反本质主义、文论重构与中国问题》，《文艺争鸣》2013年第1期。

③ 陶东风主编：《文学理论基本问题》，北京大学出版社2004年版，第1页。

陶东风《文学理论基本问题》放弃文学理论著作分为“本质论”“创作论”“作品论”“批评论”的通行体例，注重文学理论知识的历史具体性、差异性以及地方性，选取不同国家与民族的文学理论共同涉及的基本问题和重要概念，揭示其知识生产的社会历史条件。比如，在“什么是文学”一章中，作者历史地叙述了“文学”这一概念在中西文学理论中的形成、成熟与发展。民国时期的文学理论著作在界定什么是文学时，也常常列举中外不同时期对于文学的定义，但只是简单地排比，并没有将之语境化，而且往往总结出一个永恒的文学定义。而陶东风《文学理论基本问题》拒绝给文学下一个超越时空和地域的具有普遍性的定义，而是指出在某一国别的某一时期文学是什么。“思维方式”“文学与世界”“传统与创新”等章的内容体例也是如此。很明显，书中的反本质主义思维来源于西方的后现代思潮，作者的思路就是“以当代西方的知识社会学为基本武器重建文艺学知识的社会历史语境，有条件地吸收包括‘后’学在内的西方反本质主义的某些合理因素，以发挥其建设性的解构功能（重新建构前的解构功能）”。① 具体而言，其中影响较大的是福柯提出的历史学研究的“事件化”和布尔迪厄倡导的社会科学的反思性。

通过分析百年来文学概论/理论著作中的域外因素，可以发现，每一阶段文学理论的话语方式、理路与规则某种程度上带着域外文论话语的因素，简单言之，即是对域外文论移植与借鉴的结果。尽管不少文艺理论家结合中国具体的文学经验，尝试建构具有民族特色的中国文论，但这一大的趋势却难以否认，只不过每一阶段借鉴的域外文论的主体内容有所不同。晚清民初，姚永朴、马宗霍等文学概论带有桐城派文论以及传统诗教的影子；五四时期，受温彻斯特等西方理论家影响，情感、想象、永恒性、普遍性等纯文学特质在文学概论著作中占据中心地位；20世纪20年代后期，革命文学理论开始兴起，文艺理论家借鉴苏俄和日本无产阶级文学理论编著文学概论，而毛泽东《在延安文艺座谈会上的讲话》促使列宁主义文论成为标准，特别是

① 陶东风主编：《文学理论基本问题》，北京大学出版社2004年版，第8页。

五六十年代，季摩菲耶夫、毕达可夫的文艺学模式在中国大行其道；新时期，审美主义和文学人性论、主体性渗入文学理论著作中；90年代后，在后现代主义的反本质主义影响下，文学理论著作突破旧模式，追求文学理论的历史具体性。在这种文学理论“西学东渐”的输入过程中，由于自身本土的文化需要以及译介过程中的创造性叛逆，域外文论在中国的面目出现不同程度的变异。而且，“当异质理论原型被转型为研究文学的方法，它未必已准备好自行微调以契合对象的本体需求，恰恰相反，他往往会‘削足适履’，不惜轻侮对象的独特性与丰富性”①。这种“削足适履”就是以西方文论话语标准阐释中国文论，以至于往往会压抑、遮蔽中国文论的本土性和民族性。域外文论“中国化”和“化中国”这同一进程的两面，共同构成了20 世纪中国文论丰富复杂的图景。②

① 夏中义：《反映论与毕达可夫〈文艺学引论〉——中国文论学科的方法论源流考辨》，《学术月刊》2015 年第 1 期。

② 需要指出的是，为说明 20 世纪中国文论的主流和脉络，本文主要论述了在当时发生主要影响的文学理论或思潮，其余的潜流或支线虽然存在着，但和主脉比较而言，存在空间和影响相对有限。

域外新论

对话与符号：贝蒂阐释学的语言之维

李　岳*

摘　要： 在阐释学研究领域，语言和理解的关系问题是推动阐释理论发展的关键环节。德国学界发生的语言学转向，形成了对工具性语言观的批判和对启蒙理性的有力反拨，推动了现代阐释学本体论、方法论两条理论路径的革新。就方法论阐释学而言，贝蒂的语言学构造立足于洪堡语言哲学对主体间交流的优先考量，以鲜活对话和自然理解作为理论的出发点，强调语言活动中的主体敞开和彼此承认。通过对意向性、语言形式问题的反思，贝蒂主张语言具有活态的历史性、整体性，并构成了对话理解之所以可能的条件。经由符号意义理论的广泛考察和对皮尔士符号思想的借鉴，贝蒂形塑了一种开放性的语言符号结构，用以支撑阐释的交流性和持续性，进而保障人文领域的对话性真理。

关键词： 埃米里奥·贝蒂　阐释学　语言　对话　符号

在人类精神科学（Geisteswissenschaften）的历史发展和持续研究过程中，逐渐产生了阐释学这一致力于探讨意义理解之基本问题的理论领域，并形成了方法论、本体论两条路线的分野。自 20 世纪后半

* 李岳，中国社会科学院大学博士研究生，研究方向：文学阐释学、西方阐释学理论、比较文学。

叶以来，“西方阐释学以本体论研究为主潮，而方法论阐释学派，无论赫施，还是贝蒂，似为边缘。”① 这就导致时至今日，海德格尔、伽达默尔这一本体论脉络的阐释学研究成为显学，并形成了广泛、深入的学术研究成果；但对方法论阐释学的相关探讨却较为匮乏，亟待当代学人补足。

从具体的探究视角来说，阐释学的研究必然离不开对语言问题的关注，正如伽达默尔的名言——“能够被理解的存在就是语言”。然而，由于本体论阐释学的理论探讨深刻地扎根于对语言问题的阐发，这就导致学界对其相关的语言问题研究十分充分，“语言—阐释”也已然成为哲学阐释学的标志。但是这一印象并不符合理论发展的实际情况。我们需要注意的是，方法论阐释学的理论进路同样立足于对语言问题的深入思考，只是囿于其思想传播的局限，未能得到学界应有的重视。缘此，本文试图以方法论阐释学的代表性人物埃米里奥·贝蒂（Emilio Betti）的语言学、符号学省思作为研究的重心，探讨和呈现其阐释学理论体系中的语言学框架，以此来补充相关研究的不足。

一 阐释理论与语言问题：联结与分野

人类的意义理解活动与语言问题紧密地纠缠在一起。综观现代阐释学的发展，德国学界所发生的语言学转向极大地推动了有关人类理解问题的崭新思考。无论是以海德格尔、伽达默尔为代表的本体论阐释学，还是以狄尔泰、贝蒂、哈贝马斯、利科为代表的方法论阐释学，都受到“哈曼—赫尔德—洪堡”语言学研究的深刻启迪。这一影响主要体现在两个方面：其一，这一传统对意识哲学之工具论语言观的批判，使得语言摆脱了单纯作为媒介工具的地位，并被赋予了思想的构成性功能，从而令语言问题兼具了先验性和经验性的两重维度。其二，它阐明了语言构造主体思维的作用。人类的精神活动，在先验、经验两个层面上都无法摆脱语言的构成性限定，这一理论立场

① 张江：《中国阐释学建构的若干难题》，《探索与争鸣》2022 年第 1 期。

使得语言问题有力地侵入了自启蒙主义以来属于理性的绝对领域，使得混杂、感性的语言和抽象、逻辑的理性在人类的精神世界中构成了复杂的互动关系。以此，语言问题也成为反思理性主义、捍卫人文传统的重要维度。①

这两重理论倾向都被现代阐释学接受，无论是对语言工具性的批判，还是对启蒙理性的反拨，都推动了阐释学理论中相关问题的全面深化。但是，本体论阐释学和方法论阐释学这两条路径在接受这一语言学传统时，缘于二者志趣的分野，各自选定了不同的理论侧重点。本体论阐释学的发展主要是沿着洪堡语言哲学所揭示的语言作为“世界—展开”的路径进行语言问题的思考，使其成为此在“在—世界—之中存在”的构成性要素，最终把人类存在的可理解性锚定在意义整体的语言性当中。更为具体地说，本体论阐释学为了反对意义的客观化传统，自海德格尔开始就反对将语言划定为主体的一种能力，并弱化了语言作为媒介、工具的功能，以此来破除“逻辑优先于语法”的西方哲学传统。

在本体论阐释学的论述当中，语言的本质就是“语言”自身。因此，就需要反对“主体—对象”模式的语言观念，这也就带来了言说对象之实在性的取消。为此，海德格尔强力批判洪堡语言哲学中言说活动和主体能力之间的联结：“洪堡把语言本质规定为 Energeia［活动］，但完全是以非希腊的方式在莱布尼兹单子论意义上把 Energeia［活动］理解为主体的活动。”② 应当说，在海德格尔那里最具优先地位的是语言作为“世界—展开”的功能，至于语用学的沟通功能、作为理解条件的媒介功能，都是“世界—展开”的附属。伽达默尔的哲学阐释学也完全遵从了这一理论路径，“世界—展开”成了理解之所以可能的条件。

而在方法论阐释学的路径下，对于语言的理解虽然同样立足于对

① 参见［德］克里斯蒂娜·娜丰《解释学哲学中的语言学转向》，何松旭、朱海斌译，浙江大学出版社 2019 年版，第 3 页。

② ［德］海德格尔：《在通向语言的途中》，孙周兴译，商务印书馆 2004 年版，第 247—248 页。

语言工具论的批判，但未取消言谈对象本身的实在性，也不认同本体论阐释学“意义决定指称”的基本预设，语言的“世界—展开”功能，也并未被绝对地优先化。在方法论阐释学的思考路径之中，语言作为日常实际的交往、共同理解的媒介、凝聚公共知识的基础，都和理解的可能性条件紧密结合在一起。贝蒂指明，“理解是一种注定要提供某种知识的认识过程”①。因此，语言之语用学的实际维度、作为理解之可能性的媒介功能，优先于语言存在论的“世界—展开”。在贝蒂看来，本体论阐释学选择牺牲语言的这些基本价值，来形塑一种“自我理解”的存在哲学，是得不偿失的。

贝蒂对语言问题的探讨，服务于他构建精神科学的一般方法论的理论目标。因此，他并无意通过哲学化的建构来塑造一套独特的语言哲学体系：“阐释学理论自始至终感兴趣的，就是理解的精神过程，一个有思想的精神对另一个精神的信息做出反应，而后者通过富有意义的形式来言说。这种迥异的兴趣使科学研究的方向并非心理现象，而是认识论的过程，并通过这个过程来达到理解。”② 缘此，他以构建阐释的系统理论为出发点，秉承着认识论的立场，对德国传统的语言学著作进行了阅读和吸收，并同时汲取英美符号学理论的思想营养，从而形塑了自身阐释学理论的独特面貌。

二　对话与阐释：言语交流的优先性

洪堡的语言哲学开启了对于语言工具化的批判，使其不再被理解为一套共同使用的逻辑符号系统，并将语言划定为人类共同拥有的内在能力，突出了言语活动之于语言的优先性，以此赋予了“主体—主体”间交互关系之于语言现象的首要地位。克里斯蒂娜·娜丰指出，“语言的研究必须将它的对话的情境作为焦点，将交往过程的情

① Emilio Betti, *General Theory of Interpretation* (Vol. 1), trans & ed. G. A. Pinton, San Bernardino: Createspace Independent Publishing Platform, 2015, p. 55.

② Emilio Betti, *General Theory of Interpretation* (Vol. 2), trans & ed. G. A. Pinton, San Bernardino: Createspace Independent Publishing Platform, 2015, p. 22.

境作为焦点，正如洪堡所说的：相互对话是活的，可以说，思想和感受的真实交流本身就已经是语言的中心。其本质只能被认为是，声音和它的回音是同时的，恳请和答复是同时的。在其起源和转换中，它从来不属于其中一个，而是属于所有。它处在一个人的精神孤立的深处，但它仅仅在共同体中显现"①。洪堡语言哲学所带来的这一范式转化，其意义在于使语言交流的实践活动获得了优先于语言系统的理论地位，从而在主体间性的关系中构造了言语活动的客观性。在洪堡看来，"语言仅作为主体与对象之间的中介的传统观点忽略了语言的先行的基本功能：相关于它们之中的主体。只有在语言产生主体间性这个意义上，在以对话为特征的主体和主体之间的关联中，对主体和对象的关系来说具体的客观性才成为可能。正如博尔施（Borsche）指出：'语言不仅联接着主体和对象，也联接着主体与主体。更准确地说，只有在后者完成的情况下，前者的关系才能实现'"②。

对于贝蒂来说，阐释学的精神就在于达成人与人之间的相互理解，并在认识论的框架下建立共识。因此，洪堡语言哲学所主张的"主体—主体"的突出地位，就和他阐释学的基本理念形成了高度的契合。受到洪堡的影响，贝蒂对于语言问题的讨论奠基于语言交流的主体间关系，也就是说，首要的是人与人之间的交流所形成的鲜活的语言活动，然后才有缘此形成的语言学相关问题。贝蒂认为，对语言和理解问题的探究，必须回到最为基本的语言现象当中去，以人与人之间活生生的对话、自然而然的理解作为讨论的出发点："阐释学必须从这个现象学的基本状况开始……在对话中，对话者一的话语在另一对话者的头脑中引发刺激，当它成功地建立起一种相关性和对应性，即思想发展中形成共融和一致时，它就达到了预期的结果。"③在这种表达和理解的过程中，既有语音、语调、重音的传播，也有面

① ［德］克里斯蒂娜·娜丰：《解释学哲学中的语言学转向》，何松旭、朱海斌译，浙江大学出版社2019年版，第38页。

② ［德］克里斯蒂娜·娜丰：《解释学哲学中的语言学转向》，何松旭、朱海斌译，浙江大学出版社2019年版，第40页。

③ Emilio Betti，*General Theory of Interpretation*（Vol. 1），p. 67.

部表情的展现，以及手势、体态的呈现，加之具体的语境，种种信息促成了聆听者直觉的感知和内在的综合，使其能够有效地形成理解。而这种活生生对话之中的综合把握，就构成了理想状态下的阐释学情境。

然而在实际的阐释活动中，往往不能达到这种自然而然的理想对话状态。贝蒂详细描述了这种有效性的梯度衰减："当面部表情和手势的直接感知缺失时，听者就必须努力将其整合；如果话语不是言说出来的，而是诉诸笔端（如在信中），那么认识作者的读者就必须努力把他的语音、语调和表情融入信中；如果他和作者并不相识，那么他将会遇到更大的困难，无法将作者的个性信息和话语的意义综合起来。他越是无法获得对说话者个性的认知、填补直接接触的缺陷，他就越会遇到更大的困难；最后，如果话语不是直接来自于作者，如由第二、第三甚至第四个人提及，在作者和转述者之间没有任何确切知识或磨合关系，在不知道最后的特征和范围的情况下（出于信息的可靠性），那么听者或读者将会面临更大的困难去纠正和重建作者赋予原始话语的意义。"① 显然，为了突出主体间交际语言活动的优先性，贝蒂在这里采用了一种柏拉图式的语言观念，呈现出推崇对话、贬低文字的倾向。他将言说活动认定为最具本真性的语言现象，其活生生的话语承载的是人类灵魂活生生的涌动，是最为真实的在场。而文字文本则具有显著的脆弱性，其中言说活动是缺场的，文本只构成了对话的印迹，只凝固了其中的部分形象，也就因此带来了读者在理解上的困难。

而在这种最为根本的对话发生过程中，就促成了主体之间的彼此敞开和思想交流，"一个人让另一个人认识到自己的内在性，从而邀请另一个人参加思想的交流"，"用自己的语句去激发另一人的智性，吁求其做出回应"②。这种观念也和洪堡相一致："（生成思想表达的）精神活动的目的是相互理解。这意味着，一个人以某种特定的

---

① Emilio Betti, *General Theory of Interpretation* (Vol. 2), pp. 22-23.

② Emilio Betti, *General Theory of Interpretation* (Vol. 2), p. 23.

方式与另一个人讲话，而另一个人在同样的条件下也必定以这种特定的方式与他讲话。”① 在这种敞开对话的交流过程中，对话者之间形成了最为基本的相互承认：既承认彼此之间的伙伴关系，又承认彼此作为一个共同体的对话关系。缘此形成的阐释关系显然是十分良性的。学者张江指明，“正当之阐释，应以建构平等对话为目的，通过对话，实现交流，完成阐释。开放之立场与态度，承认与尊重共在主体之此在，使对话成为可能。正当的阐释目的，决定了对话与协商是阐释的基础和主要方式”②。

在贝蒂看来，这种正当阐释的关系应当是自然的，同时也是必需的。在这一基础上，每一个体的自由、自发参与，就为对话的双方带来了责任，一方面需要对自己的言说负责，另一方面也要交付自己的信任，将自己的智性敞开，交由对方进行理解并予以回答。以此，主体才能摆脱自身悲惨的孤立，为彼此的共存、共融建立可能。③ 而越是自由、平等的良性阐释关系，就越是愿意在彼此之间的辩证互动过程中，根据所讨论的问题去认同他人的立场，为他人的智慧所打动。在这一过程中，每个参与者都达成了自身的自由和自身的实现。④ 为了构建这种正当阐释的关系，贝蒂十分坚决地否定了“人与人之间可能根本无法沟通”的极端观念。在他看来“个体之间根本无法沟通的唯我论观点并不成立；这种观点通常来自于一个日常的观察，即每个人都以自己的方式去理解并以统一、单义的方式传达给他人。当然，使人们理解的任务在面对理解的主观性时遇到了困难。我们不能抹杀这种主观性。然而，让人们理解的困难并不是不可克服的，若是如此，解释的问题就不存在”⑤。贝蒂的立场即是，人和人之间通过对话达成理解的可能性是必然存在的，但是它是有条件的。而这些条

① ［德］洪堡特：《论人类语言结构的差异及其对人类精神发展的影响》，姚小平译，商务印书馆 2009 年版，第 58 页。

② 张江：《“阐”“诠”辨——阐释的公共性讨论之一》，《哲学研究》2017 年第 12 期。

③ Emilio Betti, *General Theory of Interpretation* (Vol. 2), p. 24.

④ Emilio Betti, *General Theory of Interpretation* (Vol. 2), p. 25.

⑤ Emilio Betti, *General Theory of Interpretation* (Vol. 2), p. 31.

件，关系着理解者在主观性领域所需要克服的困难，而这也构成了阐释学所需要处理的问题。

三　形式与承认：话语和语言的关系

贝蒂的阐释学渴望达成人与人之间的实际理解和精神共鸣，这一理论诉求就使得他的语言观念和本体论阐释学形成了区分。在他看来，如若像海德格尔一样将语言问题的核心放置在“世界—展开”的功能上，排除语言作为人类共同的主体性能力的预设，就会导致主体间性的问题无法得到解决。而这，便会带来“非人道且野蛮的后果”（unhuman and barbaric result），使得人类的理解在一个个互相排斥的小圈子之间树立无法逾越的障碍，“并将绝对价值赋予这些圈子的特殊主义和智性上的利己主义”①，无法形成彼此间的有效理解，并伤害到人类群体的文化团结。因此贝蒂认为，阐释学必须从实际的言语交流角度出发，来解决与理解活动密切相关的语言问题。

通过立足主体间的言语交流，贝蒂得以回到由洪堡所提出的语言作为“产品”（Ergon）和语言作为“活动”（Energeia）之间的关系问题，实质上也就是“思维和语言的同一性”问题。那么，如何从实际的对话出发来对思维和语言关系进行理解？对此，贝蒂赞同冈瑟·伊普森（Gunther Ipsen）的理论方案，认为需要有效地利用胡塞尔现象学分析中所阐述的行为（实在性）和对象（客观性）之间的辩证关联，来将语言行为和语言形式的区分进行综合。也就是说，贝蒂认为两者之间既存在概念上的区分，但同时又是紧密联合在一起的：“一方面是主体意向性的表意活动，另一方面是意向对象中的内在的符号化过程”，“若是通过语言形式的中介作用来看，语言整体就可以被界定为达成了它的现实化，即语言的对象化；若是通过语言行为的中介作用来看，那么语言整体就应被界定为能够表达自身的活生生的实际性”。以此，“语言在话语之中被现实化，成为思想和观

① Emilio Betti, *General Theory of Interpretation* (Vol. 2), p. 71.

点的表达，而话语把语言转为了一种活生生的存在”。①

在贝蒂看来，鲜活的对话关系带来了思想表达的冲动，带来了语言形成的能量，从而在表达活动中使得思想要素和语音要素之间形成了紧密的衔接。恰如索绪尔的比喻，思想和语音如同一张纸的两面结合在了一起，思想是正面，语音是背面。而在贝蒂的定义中，这种结合所形成的不是一种物质性的对象，而是“富有意义的形式”。通过这种对话活动，语言的形式结构被“挤压、聚集在话语的射线之中”，使语言整体转化为鲜活的言语。对此，贝蒂深情地引用歌德的话：“人类自然、自由表达的一切，全都是生命的联结。”②

有关语言形式的问题，贝蒂并不认为它是一套稳固的逻辑、句法结构，也并非依附于某种恒定的“自然语言”（施莱尔马赫的观点）。他主张语言的内部形式（即洪堡所定义的“与语言构造和使用相关的全部精神能力”）是一种变化、发展的原则，它代表着语言的范畴世界，而实际语言的符号性结构就服膺于这一原则的约束。③ 实际上，这种法则也就是洪堡所讨论的“语言作为世界观”的基本功能，它作为一种变化的范畴框架约束着人们现实的理解和表达。在此，贝蒂还旗帜鲜明地将这种语言世界观的变化与他在《解释的一般理论》序言中有关价值问题的历史性发展的探讨结合在了一起。④ 在他看来，现代语言学所普遍接受的“语言的内部形式”这一概念，标示出了一个文化共同体所具有的独特语言感觉，这种直觉式的内部力量和人类的自我教育、历史发展，不可分割地联系在一起，并且会通过每一个个体的积极参与，达成彼此之间共融的互惠循环，进而推动精神领域的更新和延续。概而言之，贝蒂赋予了语言的内部形式以浓厚的历史性。

语言的内部形式是通过鲜活的话语塑造语言的先验结构。在具体

---

① Emilio Betti, *General Theory of Interpretation* (Vol. 2), pp. 26-27.

② Emilio Betti, *General Theory of Interpretation* (Vol. 2), p. 27. 原文为德文：Alles was der Mensch naturlich frei ausspricht, sind Lebensbezuge.

③ Emilio Betti, *General Theory of Interpretation* (Vol. 2), p. 28.

④ Emilio Betti, *General Theory of Interpretation* (Vol. 2), p. 49.

的对话交流过程中，还涉及其他现实性的约束，来锚定言语活动的客观有效性。针对这一问题，贝蒂依然采用了一种现象学的路径，借鉴了语言学家威尔伯·乌尔班（Wilbur M. Urban）和艾伦·加德纳（Alan H. Gardiner）有关语言意向性的研究。贝蒂认为，在语言的意向性特征之中“隐含了预设的复合体：对话者知晓并接受的概念、范围和价值”[①]。他认为在真正的对话之中，讲话者与聆听者必然会形成彼此承认的前提条件，而这种相互承认的前提就会形成一定的语境（包括共同的知识、共同的概念、共同的价值），并为词语（可能是多义的、含混的）赋予明确的或暗示性的内容，从而固定下来一个有效的意义。贝蒂尤其强调其中的价值部分，以此来和他的价值论框架建立联系：“任何智性交流的条件都要求对话双方一致承认某些价值，共享某些价值，这些价值即便没有表达出来，也并未有意识地保持存在，但它仍内在地存在于话语之中。”[②] 因此，这种语境要素的价值，就凸显了共同体之于对话交流的重要性，它所产生的影响不是个体有意识的选择，而是在一定历史语境下语言的实际发展状况及其句法结构对于人们配置语言形式的内在作用。而它，就构成了对话之可理解性的必然条件。

相互承认的前提，不仅使得交际双方彼此认可语言的内部、外部形式，在此基础上，言语活动的意向性（Intentionality）同时还标示了“意向”（Intending）的一致性。[③] 贝蒂认为，语言的奇妙之处就在于，通过声音的中介，一个精神和另一个精神之间建立了自然而然的联系，引动了相同的感性直觉，建立了相同的感官对应关系。而通过声音将其连接起来的就是他们的共同意向。也就是说，真正的对话预设了参与者彼此承认他们所意向的话语整体的客观性，或者说意向本身的客观性。贝蒂运用语言意向性所做的系列论证，就是强调对话所必然预设的语境对于言语意义的固定作用。由于他为对话活动设立

① Emilio Betti, *General Theory of Interpretation* (Vol. 2), p. 50.
② Emilio Betti, *General Theory of Interpretation* (Vol. 2), p. 49.
③ Emilio Betti, *General Theory of Interpretation* (Vol. 2), p. 53.

了理论的优先性，故而这种鲜活、真实的对话开启了意义的自由运用，并借由人的主体性、历史性来塑造语言的内部、外部形式，进而为个体与世界的关系带来具体的规范，框定了言说的统一性和有效性。因此，言语和语言的关系，构成了自由与不自由的辩证统一。

四 开放的结构：语言与符号的关系

贝蒂的阐释学还十分关切符号的问题，这一点和本体论阐释学的路径具有显著的不同。苏珊·纽克斯（Susan Noakes）指出，伽达默尔哲学阐释学存在着一个显著的不足，它呈现为在语言问题之中对于“符号”的拒绝；相较于此，贝蒂阐释学的理论贡献则呈现为对语言符号和阐释理论的有机结合。这种理论思路上的差异，缘于伽达默尔反对传统“二元论”的符号模型，因此他全面拒绝了符号学领域。而相较于同一时期的学者，贝蒂的学术视野极为广泛，他并没有简单地对符号学领域进行排除，而是选择去深入研究欧美符号学诸流派的具体主张和理论内容，并且极为前沿地吸收了皮尔士的符号“三元论”思想，以此来将符号学和解释学有效地结合在一起，用于解决一些它们各自都无法单独解决的问题。[①]

贝蒂为了得出更加符合自己阐释学精神的符号学观念，对现代语言学展开了一系列考察，广泛涉及英美行为主义、逻辑实证主义、美国自然主义等流派。在英美行为主义的符号学方面，贝蒂首先探讨了奥登（C. K. Ogden）和理查兹（I. A. Richards）在其合著的《含义之含义》（*The Meaning of Meaning*）一书中所提出的“符号语境论”，这一观点的核心是：词与物的联结是通过与一系列事物的共同出现，通过一个共同的“背景”联系起来的。也就是说，符号是语境整体之中的一个部分。贝蒂认为，这样的符号观念是一种机械式的反应理论，基于这样的理论出发点来处理阐释活动，就会丧失精神与精神之

① 参见 Susan Noakes，“Literary Semiotics and Hermeneutics：Towards A Taxonomy of TheInterpretant”，*American Journal of Semiotics*，Vol. 3，No. 3，Jan. 1，1985，pp. 109-119。

间的感性沟通。

逻辑实证主义的语言学路径也被贝蒂予以坚决的反对。在他看来，这一路径必须“假定词语有符号、命题有意义，但它自己没有能力确定符号和意义是什么”，因此，就导致了深刻的内在矛盾。进而贝蒂认为，“维也纳圈的卡尔纳普（Carnap）、维特根斯坦（Wittgenstein）、施利克（Schlick）和克拉夫特（Kraft）正是因为使用了这种错误的物理学前提，所以失败了”[①]。

美国自然主义符号学的路径（以 Charles W. Morris 为代表）秉持着以下几个核心观念：（1）以行为主义的刺激反应模式解释意指关系与意指过程。（2）符号学是一种（统一科学的）普遍语言。（3）符号学包括三部分：语义学，研究符号与对象间的关系；语用学，研究符号与解释者的关系；句法学，研究符号与符号的关系。[②]而这种带有强烈行为主义特质、逻辑实证主义色彩的符号学路径，显然也存在上述问题。贝蒂认为，它“将我们感官可能做出反应、进行惯性推断的种种刺激都划定为符号，导致无法将理解活动和其他惯性行为区分开来，使得人类的理解活动被划定为一种对于信息的被动反应，是本末倒置的”[③]。

由此，贝蒂认为语言问题的解决，必须从主体间的角度入手，才能有效地促成不同主体经验之间的协调和沟通。基于这一出发点，贝蒂选择去借鉴皮尔士（Charles S. Peirce）的符号学理论，来加强对于语言和符号的关系理解。我们知道，在符号学领域，皮尔士的符号学以其复杂性而著名，学界最为熟悉的就是他所提出的符号的三元关系：（1）符号（object，符号的主题事物）；（2）对象（the sign）；（3）解释元[④]（interpretant，符号的意义所形成的效果）。其中，对

---

① Emilio Betti, *General Theory of Interpretation* (Vol. 1), p. 79.

② 参见［美］查尔斯·皮尔士《皮尔士论符号》，徐鹏译，上海译文出版社 2017 年版，第 363 页。

③ Emilio Betti, *General Theory of Interpretation* (Vol. 1), pp. 54–55.

④ 亦有译为“解释者”“解释类”“解释项”。

象决定了符号，但符号并不决定解释元。[①] 对于皮尔士来说，“对象”具有非常宽泛的内容，没有什么不可以成为符号的对象，它可以是能够想象（甚至无法想象）的任何东西，无论是事件、规则、虚拟形象等，都能够成为符号的主题。这个对象需要被表现，就构成了“符号”（sign = representamen），它要么是图像、标指，要么是记号，具有能够被解释的性质（贝蒂也明确表示，他所提出的“富有意义的形式”，其功能等同于皮尔士的 representamen）。[②] 而缺乏解释元，符号就会丧失其成为符号的特点。皮尔士指明，“任何话语，之所以意指其所意指之物，只是由于将其理解为具有那种意义”[③]。

解释元“是解释者对符号加以认知、解释、感知、反应的过程和结果”，它具有非常广泛的内涵，“它可以是一种思想观念，具体表现为逻辑上的概念、命题、论证，也可以是一种情绪，具体表现为同情、畏惧、厌恶等，还可以是一种行动，具体表现为积极的反应或消极的抵抗等”[④]。因此，符号系统中“能指—所指”二元对应的稳定关系被打破了，“解释元”的加入和它自身的复杂多变，就使得符号整体的意义丧失了极大的稳固性，阐释者的主观思维已经潜在地被纳入了符号体系之中。这就带来了非常重大的理论后果，使符号系统变得敞开、变动，甚至缺乏固定的意义。即便皮尔士试图通过三个层次［（1）符号；（2）对象；（3）解释元］的顺序对符号意义进行约束，但也无法达到理想的效果。对此，我们非常熟悉的意大利阐释学家翁贝托·艾柯（Umberto Eco）在他的《符号学理论》中对于皮尔士的“解释元”进行了分析，他认为“解释元”可能有以下几种类型。

---

① ［美］查尔斯·皮尔士：《皮尔士论符号》，徐鹏译，上海译文出版社 2017 年版，第 323 页。

② Emilio Betti, *General Theory of Interpretation* (Vol. 1), p. 58.

③ ［美］查尔斯·皮尔士：《皮尔士论符号》，徐鹏译，上海译文出版社 2017 年版，第 306 页。

④ 卢德平：《皮尔士符号学说再评价》，《北方论丛》2002 年第 4 期。

1. 它是另一个符号学系统中的等同（或明显等同）符号载体。例如，我可以让狗的图片对应于单词“狗”。

2. 它指向单一对象的索引，意味着普遍量化的元素（所有像它一样的对象）。

3. 它是同一符号学系统之内的科学（或天真）定义。例如，盐等于“氯化钠”。

4. 它是一种情感上的联想，获得既定的价值内涵。例如，狗意味着“忠诚”。（反之亦然）

5. 它是一种语言到另一种语言的术语翻译，或同义词替换。①

在艾柯看来，“解释元”实际上构成了一个非常宽泛的清单，并不能专注于某种限定性的类别。它因意义的含混而变得有力，但因此也同时导致了在实际的解释活动中，“解释元”可能会变得毫无用处（no use at all）。② 也就是说，艾柯认可皮尔士符号学作为一种敞开框架的理论贡献，但批评其缺乏结构性，没有一套相互关联的原则来保障其实际操作之中的有效性，也无法在不同类型的“解释元”之间划界。而这个缺陷，实际上也是贝蒂需要面对和处理的难题。

我们还是回到皮尔士对贝蒂的影响。皮尔士在符号系统中加入“解释元”，使得“符号—对象—解释元”能够共同作用，共同构成认知层面的“符号学过程”（semiosis）③，这改变了符号体系的封闭结构，使其保持敞开。这种开放的符号结构使得对于符号意义的解释是持续递进且无限发展的。所以，皮尔士的理论其实已经突破、超出了传统符号学的理论范围，他以“符号学过程”替代了传统强调逻

① Umberto Eco, *A Theory of Semiotics*, Bloomington & London: Indiana University Press, 1976, p. 70.

② Umberto Eco, *A Theory of Semiotics*, Bloomington & London: Indiana University Press, 1976, p. 71.

③ “-sis”作为希腊语的后缀，是指行动、过程和活动，而皮尔士加入了“解释元”的“semiosis”就构成了符号的持续解释过程。

辑性、对应性的“符号学”。皮尔士在其思想的成熟时期明确地指出，“符号学的根本概念并不是符号，而是符号活动；而且符号学应该根据符号活动而不是符号来定义，除非符号已经先行根据符号活动而得到定义了”[①]。皮尔士所强调的“符号的持续意指过程”，实质上紧密关联着我们阐释学所探讨的意义的理解问题。因此在贝蒂看来，皮尔士“解释元”的提出，证明了符号的意义需要存在一个“从活生生的精神那里索取的认知准绳”[②]，并给予了理论层面的高度肯定。

在贝蒂的理论体系中，他并未直接挪用符号学的理论来解决意义的问题。贝蒂借鉴了奥托·叶斯伯森（Otto Jespersen）的研究，认为“语言的演化始终是从更加复杂的更不充分的结构发展到更充分、更简单的结构”[③]，于此，为语言的发展提供了处理这一关系的独特视角。从这一视角切入，贝蒂采用胡塞尔（E. Husserl）的方法对语言的发展进行发生现象学（genetic-phenomenological method）的分析。他首先假设存在一个没有任何符号能力的人群，虽然他们有认知和语言的先天能力，但是并不具备技术性表达的手段。群体的成员必然会逐步意识到，他们需要一种技术手段来达成彼此之间的交流，并逐步形成一个有声语言的共同体（即 H. A. Gardiner，W. M. Urban 所谓的 Speech Community）。

贝蒂在这一发生学的过程中，强调了四个有关符号的重要问题。

其一，首先是形成了一种群体成员所必须面对的情况：他们的直接感知、认知和情感经验，形成了表达的需要。这些内在的东西必须被表达出来，要在声音、表象等可感形式中被转换，将内在直觉的价值形塑为可以在主体之间交流的东西。此时，句子出现了。也就是说，短语会先于符号出现。它以一种复杂的形式（还不够清晰和具体）来呈现表达一种统一的直觉。伴随着这种统一的直觉，言语的

---

① ［美］查尔斯·皮尔士：《皮尔士论符号》，徐鹏译，上海译文出版社 2017 年版，第 368 页。

② Emilio Betti，*General Theory of Interpretation*（Vol. 1），p. 58.

③ Otto Jespersen，*Language*：*Its Nature*，*Development and Origin*，London：George Allen & Unwin Ltd，1947，p. 429.

规范就会自然生发，贝蒂使用了一句拉丁谚语来表达这种状况："Rem tene, verba sequentur"（当你抓住了想法，话语就会很快跟上）。而这种言语规范，是通过逐步的归纳来实现的。当然，在这一过程中会给个体的自我表达留下一定的任意性空间。简而言之，直觉带来表达的需要，表达的过程形成语句，语句先于符号和语言规范。

其二，从交流的角度来说，群体之间一旦展开交流，就会逐步摒除个体的任意性空间。伴随着交流的进展，一种具有表达性、典型性的"必需"就诞生了。这种"必需"包含三个部分：（1）一个含义（a signification）；（2）一个有意义的事物（a significant something）；（3）一个对经验的存在论感知的指涉关联（a reference to an ontological datum of experience）。这一"必需"使得语言符号必须被安置到一个历史上确定的话语系统当中。而唯有从被安放其中的那一刻起，语言符号的意义才会被确定下来。这就是属于语言符号的特殊性质，在贝蒂看来，由于语言本身是活态的（无论其作为内部形式还是外部形式），故而意义之形成在先，进入话语系统固定为语言符号在后。

其三，语言符号形成之后，由于它承载意义，并与一定时空之下的话语系统紧密相连，就导致它可以被理解为一种"经验的通用价值"（generic value of experience）。这一通用价值曾被某人体验过、觉察到，和其经验相关。但它同时也具有通用性，这是因为这一形成的语言符号并不会明确对应于某一感知到的记忆图像、某一概念、某一范畴。因此贝蒂将其定义为一个"一般的语义性价值"①。

其四，由于符号必须纳入一个符号系统当中才能够成为一种公共理性（public reason），因此符号就需要"去人格化"，即需要和言说的那个说话者、作者相分离。但这就会带来一个矛盾。由于符号必须在一个语言共同体当中存在和运行，和人们鲜活的生活实际相关联，

---

① 贝蒂对"一般语义价值"这一术语的界定是："通用价值意味着，一个唯一的、相同的词，由于其单一的意义，包含了明确的多种可能的直觉。"这实际上就是将语义价值和尼古拉·哈特曼价值存在论之中的"价值直觉"概念联系在了一起。

那么符号就必然指涉私人性的语境和事件，所以符号也不可能完全地“去人格化”。因此，符号必须不断地适应新的表达功能，需要持续地变化，不具有恒定的意义。而它的有效性，也就并不在于它是否能够正确地表达自身，而是在于恰当地建立联系。①

我们看到，贝蒂对于符号的讨论同样秉承着“对话优先”的路径。人们缘于表达的需要才形成了话语，意义的生成先于语言的形式，“短语先于符号”。同时，如若审视贝蒂和皮尔士符号学之间的联系，我们能够很容易地发现两者都是三元的符号框架，并具有一致的结构：贝蒂的 signification 对应于皮尔士的 sign，贝蒂的“一个有意义的事物”对应于皮尔士的 object，贝蒂所言的“一个对经验的存在论感知的指涉关联”基本可以看作皮尔士的“解释元”。也就是说，贝蒂和皮尔士一样，在符号系统（等同于贝蒂的“富有意义的形式”）中纳入了阐释者的潜在介入，“富有意义的形式”的内部同样具有“解释元”这一维度，从而使得“意义不是简单和被动地从外部传递给我们的东西，而是构成认识的自发过程的一个要素”②。

那么，贝蒂也就和皮尔士的符号学一样，需要面对艾柯的质疑：如何解决因“解释元”过于宽广的范围、过于含混的意义而带来的无法操作的难题。在此作为参照，我们可以回顾一下艾柯的解决方案：艾柯认为“只有根植于过去的惯例才能使符号成为符号”③。也就是说，艾柯是通过文化的连续性来对符号的意义进行约束，以一种整体连贯的文化背景来作为符号系统的外部依据。而贝蒂所提供的解决方案是：一方面他援引了个人作为经验主体的统一性，形成一种意义关联整体；另一方面更为重要的是，他强调了共同体的语言符号系统（文化）对于“解释元”的约束性，换言之，诉诸“集体高于个体”的原则进行符号系统的一般普遍化。贝蒂的方案当然具有一定的合理性，但细究起来又有些过于抽象和理想，贝蒂自己也承认无法

---

① Emilio Betti, *General Theory of Interpretation* (Vol. 1), pp. 78-79.

② Emilio Betti, *General Theory of Interpretation* (Vol. 1), p. 51.

③ Susan Noakes, "Literary Semiotics and Hermeneutics: Towards A Taxonomy of The Interpretant", *American Journal of Semiotics*, Vol. 3, No. 3, Jan. 1, 1985.

解决符号系统“去人格化”与符号“私人性”之间的矛盾。只能用“恰当地建立联系”这样的表述来进行回避，拒绝了符号“正确地表达自身”这一层面的任务。

同时，我们需要注意的是，在贝蒂的阐释学框架中，这种“恰当地建立联系”是通过阐释对象本身的自主性、整体性来保障的。也就是说，阐释对象的客观性是这种符号的个别与普遍之间的保障。但是在具体的阐释活动中，这种保障能够在多大程度上发挥效用，贝蒂并未进行深入的探讨。总体而言，在他的语言理论之中并未完善、细致地处理语言符号的开放性与规范性的边界问题，这是贝蒂语言思想框架的局限之处，应当予以批判和反思。

五 小结

在阐释学的研究领域当中，语言和理解的关系问题是极为深刻、极为根本的。如何在理论建构当中处理好两者之间的关联，是阐释学作为一门人文学科的元理论所必须面对、探究的重要命题。尤其在20世纪后，伴随着传统认识论的衰微和自然科学方法的冲击，人类不再具有保卫自身文化传统之中人文精神的有效工具。因此，当代的阐释学理论家就更加需要立足语言这一人类最为特殊的精神载体和交流媒介，来对语言和理解的问题进行理论的发明和创新，来突破这一现实困境。

无论是在传统的认识论还是自然科学的核心方法之中，逻辑都具有优先性的地位。这种思想立场呈现在语言当中，就是“逻辑优先于语法”的理论主张。在本体论阐释学和方法论阐释学的两条路径中，双方都试图通过汲取洪堡以来语言哲学发展的思想营养来突破这一理论前提，但彼此的侧重点有所不同：海德格尔和伽达默尔将语言的根基奔定在了“世界—展开”的功能之上，以此来取消语法逻辑的规范；而贝蒂的语言学思考，则是将语言的媒介交流功能放置在理论的优先地位，并佐以开放性的语言结构，以此将语法逻辑放置在一个历史的、此生的理论位置之上。以此，现代阐释学的两条路径都打破了逻辑的优先性，从而将语言领域划定为人文科学的真理保障。

在贝蒂的语言学观念中，对话和交流是最为内核的理论主轴，这凸显了他对于精神主体之间对话交流、通达真理的热切渴望，也呈现了他对于理解的主观主义和实证主义的双重批判；贝蒂基于认识论的立场对洪堡的语言哲学和皮尔士的符号学理论的系列考察和深入反思，具有独到的思想价值；他对于意向性、语言内部结构、话语共同体、对话与承认等理论要点的探讨，能够启发我们对于阐释与语言之关联的思考和审视；并且，贝蒂所倡导的注重主体间性、开放性符号系统的理论进路，具有理论的先进性，符合我们当今阐释学的普遍认识和理论需要。这些优点，都值得我们予以肯定和坚持。

而我们当今中国学界阐释学研究的重点，是在中西互鉴的基础上，构建立足本土阐释学资源的理论体系。为此，张江教授通过对“阐”“诠”“解”“释”“通”“达”等核心汉字的语义辨析和深入思考，试图建立在中国文化传统、思维方式下我们特有的阐释学概念体系和理论框架，做出了开创性的理论突破。[①] 但在这一宏观蓝图之下，中国传统哲思之中的语言理解问题，还未有效地纳入中国阐释学的研究领域，存在着理论的缺失。未来，如何在中国阐释学的理论体系之中理解和处理“阐释”与“语言”的关系问题，是我们当代学人需要解决的一个理论难点。而这，不仅需要我们从自身的阐释经验、思想传统当中寻求有效的法门，同时也需要从西方阐释学的语言学脉络中汲取营养。缘此，贝蒂阐释学理论中对于语言问题的深入考察和独特建构，对于我们来说，就具有更加重要的参考和启发意义。

① 参见张江《“阐”“诠”辨——阐释的公共性讨论之一》；张江《“解”“释”辨》，《社会科学战线》2019 年第 1 期；张江《“通”“达”辨》，《哲学研究》2021 年第 1 期。

阿甘本"homo sacer"概念的阐释与延展

崔子鹏*

摘　要：阿甘本在新冠疫情期间发表的一系列博客将其思想重新带入了公众领域的讨论与思考之中。本文认为，阿甘本写作的立场源自他从homo sacer的研究中构建的"例外状态"思想体系，这一体系专注于神学、政治学与法理学的讨论，而在更具现实性的维度上较为模糊，韩炳哲对homo sacer的现代社会阐释或对此有所补充。通过梳理homo sacer概念的阐释与延展在阿甘本的古典学研究、政治法学研究以及韩炳哲的暴力研究中的不同进路，可帮助我们充分理解阿甘本思想在当今社会的争议性与前瞻性。

关键词：homo sacer　阿甘本　神圣人　韩炳哲

全球新冠疫情暴发伊始，当代欧洲重要的思想家和哲学家吉奥乔·阿甘本（Giorgio Agamben）[①] 以一种意想不到的形式成为"热点人物"。自2020年初到2022年，在新冠病毒全球大流行期间，阿甘本针对现状在网络上发表了多篇文章呼吁人们反思疫情带来的

---

* 崔子鹏，中国人民大学文学院比较文学与世界文学专业博士候选人。

① 吉奥乔·阿甘本（Giorgio Agamben，1942—　），意大利思想家。主要著作有《神圣人：至高权力与赤裸生命》（*Homo Sacer: Sovereign Power and Bare Life*）、《例外状态》（*State of Exception. Homo Sacer* Ⅱ）等，多部著作已译成中文。

“例外状态”，却意外地遭到了包括南希在内诸多文化界人士的批评，甚至有人将其称为“阿甘本的失败”①，或发出疑问：“阿甘本怎么了?”② 但如果仔细阅读阿甘本发表的这些短文，会发现阿甘本的核心思想自始至终拥有自洽的逻辑，它依然建立在他从 1995 年就开始坚持的立场上——对于“例外状态”和非常时期政治伦理的谨慎。

疫情初期，阿甘本关注的重点是病毒是否真的有如此大的影响，足够造成如此严重的国家紧急状态。阿甘本的系列论说开始于 2020 年 2 月 25 日他在《宣言报》（*Il Manifesto*）上刊发的社论《由无端的紧急情况带来的例外状态》（*Lo stato d'eccezione provocato da un'emergenza immotivata*），同时他以“流行病的发明”（L'invenzione di un'epidemia）为标题将该文发表在任意（Quodlibet）出版社的博客上，引起各方争议；3 月 11 日，随着疫情恶化，他在该博客上发表《论感染》（*Contagio*）一文；3 月 17 日，针对记者保罗·达尔卡伊斯的批评文章《哲学与病毒：吉奥乔·阿甘本的幻觉》（*Filosofia e virus: le farneticazioni di Giorgio Agamben*），他又在该博客上发布了《声明》（*Chiarimenti*）一文；3 月 27 日，他再次在该博客上发表社论《反思瘟疫》（*Riflessioni sulla peste*）；4 月 6 日，他发表《保持社交距离》（*Distanziamento sociale*）一文；4 月 14 日，他发表《一个疑问》（*Una domanda*）一文……而在新冠病毒已于全球范围内轰轰烈烈地大闹了两年，疫苗和药物也已经基本铺开之后，他的关注点转移到了国家对疫苗的使用和由此产生的“绿色通行证”（green pass）等技术衍生问题上。2021 年 11 月 11 日阿甘本在威尼斯学生反对绿色通行证会议上的讲话和 2022 年 4 月 9 日阿甘本的《例外状态与内战》（*Stato di eccezione e guerra civile*）等短文都表明了阿甘本对“例

① ［意］保罗·达凯斯：《哲学与病毒：吉奥乔·阿甘本的幻觉》（*Filosofia e virus: le farneticazioni di Giorgio Agamben*），张羽佳译，https://mp.weixin.qq.com/s/bpsyrIx7xwsLBJ2bxpK2lA。

② Adam Kotsko，“What Happened to Giorgio Agamben?”，*Slate*，https://slate.com/human-interest/2022/02/giorgio-agamben-covid-holocaust-comparison-right-wing-protest.html.

外状态”通过某种技术手段而实现常态化的警惕。[①]

这位意大利哲学家坚定的立场，以及他在此期间受到的非议与批评，实际上都可以从他思想的核心——对 homo sacer 的阐释出发：首先，阿甘本将应对病毒的社交隔离举措、疫苗通行证等防疫行为指认为“例外状态”的某种形式，这能够从他对 homo sacer 的阐释中找到依据与理路；其次，阿甘本对防疫举措的一些偏颇之见，除了对病毒的致病情况和现代医学知识缺乏充分了解[②]之外，更重要的可能是他对某些问题的专注限制了他对某些基本现实的体察，比如缺少资本主义的现实视角分析或呈现出一种强烈的意识形态化特征。[③] 阿甘本在 homo sacer 阐释中所缺失的视角，似可以从另一位擅长社会现象分析的思想家那里找到另一条进路。2011 年韩裔德国哲学家韩炳哲的著作《暴力拓扑学》（*Topologie der Gewalt*）梳理了远古社会到技术时代的“暴力”之形式变迁，其中就谈到了阿甘本对 homo sacer 阐释更具现代性的进路。借由阿甘本和韩炳哲的文本论述，homo sacer 由古罗马到现代的阐释路径得以建立，其立场也能够进一步被阐明。

一 “homo sacer”/神圣人[④]

1995 年，阿甘本在《神圣人：至高权力与赤裸生命》（*Homo sa-*

① 阿甘本的博客网页见 https：//www. quodlibet. it/una-voce-giorgio-agamben。

② 法国哲学家让-吕克·南希回应了阿甘本 2020 年 2 月 25 日的文章，他认为阿甘本忽视了新型冠状病毒并无疫苗的现状和相比于流感的高致死率。

③ 关于阿甘本批评者的讨论参见 Adam Kotsko，“What Happened to Giorgio Agamben?”。

④ “homo sacer”在国内有多种翻译方法，如“牲人”“神圣人”和“法外人”等。但是没有任何一个译名能够完全表现出它“可以被杀死且不能不许用于献祭”的意义，因此根据所处语境的不同，本文将采用不用的译名作为区分，以便阐释它意义中的不同面向。张旭曾对这一词汇的中文译法进行了细致的讨论，最终认为 homo sacer 比较合适的译法应该是“可以被杀死且不许用于献祭的人”。参见张旭《什么是 Homo Sacer?》，载《基督教文化学刊》（第 45 辑），宗教文化出版社 2021 年版，第 17 页。

cer. *Il potere sovrano e la nuda vita*)[①] 中引入了古罗马法律术语"homo sacer"，并将其作为长达二十年写作计划的核心标题。[②] 据阿甘本考证，在庞匹厄斯·费斯图斯（Pompeius Festus）《论词语的意义》（*On the Significance of Word*）中，"homo sacer"是"因犯罪而受到审判的人，此人不能作为祭品，但杀害他的人也不会被判有罪[③]"。阿甘本在古罗马文献对这个概念的使用中发现了"sacer"，也就是通常译为"sacred"（神圣的）一词的奇特张力：虽然冠以神圣之名，但杀死这样的"神圣之人"却是被许可的。

在阿甘本研究此概念之前，已经有学者认为死亡和"神圣"的关联在于死刑在古代被视为诸神的祭品，或是这样的人因已被诸神占有而成为某种禁忌。[④] 但阿甘本认为已有的说法都不能同时说明"神圣之人"概念的奇特，他引入了神话学研究中"神圣的含混"（the ambivalence of the sacred）理论试图解释"神圣人"，这一理论来自人类学家在对原始祭仪研究中发现的"神圣"（holiness）与"不洁"（uncleaness）在"禁止"（taboo）的统合下表现出的暧昧关系，神圣的不可亵渎性和不洁净、不能做献祭之用的对象都被可视化为"禁止"的行动，二者对立的界限在这个前提下变得模糊。而"神圣人"也只可能在这个模糊的空间中才能容纳"属神的"（sacred）和"被诅咒的"（damned）两个看似矛盾的含义，同时它也不完全属于任何

① 1998年，本书的英文译本 *Homo Sacer: Sovereign Power and Bare Life* 出版于美国斯坦福大学出版社，译者为 Daniel Heller-Roazen。2016年本书的中文译本《神圣人：至高权力与赤裸生命》出版于中央编译出版社，译者为吴冠军。本文研究主要参考的文本为英文译本和中文译本。张旭在《什么是 Homo Sacer?》中认为本书应该翻译为《被排斥的人：主权权力与赤裸生命》。

② 自1995年开始，阿甘本以"Homo Sacer"为名出版了九本著作，其核心思想是对政治神学的两种范式——"主权和法律范式"（the sovereign-and-law paradigm）、"生物政治政府范式"（the biopolitical governmentality paradigm）的批判与反思。2017年，"Homo Sacer"系列的著作被结集出版为 *The Omnibus: Homo Sacer*，标志着阿甘本"Homo Sacer"写作计划的完成。

③ Giorgio Agamben, *Homo Sacer: Sovereign Power and Bare Life*, trans. Daniel Heller-Roazen, Stanford: Stanford University Press, 1998, p. 71.

④ Giorgio Agamben, *Homo Sacer: Sovereign Power and Bare Life*, trans. Daniel Heller-Roazen, Stanford: Stanford University Press, 1998, p. 73.

一方。

神话人类学对其做出的解释只是阐释的第一步，阿甘本甚至认为在人类学的层面对“神圣人”的阐释仍然不过是将其视为一种“溢出的能指”（excessive signifier），它的意义只是告诉我们这个词组的内涵超越了它的字面含义，而它真正的意义却要在古代律法领域才能够被充分解释。“杀害他的人不会被判有罪”（impune occidi）意味着这个人被人间的律法（ius humanum）排除在外，而“不能作为祭品”（neque fas est eum immolari）则表示此人被排除在了神的律法（ius divinum）和宗教性的杀戮仪式①之外。不可祭祀但可被杀死的homo sacer呈现出一种被“双重排除”的形式，而在这“双重排除”（double exclusion）之上更有一种“双重获取”（double capture），homo sacer因不可成为祭品而进入神圣的领域（神将此种生命排除在外，神的不在场反而确认了它“属神”的特征），又因为可以被杀而进入人类的共同体之中（在没有死亡的状态下，反而无法受到共同体法律的庇护），阿甘本把这种同时处于双重领域又同时被二者排除在外的结构称为“拓扑学结构”（topological structure）②。

至此，阿甘本发掘出了“神圣人”作为古典法律术语的重要意义，并将这种结构类比于他真正关注的领域，即“神圣生命”（sacred life）所处的领域。《神圣人：至高权力与赤裸生命》一书肇始，阿甘本分析了古希腊语言中“zoē”与“bios”的微妙差异，并将其区别划分在“自然生命”和“政治生命”之上，并由此引申出亚里士多德对政治与生活的讨论以及现代思想家福柯所提出的“生命政治”（biopolitics），即自然生命被纳入国家权力的机制和计算中。由此，政治将生命视作一种治理对象，而对“神圣人”的关注也从

① 原始文化中的某些死刑的形式实质上是借助死亡来完成某种净化，而“homo sacer”已经被神圣的领域排除，杀死这样的生命并不能起到净化的效果。

② “拓扑学”（Topology）是研究图形与空间之间位置关系的数学分支学科，阿甘本对这一词汇的使用并不能完全和数学知识对应，但我们可以用一个著名的拓扑学结构——莫比乌斯环来帮助我们思考“同时处于又同时被排除”的矛盾状态。莫比乌斯环即一条纸带翻转相接，从纸带的一面出发，必然能够走到纸带的另一面。莫比乌斯环上的一个点处于一张纸的正面还是反面？它可以被认为是任何一面，但又不属于任何一面。

历史人类学领域跳跃到律法领域再进入“神圣生命”所属的政治领域。

二 “homo sacer”/法外人

从古老的政治神学观念中，阿甘本所发掘出的问题之一是主权（sovereign）在政治中的例外状态，也就是并没有纳入现有法律制度中的情况。他根据施密特对“例外”（exception）的讨论展示了主权的悖论，施密特认为“掌握主权者就是决断例外状态的人”①，正是通过对“例外”的宣告和定义，掌握主权者也同时手握定义“常态”和规范的权力，这构成了主权秩序的基础。阿甘本所分析的主权之悖论就存在于这样的事实中：“掌握主权者在法律秩序之外，也在法律秩序之内。”② 例外状态作为一种排除（exclusion），并不因为排除而和秩序完全失去关联，而仍旧以秩序的悬置（suspension）状态保持着和秩序的关系。阿甘本将这种通过排除而纳入的形式命名为“例外关系”（the relation of exception）。在《例外状态》中，阿甘本借助德里达的演讲标题“法之力”（force of law）形象地将此种权力的形式称为“法·力”（Forza-di-legge），即在例外状态被构建的过程中，主权者的行政命令依靠法律生效，但实际上却替代了正常的法律，故“法”处于必须标注在此但又被删除的状态，同样是一种拓扑学结构的体现。

不可被当作祭品而可以被杀死的生命即阿甘本所称的“神圣生命”，这个例证中的“神圣”已经脱去了神学的外衣，它遵循阿甘本所发现的主权“例外”逻辑运作，它只有以一种例外的形式成为非秩序的主体，才能够再度进入秩序的体系之中，其结果就是产生了被人类的律法和神圣的律法都视为多余，被主权所操弄且暴露在死亡前的“赤裸生命”（the bare life）。在这里，拓扑学结构出现了它的第

① Giorgio Agamben, *Homo Sacer*: *Sovereign Power and Bare Life*, p. 11.

② Giorgio Agamben, *Homo Sacer*: *Sovereign Power and Bare Life*, p. 15.

三个应用，掌握主权者和“赤裸生命”的关系，他们处于某种特殊关系的两极，却又有着惊人的相似性：掌握主权者通过决断“例外状态”的至高权力而被秩序排除而又纳入的特质，恰好暗合了例外状态下“赤裸生命”存在的形式。阿甘本将这种关系在现代生命政治的背景下推向极限的政治空间：“对掌握主权者而言，所有人都是潜在的法外人，而对法外人而言，所有人都以掌握主权者的方式行事。”① 这里其实也可以看出，阿甘本从古罗马法律中考证出历史结构之后，快速地将历史结构中的主体“神”置换成了现代国家政治中的“掌握主权者”，否则这种“掌握主权者—法外人”的结构在“神圣”的意义下似乎难以成立，“神圣之人”必须被纳入现实政治之中，被转化为可见和可操弄的“赤裸生命”。

阿甘本对古罗马法律术语 homo sacer 的应用事实上包含了两次转化。第一次转化如上文所说，将“神圣性”转化为世俗权力可操弄的“主权”，第二次转化就像国际象棋的隐藏规则“王车易位”(Castling)② 一般，将“掌握主权者”和“法外人”通过类似“双重排除”的形式推入同一领域中。阿甘本引用了恩斯特·坎特罗维兹(Ernst Kantorowicz)《国王的两个身体：中世纪政治神学研究》(*The King's Two Bodies: A Study in Mediaeval Political Theology*) 所提及的“神秘身体”(mystical body) 或“政治身体”(political body)，认为王权的维系并不依赖于国王的肉身，而在于建立某种“政治身体”的持续性，并提到了一种特殊的葬礼形式：为国王的蜡像举办比肉身遗体更为隆重的葬礼。由此阿甘本注意到，掌握主权者的葬礼也是双重的，象征性的生命延续取代了掌握主权者的死亡，而真正与死亡密切相关的国王尸体早就在黑暗中被草草下葬，“Long live the King”对国王来说也是一种将死亡排除在外的诅咒。与此相关的另外一个例证是古罗马时期为城邦安全向神灵献祭自身的“献身者”(devotus)，

① Giorgio Agamben, *Homo Sacer: Sovereign Power and Bare Life*, p. 84.

② 在国际象棋的比赛中，双方各有一次机会同时移动自己的王和一个车，作为王的一步棋，达到位置互换的效果。

如果献身者在战斗中死亡则一切顺利（all is well），如若献身者没有死亡，则需要将他的肖像打入地下，同时用另一个人的生命进行献祭，这样献身者才能返回到正常的生活，但是他的身份却充满悖论性地成了一位“活着的死人”（living dead man）。[①]

生还的献身者和国王的蜡像之间的关联性在于葬礼对死亡的操弄，国王蜡像的葬礼吸引了将国王视为永存荣耀的众人的目光，而自然生命的死亡却无法现身于存续的秩序；生还的献身者通过自身肖像的葬礼回到日常生活，但从此之后就要成为活着的死人，悖论的存在。“虽然从某种意义上可以说，杀死 homo sacer 的罪行低于杀人罪，而杀死主宰者则高于杀人罪，但重点在于，这两种行为都不能构成杀人罪的司法案件。”[②] 这其中都隐含着某种剩余的、不可通约的“赤裸生命”，依据这两个例证，葬礼作为类比于前文“禁止”的形式将二者纳入例外状态的逻辑，掌握主权者和法外人的死亡同样不适用于任何现有的法律，且无法进入正常的秩序，掌握主权者的生命和法外人的生命之对称性意味着此类生命不再是自然生命的再生产，非 zoē 也非 bios，而是其中无法区分的混沌领域。通过掌握主权者和法外人的转化，阿甘本提出了现代政治的另一个危机：“如果说今天不再存在某一种鲜明的神圣之人形象，这或许是因为我们所有人潜在地都是‘Homoines sacri’。”[③] 这是阿甘本以“homo sacer”之名向现代人发出的警告，也是他随后将集中营作为对生命政治典范之讨论的出发点。

---

① “这个例子在阿甘本随后的讨论中被视作‘违背誓言的结果’（见阿甘本的《语言的圣礼：誓言考古学》）。在古代，誓言在本质上是有条件的自我诅咒，例如在一神或诸神的观照下，在违背誓言之后，要求进行自我惩罚。如果违誓者被杀死，这可以看成发誓者在誓言中已经将权力交付的诸神所进行的报复。由于违誓者已经成为所发誓的诸神进行惩罚的对象，他就不再属于人类社会，或者已经被逐出神所照耀的范围。”［引自蓝江（九月虺）博客《如何理解阿甘本的 homo sacer 一词》，http：//blog. sina. com. cn/s/blog_542ef2b20101chur. html］

② 引自赵倞《形象—生命——阿甘本生命之学述议》，博士学位论文，中国人民大学，2014 年，第 89 页。

③ 此处英文为“If today there is no longer any one clear figure of the sacred man，it is perhaps because we are all vitually *homines sacri.*” Giorgio Agamben，*Homo Sacer*：*Sovereign Power and Bare Life*，p. 115。作者在这里区分了“神圣的人”和“hominessacri”，似可暗示“Homosacer”与“神圣的人”意义存在的微妙差异。

三 “homo sacer”/主权者的一部分

由于针对新冠病毒全球流行期间政府所采取的封闭隔离措施而撰写的几篇文章引起诸多争议，思想家阿甘本重新回到大众的视野。在这些短文中他就像一个无视病毒状况的顽固者，对隔离和保持社交距离等防疫措施大加抨击。在2020年4月的一篇短文中，他非常奇怪为什么“整个国家都没有意识到自己已经在伦理和政治上崩溃”，甚至将他预想中那些“出于道德原则而牺牲自由”的支持隔离者比作“恶之平庸”的阿道夫·艾希曼。[①] 此时的阿甘本成了大战风车的骑士，虽有知识分子的光辉却又显得有些“不合时宜”。

阿甘本对医学的不信任由来已久，尤其是当医学和国家权力结合在一起的时候。在这里我们首先需要思考的问题是，防疫措施和疫苗通行证等举措对人身自由是否真的有所限制？答案是肯定的，相比于2019年之前的世界，我们所身处的无疑是阿甘本所说的“例外状态”的世界。但他所忽略的一个重要因素，是我们的世界，以及身处这个世界的我们究竟如何去思考与权衡这些选择。阿甘本认为，人们要选择的是自由还是生命，这是他所关注的生命政治时期以及集中营时期的伦理难题，但在韩炳哲看来，人们生活于其间的是“效率第一”的绩效社会。在绩效社会中，我们每个人都清楚，健康能够保证效率，拥有比生命和自由更重要的优先级。通过在资本主义绩效社会的背景下对暴力的思考，homo sacer似乎找到了它被阐释的新形态。

韩炳哲在《暴力拓扑学》中详细解释了绩效社会下暴力的内在化形式，他认为阿甘本没有对法律和暴力做有效的区分，他生活在一个“后集中营”的社会，却“一如既往地从例外状态或绝罚等排斥

---

① ［意］吉奥乔·阿甘本：《一个疑问》，潘震译，https：//mp. weixin. qq. com/s/q-Q0wzNEZmn-zcj10QErOA。

模型”[1] 出发思考问题。与阿甘本在他的著作开篇对福柯的疑惑[2]类似，阿甘本的“例外状态”理论和对法外人的阐释在“集中营之后”的技术革命时代也呈现出某种程度上的空白。这种空白同样能从阿甘本对 homo sacer 概念阐释的末端观察到，它们可能都被同一类巨物遮蔽。

在本文第二部分的末尾，阿甘本引出了一个令人警醒的结构：“如果说今天不再存在某一种鲜明的神圣之人形象，这或许是因为我们所有人潜在地都是‘Homoines sacri’。”在这之前阿甘本曾经有过相似的表述：“对掌握主权者而言，所有人都是潜在的法外人，而对法外人而言，所有人都以掌握主权者的方式行事。”可以看出，虽然“掌握主权者—法外人”是一个对位转化的结构，但是在阿甘本这里，他似乎更加强调所有人都是潜在法外人的情况，这确实是 20 世纪人类社会政治发展面对的主要问题。然而将此种偏向和韩炳哲的批评以及阿甘本直指“例外状态”的一系列文章综合起来观察，就会发现他一直关注的是某个至高的主体——名为利维坦的庞然巨物。由于他的思考某些时候已经和现实社会有所脱节，我们可以认为阿甘本在某种程度上已经为“掌握主权者”这个巨大强势的主体所遮蔽。那么如果回到这个结构去分析“所有人都是掌握主权者”的情况，它会成为“homo sacer”一种新的理解吗？

韩炳哲的《暴力拓扑学》可以看作对这个问题的模糊回应，也是某种残酷社会的写照。书中提出了绩效社会下暴力的形态是一种“所有人对抗所有人”的内在性暴力。韩炳哲对绩效社会的观察与分析非常透彻，但比较遗憾的是此书将绩效社会下的暴力作为一种结果进行论述，缺乏笔墨分析从规训社会到绩效社会如何转化，外在暴力又是如何被逼退到个体的心灵之中。暴力拓扑学的要义是每

---

① ［德］韩炳哲：《暴力拓扑学》，安尼、马琰译，中信出版集团 2019 年版，第 91 页。

② 阿甘本在《神圣人：至高权力与赤裸生命》导言中提到福柯从未详述过生命政治最典型的场所：集中营和 20 世纪的大型极权主义国家。Giorgio Agamben，*Homo Sacer*：*Sovereign Power and Bare Life*，p. 4.

个人都成为自己的施暴者，“全球化的世界里居住的不是坚决反抗帝国的独特个体，而是那些彼此剑拔弩张、为了自己而隔绝他人的一个个自我。所有参与资本主义生产过程的人，既是受害者，又是加害者。一旦两者合体，就不可能再有反抗”①。从韩炳哲这里，我们补全了那个“对法外人而言，所有人都以掌握主权者的方式行事”的可能性：“作为自己的企业主，他是万人之上，但他的自由仅限于此，他同时也是自己的神圣人（Homo sacer seiner selbst）。系统暴力并非排除式暴力。相反，它把所有人都囊括在内，变成系统内的囚犯，这个体系强迫他们进行自我剥削。”② 在这里，取代外部暴力的是一种名为自我意志的自我强迫，“绩效的主体误以为自己是自由的，是自己的统治者，实际却被绩效的魔力控制，把自己变成神圣人（homo sacer）”③。笔者认为，要理解这里的“自我意志”，需要把阿甘本所阐释的“掌握主权者—法外人”结构再往前推一步：如果所有人都是“homo sacer”，那么所有人也都会是“掌握主权者的一部分”。

自我与主权者的对立在韩炳哲看来是个并不平衡的结构，对它的分析仍然要回到阿甘本所使用的拓扑学意义上理解。在阿甘本的拓扑学结构中，homo sacer 与主权者保持着某种对称关系，但在韩炳哲这里完全不同：若主体作为“自我”而存在，则他所面对的“主权者”就像拉康所说的“大他者”一样，是除自身之外的一切的集合；而主体如果走向“主权者”的位置，也不能成为完整的“主权者”，而是被裹挟着成为“掌握主权者的一部分”。韩炳哲提及的“自我意志”以绩效社会为前提（如利奥塔所说，资本主义的世界中知识的价值在于其效率和可营利性，事实上这已经成了几乎一切事物的评价

① ［德］韩炳哲：《暴力拓扑学》，安尼、马琰译，中信出版集团 2019 年版，第 175 页。

② ［德］韩炳哲：《暴力拓扑学》，安尼、马琰译，中信出版集团 2019 年版，第 118 页。

③ ［德］韩炳哲：《暴力拓扑学》，安尼、马琰译，中信出版集团 2019 年版，第 191 页。

标准)，因此自我想要去这么做的意愿实际上也是一种操控，这种操控甚至不来自某个权威的机构，而更像是“别人都这么做”所以自我才有了这种想法。所以“别人”不是“自我”，但是“自我”诸多行为的驱动又由“别人”所影响，这就是阿甘本所提及“排斥性纳入”的拓扑学概念成立之处。此种关系中的“别人”也和“他者”稍有区别，“他者”在已有的哲学概念中更体现出另外一个主体的特征，而“别人”是具有群体性的非实体，它被自我排斥，但是又缺少“他者”那种异质的主体性，因为“别人”已经介入了自我的组成，甚至可以说“自我”的形成也是身为“主权者一部分”的主体所塑造的。

沿着这条思路下去，“自我—掌握主权者—法外人”将陷入一种无法区分边界的危险关系，人们认为自己掌握了自己的生活，其实在很大程度上仍然要警醒来自“掌握主权者”的塑造，这种决定论看来也许过于悲观，但足够让人产生警惕。“主权者”在韩炳哲处并不是如阿甘本所说的某个值得警惕的强大个体或组织，而是作为个体的自我永远无法进入并渴望进入的共同体，但同时人们又因为服从绩效社会的规则而永久成为这个共同体不言自明的一部分。

四　结语：如何理解争议?

随着全球形势的瞬息万变，阿甘本博客的重心也从“病毒的例外状态”转移到了俄罗斯乌克兰之战所引发的“战争例外状态”，因此，我们得以从一个较为全面的角度审视阿甘本在近几年来的思想变化与一贯立场。通过分析 homo sacer 为阿甘本带来的“主权者”与“法外人”的拓扑学结构，其关注例外状态的必要性也转化为对“主权者”的警惕。阿甘本在他关于新冠病毒相关措施的讨论中仍然延续了他批评大于实际建议的风格，博客的英文译者也提到，他曾询问阿甘本为何对于当今例外状态的分析只有宗教和政治的维度，反而缺失了经济的角度。阿甘本并没有对这个问题做出回应，并不再要求该译者翻译他的文章。[①] 阿甘本在实际社会背景层面的分析缺失导致他的观点变得十分微妙：所有人几乎都能够明白病毒以及防范病毒的措施所造成的“例外状态”对当前社会造成的巨大影响与创伤，但整个社会却好像由于某种潜在的共识而选择忽视这一点。此种共识可能就是资本主义社会下名为“健康”的自我规训与管理。韩炳哲在他对 homo sacer 结构的进一步阐释中向我们揭示了答案：在绩效社会之下，homo sacer 和掌握主权者早已不是个体与个体的对决，而是个体与群体之间模糊的身份象征与转换。韩炳哲在 2021 年出版了图书《姑息社会：今日之伤痛》（*The Palliative Society*：*Pain Today*），结合医学中的姑息疗法[②]与绩效社会对于“健康”的重视，将现代资本主义社会定义为“姑息社会”，而在新冠疫情之后，他认为民众加深的恐惧与恐惧的实体化促进了“生存社会”（society of survival）的进一步转变，如何在病毒的影响下生存成为一种近似被强迫的首要问题。韩炳哲亦在关于新冠病毒的思考中提到了阿甘本所提到的“例外状态”常态化的问题，但他是这么说的：“也许在这种病毒造成的冲击之后，欧洲将……建立一个这样的体制，如果发生这种情况，正如阿甘本所担心的那样，例外状态将成为正常。”[③] 正如弗洛姆《逃避自由》所呈现的逻辑一般，人们献祭自由以获取某种安全感，“例外状态”的出现也是某种献祭的结果，“可以被杀死但不能被献祭”的 homo sacer，最终在拓扑学的倒转中成了“可以献祭但不能被杀死”的存在。

基于以上的阐释进路，我们可以进一步思考理论的价值。阿甘本对于“例外状态”的思考与警惕无疑是正确的，但又饱受争议。韩炳哲建立在福柯和阿甘本基础之上的微观暴力理论构建了一幅极为绝望的图景，却又能看到现实在其中运行的合理性。能够引人深思的理

① Adam Kotsko，“What Happened to Giorgio Agamben?”.

② 姑息疗法可被理解为一种病程晚期无可奈何的治疗方法，在无法根除病灶的条件下尽可能减轻症状。

③ Byung-Chul Han，“Asia is Working with Data and Masks”，*Reading the China Dream*，https：//www.readingthechinadream.com/byung-chul-han-coronavirus.html.

论，其正确或错误、保守也好激进也罢，都不是它影响现实的关键因素。用单一的理论去阐释现实本就是失之偏颇的行为，但现实对理论的催化却能为理论打开新的空间。当我们的思想走到这里，发现阐释的诸多可能性之后，理论的全新意义才能被进一步揭示，阿甘本警醒“例外状态”的坚持也就更值得在当下得到重新和全面的审视。

阐释学中的间距问题与理解的合理性、超越性

姚亚峰*

摘　要：间距问题在阐释学研究中是一个重要的元素，一些阐释学理论家都基于各自的理论视角对它进行了阐发。阿斯特、施莱尔马赫坚持对于文本的阐释应当回到作者的历史话语语境中。伽达默尔和利科认为间距是一个积极的、具有生产性的概念，间距丰富了理解的可能性和意义的生成。与间距相关的阐释学问题主要是理解和意义。间距对于意义的影响在于，读者不仅要在“文本关联度”“核心意义”的基础上追求理解的合理性，更要在一种生存意义和读者—文本关系的基础上完成理解的超越性。

关键词：间距　理解　意义　合理性　超越性

在阐释学的研究中，间距（distance）一直是一个重要元素，间距的分析对于我们研究阐释学中的一些基本问题都很有启发，如理解、语言、意义、作者与读者的问题等。顾名思义，“间距”主要是一个由距离而产生的、具有时间和空间跨度的理解方面的概念。在阐释学研究中，“间距”问题还体现为文化间距、心理间距、历史间距

* 姚亚峰，山西人，浙江大学文学院博士研究生，研究方向：文艺美学基础理论、阐释学。

等多样形态。现今学界对间距的问题做出了细致的分析，他们或从“间距”一词本身出发，或从阐释学史中一些具有代表性的思想出发，给了我们重要的启示。但是，一些对间距的研究总是会稍显混乱，在间距与理解、意义等问题上的思考较为模糊。围绕着间距理论以及理解和意义的合理化与超越性展开的讨论能够帮我们厘清这个范畴的相关问题。

一 阐释学史中关于“间距”的主要争论

在阐释学的研究历史中，对于“间距”问题的讨论一直是阐释学家们的议论热题，理论家们从各自的角度和立场对“间距”的问题进行了阐述。首先，我们不得不承认，“间距”是的确存在的，无论从物理学意义上还是从人文心理的角度，基于时间的不可逆性和距离的疏远，间距随之而生。不过，在不同阐释学家的讨论中，他们对于“间距”的作用、意义等问题却持有不同的观点。

德国语文学家、哲学家阿斯特（Friedrich Ast）认为理解文本要把握“作者的意向”，理解作者的心理和思想，回到古代来揭示古代的精神。他曾说：“作品的意义和个别段落的意义是从作者的精神和倾向中演绎出来的。只有那个领悟并熟悉了这些精神和倾向的解释者才能够按其作者的精神理解每一段落，并揭示它的正确的意义。”① 施莱尔马赫也曾说：“作者生活和工作的时代的词汇和历史构造了他的著作所有独特性得以被理解的整体。”② 他认为要克服间距进而回到作者创作文本的原初语境，理解就是要重建文本作者心理意图的过程，我们对于文本的理解要克服间距，避免误解。更重要的贡献是，施莱尔马赫认为这个重建作者意图的过程主要通过语法的阐释和心理的阐释两个过程，语法的阐释主要是研究古代文典、宗教圣典时所采

① ［德］弗里德里希·阿斯特：《诠释学》（1808），载洪汉鼎《理解与解释：诠释学经典文选》，东方出版社 2001 年版，第 14 页。

② ［德］施莱尔马赫：《诠释学讲演》（1819—1832），载洪汉鼎《理解与解释：诠释学经典文选》，东方出版社 2001 年版，第 62 页。

取的方法。他认为这种文字的、表面的阐释不足以完全把握作者的心理和思想，更重要的是要通过克服间距、进入他人心理建设和内心思考的过程来完成对于文本的阐释。

从阿斯特、施莱尔马赫来看，他们都坚持这样的观点：对于文本的阐释应当回到作者的历史话语语境中，通过历史语境中的作者和文本来进行理解。他们对于间距和文本阐释的理解具有一定的合理性，因为任何文本的书写都是由作者完成的，字里行间都渗透着作者的情感与思想。到了哲学阐释学研究中，对于间距问题的论述比较系统和具体的主要是伽达默尔和利科。他们都承认“间距”问题在阐释中的客观存在，但是对于间距在文本阐释中的类别、形态等有所不同，他们二人基于自身的哲学立场和阐释学思想对“间距”进行了不同的阐述。

伽达默尔对于间距的思考主要是从时间间距（zeitenabstand）的角度来切入的。他不同意浪漫主义阐释学“回到作者”的心理主义阐释学观点，因为基于经验的历史性、视域的局限性这种意图显然是很难办到的。在伽达默尔看来，每一个阐释者都是他们自身具体的、历史的存在，“每一时代都必须按照它自己的方式来理解历史传承下来的文本，因为这文本是属于整个传统的一部分，而每一时代则是对这个传统有一种实际的兴趣，并试图在这传统中理解自身”①。时间间距不仅不需要克服，反而，它是理解得以形成的条件和意义产生的基础。在作者和理解者漫长的时间间距里，存在着很多基于时间传承下来的各种历史和传统，这些传承物将我们和文本的作者连接起来，它提供了一种理解的多样性与丰富性。所以，伽达默尔说：“事实上，重要的问题在于把时间距离看成是理解的一种积极的创造性的可能性。时间距离不是一个张着大口的鸿沟，而是由习俗和传统的连续性所填满，正是由于这种连续性，一切传承物才向我们呈现了出来。”②

① ［德］伽达默尔：《诠释学Ⅰ 真理与方法——哲学诠释学的基本特征》（修订译本），洪汉鼎译，商务印书馆2010年版，第419页。

② ［德］伽达默尔：《诠释学Ⅰ 真理与方法——哲学诠释学的基本特征》（修订译本），洪汉鼎译，商务印书馆2010年版，第421页。

与伽达默尔有所不同的是，利科对间距的分类和功能做了更为细致的分析，“间距”（distanciation）在他的阐释学理论中是非常重要的概念，他在《间距的阐释学功能》一文中列出了四种间距。

（1）话语中意义与事件之间的间距：在利科看来，话语具有事件性，这和较为封闭、固定和静态的语言系统不太相同。我们在重视话语的其中一极（事件）的同时还要重视话语的另一极——含义。话语的事件性是当下性的、瞬时性的，也就是本维尼斯特（Benveniste）所说的“话语时位”（instance du discours）[①]。话语发生时，事件作为当下性的伴随也就顺势发生而结束，但是事件中的意义却持续留存。当话语作为被理解的对象而进入之后的理解过程中时，话语中的含义就已经超越了事件。也就是说，话语的事件性、特定语境等已经消失，而话语中的含义却被保存下来。而且，随着时间的流逝，我们与作者的距离越远，这种间距也就越明显。

（2）作者的话语与书写文字之间的间距：作者彼时的话语中的事件性和意义性，当通过书写文字记录下来时则发生了转变，文字脱离文本而使文本独立，“首先，关于作者的意图方面，书写文字使得文本恢复了自主权。文本所指称的不再与作者所说的保持一致”[②]。书写的文字间隔了文字的意义和作者原初的语境与意图，文本意义需要通过之后新的、不同的语境进行理解，文本的世界与作者的世界隔离开来。不仅如此，随着时间流逝，这种间距会越来越大，与作者原初的话语语境也越来越远。也就是说，当我们看到书写的文字时，它与作者原初的话语并不相同，书写文字中的意义或多或少都和作者存在着差异和间距。

（3）书写文本语境和日常对话语境的指涉不同：受到弗雷格关于“意义”（sens）和“指称”（référence）思想的影响，利科注重分析话语中的指涉和外延。口头话语因为对话的双方具有共同的、共

① “instance du discours”是本维尼斯特话语理论中较为核心的概念，也译作“话语瞬时发生”“言语之际”等。

② Paul Ricoeur, *Du texte à l'action: essais d'herméneutique*, *II*. Paris: Seuil, 1986, p. 111.

享的语境，对话中的一切具体问题都能得到明确的指涉，对于意义的当下把握和理解也是最为贴切的。当话语通过书写而记录到文本中时，作为理解过程中的读者不再与作者享有共同的语境，它的指称也发生了新的变化，“于是，我们所谈论的文本世界不再是日常的语言，在这个意义基础上，它创建了一种可以说是真实与它自身的新间距”①。正是这种对于现实指称的消除，才让文学（诗歌、小说、戏剧等）成为可能。正如利科所希望的，当这种新的指称发生变化时，我们不再需要去探寻作者彼时的话语语境，文字脱离了具体时空的束缚而获得了解放，进而转向一个“文本世界”（le monde du texte）。

（4）读者自身与“更广阔的自己”之间的间距：理解的最终目的就是要理解自身，但是理解自身的过程并不是直接到达的，也不是和最初进入理解过程之前的自己等同的，我们需要通过理解的中介迂回来完成。利科说：“与我思（cogito）传统以及通过直接直觉认识自己的主体性意图相反，应该要说，只有通过被沉淀在文化作品里的人类符号的大迂回我们才得以理解我们自己。”② 任何理解、反思都是通过文本来完成的，文本是由书写下来的话语构成的，话语中含有意义。理解就是在文本面前理解自己（se comprendre devant l'œuvre），我们通过这种人类文明中的各种文化符号的媒介来接受一个“更广阔的自己”（un soi plus vaste）。

可以看到，按照哲学阐释学的观点，间距是理解的条件，是作为一个积极的、具有生产性的概念引入阐释学领域中的，间距丰富了理解的可能性和意义的生成。进一步平行比较，我们也发现，无论是读者与作者之间的时间、距离间距，还是话语本身意义与事件的间距，抑或是日常语境和文本语境的间距等，这些分类基于各自的角度都有一定道理。他们对于间距的争论可以让我们对间距问题的争论点和问题的关注点有一个重要的把握，那就是围绕间距讨论的问题跨度很

① Paul Ricoeur, *Du texte à l'action: essais d'herméneutique, II*, Paris: Seuil, 1986, p. 115.

② ［法］保罗·利科：《从文本到行动》，夏小燕译，华东师范大学出版社2015年版，第122页。

广。但是，这个问题有两个关键的维度，那就是理解和意义。

二　间距对于理解事件本身的影响

回到间距问题本身，我们发现围绕间距讨论的各种间距形态都离不开两个重要的问题：间距对于理解的影响是利还是弊的问题；间距与意义的合理性、契合度和超越性的问题。间距和理解本身这个问题的争论点主要在于“间距”对于理解是否是有利的，在理解的过程中我们应该克服间距还是把间距当作理解得以存在和发展的条件。从文本理解者的角度出发，这和他对于文本解读的心理期待和意义获取密切相关，或者换一个说法，文本的解读者究竟要从文本中得到什么？或者说他们要从这个文本中获得的意义和收获的程度，这是一种重要的思路转向。

其中一极的情况是：如果要完全地、完满地追溯和还原文本作者的原初语境和文本含义，那么间距在某种程度上的确造成了理解方面的障碍。因为当读者开始阅读作者的文本时，此时读者的语境与作者创作文本时的语境早已不再相同，无论是社会历史环境还是作者彼时的心情和思想，经过间距的阻隔，这都对完全准确理解作者的思想造成了一定的影响。先以一些较短的文本为例，也许刚才说过的、没发生多久的事情过一段时间就不可能完全记住当时话语中的具体情境和思想感情，正如先前提到的“话语瞬时发生”，这是不可避免的。也就是说，虽然间隔了比较短的时间，从完整、完满还原的角度去衡量，这都是很难实现的。生活中一些简单的文本都是如此，那么经典的、内容丰富的文史哲的作品则更不用说，它们其中丰富的历史、知识和文化经历了多种类型的间隔，要想完全还原原初的语境无疑难度是很大的。所以，从“完全正确地理解作者彼时的语境”这个角度来看，间距无疑是形成了一种障碍，它间隔了读者和作者之间的语境联系和意义确证。而且这种间距越大，对于作者原意的把握就越难。

或许，我们可以根据时间流传下来的各种史料记载去了解作者所处时代的历史背景和文化思想，但是这也仅仅是一种从外部进入文学作品、进入作者思想的一种渠道，并不能完全正确地把握作者原意。当然，也许我们可以更多地从呈现给读者的、作者书写下来的文本文字入手，从内部去完全理解作者的思想。首先，不得不承认，这的确是作者所写，它反映了作者的一些思想和感情，“严格说来，作者绝不会弄错自己所指的意思；换言之，作者绝不会弄错他们作为自己创作出的文本的读者理解到的东西”①。但是呈现在眼前的文字是否能够完全代表作者的思想这也值得我们深思，如叙事学中提到的“不可靠的叙述”（the unreliable narration）、马舍雷的“文学沉默”等。或许因个人表达和社会历史背景的原因，作者的一些真实情感只能通过象征、隐喻、含混、反讽等手法来进行加工；或许更进一步，作者选择了沉默，留下具有意义生成性的空白。所以，无论是通过作者书写的文本还是通过对作者所处时代的社会历史背景进行考察，都很难完全还原作者的本意。在这层意义上，间距对于理解是有一定的障碍的。

另一极的情况是：如果不追求完全的作者本意，而是将主要的意义建构放在通过文本文字的阅读和体会上来看，那间距带给读者的并不完全是障碍，而是一种意义的生成和丰富。在这种情况下，我们抛弃了对于文本作者原意完全把握的执念，将文本的意义更多地赋予文本自身的呈现和读者对于文本意义的把握。这时，“间距的隔离”帮助我们摆脱了作者文本原意的桎梏而将意义生成的主动权交还给读者，间距促成了理解的意义的生成。此时，我们不再去完满地追求作者的本意，也不再过度纠结于间距到底给我们带来了利还是弊，我们更关注的是理解者对于文本的富有创造性、发散性和生成性的阐释。伽达默尔曾说：“文本的意义超越它的作者，这并不只是暂时的，而是永远如此的。因此，理解就不只是一种复制的行为，而始终是一种创造性的行为。”② 作者权力、完满原意的衰落正是为文本意义的生

① ［美］乔治·J. E. 格雷西亚：《文本性理论：逻辑与认识论》，汪信砚、李志译，人民出版社 2009 年版，第 173 页。

② ［德］伽达默尔：《诠释学Ⅰ 真理与方法——哲学诠释学的基本特征》（修订译本），洪汉鼎译，商务印书馆 2010 年版，第 419—420 页。

成提供了发生的机遇和可能性。

在哲学阐释学中，为什么不再把“间距”看作理解的障碍而是当作理解得以形成和意义可以生发的条件？首先，一个很重要的前提就是哲学阐释学带来的存在论转向，这主要是和海德格尔、伽达默尔和利科的贡献分不开的。古典阐释学的动机和想法在伽达默尔看来“无论是近代的神学诠释学还是近代的人文主义诠释学，都是要正确解释那些包含需要重新争得真正权威性东西的文本”[①]。古典阐释学主要是对于古籍、经文、典籍等进行注释，把阐释和理解看作主体意识对于对象客体的一种认识和把握。到了哲学阐释学的阶段，重心是研究理解问题本身以及作为此在的人在理解、历史、传统和世界中的经验和自身建构。

海德格尔将理解和阐释看作此在（Dasein）的存在方式，他认为理解的本质就是作为此在的人对于自己存在本身的理解，就是对于自己生活和世界的理解。他不是以理解文本为开端，而是从此在本身出发来寻问和观照人的生存问题。伽达默尔基于海德格尔的理论完成了自己对于哲学阐释学的创建，他将关注的重点放在理解的过程中的每个理解者，他们都可以从自身的历史文化背景去解读文本，进而达到自己对于意义的把握。间距不再是理解的障碍，而是具有生产性和创造性的地方。在哲学阐释学中，作者原意的把握和完满的作者思想的权威已不再是一种追求，也不会再给文本的阅读者和理解者造成压力与困惑，文本的理解和阅读更重要的是自身对于意义的把握和此在的建构。

从这个视角出发，我们会发现间距在理解的过程中具有重要的地位，这充满时间、历史、传统等各种要素的间距为理解提供了可能性和丰富性。间距具有不同的类型，有读者和作者的间距；有语言间距、时间间距、心理间距等，这些差异性和多样性也为文本意义的丰富性和生产性提供了帮助。例如，将一些外文的诗歌译为中文，诗文的表达在不同的语言之间转换和生成，这些都会给阅读者带来形象生

① ［德］伽达默尔：《诠释学Ⅰ 真理与方法——哲学诠释学的基本特征》（修订译本），洪汉鼎译，商务印书馆 2010 年版，第 118 页。

动的阅读感受和意义丰富的生命体验。可以说，正是因为间距的存在，我们才得以跨越时间和地域的界限让精神和思想穿梭于古今，能够在多年流传下来的各种史料记载基础上去理解古代的著作，能够和那些作者“对话”，进一步还能在阅读文本的基础上完成自身意义的建构和文明社会的建设。

三 基于间距的意义确证与合理理解

前面我们主要谈论了间距对于理解的影响这个问题，间距的另一个重要问题就是与意义的关系，阐释的最终目的都是一种意义的把握和占有（appropriation）。回溯从阐释学史关于间距问题的讨论我们会发现，间距与“意义”的问题始终是密切相关的，无论是哪种间距，都与意义的准确度和合理化的问题相关。

讨论这个问题的前提是要先弄清楚文学阐释中“意义”（meaning）这个词的限定条件有哪些。美国阐释学家乔治·格雷西亚（Jorge J. E. Gracia）在《文本性理论：逻辑与认识论》一书中认为和意义相关联的因素主要有：作者、读者、语境、社会、语言、文本、文化功能。[①] 这个精确的划分给了我们很多启示，其中有五种因素对于意义的影响是非常重要的：作者、读者、语言、社会历史文化环境、语境。其中，作者和读者的部分都各自包含了其自身的生活经历、知识构成、情感生命体验等个体化的因素。语言和语境主要是围绕着文本的一些具体内部细化的部分。

仔细思考我们会发现：似乎没有哪一个要素能够独立解决这个问题，因为无论是哪类文本的阐释都离不开这些要素，无非是具体实践中呈现出一定的差异性。也就是说，针对不同类型的文本，我们在理解过程中对于不同的要素之间有所偏倚和侧重。例如，对于偏重于现实主义的作品如《战争与和平》《双城记》等进行理解和解读，那么

---

① ［美］乔治·J. E. 格雷西亚：《文本性理论：逻辑与认识论》，汪信砚、李志译，人民出版社 2009 年版，第 147—161 页。

作者的创作动机、历史背景还原、现实主义的语言风格等是我们把握意义的重要环节。而对于偏想象、抽象的或者作者个体化风格很强烈的作品，那么对于文本的理解则不仅需要前面提到的因素，还对读者自身的知识构成、想象、灵感、语言等理解能力也有要求。此时，理解中的间距问题仍然存在，或者说，更是一种具有弹性（elastic）的间距。我们不能极端地、绝对地只偏重于其中一个方面，这样会陷入一种理解的障碍和限制。理解者在不同的要素之间游离，在“走进”和“走出”文本之间不断尝试。我们要根据具体的、历史的、当下的理解状态进行取舍和把握，根据不同类型的文本和理解实践的具体情况而寻找阐释的视角。

这种意义要素之间的关联度为我们的理解划了一个初步的限定：理解的合理性。理解的合理性首先要求我们要面对文本，面对作者创作出来的文本自身，我们一定要先试图弄清楚作者说了什么，理解作者的基本意思。我们面对一个文本，首先要把握它的主要意思，或者说是“核心意义”，这是我们进入文本的必要步骤。它是和“文本关联度”息息相关的，也是基于人认识事物的顺序和逻辑思维决定的。例如，我们对一本小说进行阐释，最初肯定要先从字里行间把握它的基本含义，至少弄清楚作者想要表达的基本意思。这也是人认识事物的基本逻辑顺序，对对象基本信息的把握是必须先完成的。如果没有对文本意义的基本把握，那么很容易陷入极端相对主义的理解思想，陷入一种无头绪、无顺序的理解怪圈。不仅如此，如果有两个甚至多个理解者围绕一部作品进行理解和对话，如果不能基于这种基础，理解则会变成毫无重点、各无关联的众说纷纭，变成没有中心与关联的阐释对话。我们在文学理论中常常提到“确定性和不确定性的统一”，这种“文本关联度”“核心意义”的理解的合理性就是确定性的表现。

四 间距与理解的超越性

当从理解的超越性这个层面再去看间距的问题时，我们慢慢发现间距已经不仅仅是一个物理学意义上的时空和距离的问题了，它是一个包含着丰富历史经验、文化传统和生命体验的文化的含义。基于这种变化，理解者可以在这具有各种丰富元素的间距中建构自身的意义，这是间距对于我们当下经典阐释、文化继承和发展创新带来的现实意义。例如，中国古代文化中的很多传统、习俗都在漫长历史进程的不断阐释和实践中得到了丰富和优化，这是间距带给我们关于文化阐释上的发展性与丰富性。而且，从实践的角度来看，这也是很有道理的，文化、精神、思想的解释和传承需要经过漫长的时间和不断的实践来考量，这样才能得到最为有意义的理解和建构。

伽达默尔认为："实际上应该把时间距离当作理解的积极的建设的可能性来认识。时间间距被习俗和传统的持续性填满，正是在习俗和传统的光照中所有的传承物向我们显示。"① 这些丰富和多样的间距是间距能够成为理解的条件的一个原因，这漫长的间距中包含了任何意义的创生和可能，能够让理解者基于自身的时代背景和精神世界去考量和选择。此外，就是伽达默尔认为间距具有一种消除和过滤的作用，目的就是剔除那些容易产生误解的"假前见"而保留能够促成理解的"真前见"。他曾说："这不仅是指新的错误源泉不断被消除，以致真正的意义从一切混杂的东西中被过滤出来，而且也指新的理解源泉不断产生，使得意想不到的意义关系展现出来。"② 的确，人类漫长文明史的历程中，对丁一些文本的理解总会有好坏、正误之分，经过漫长的历史文化岁月沉淀，那些正确的认识与理解会不断被前人接受、记载和流传，反之则遭到淘汰。里瑟尔（James Lisser）也曾谈到了这种时间间距的作用："当然，意义的出现是一个无限的过程：错误的新鲜来源被排除了，而理解的新的来源不断地涌现。因此，时间距离充当着把合法的偏见与那些阻碍理解的偏见区分开来的

---

① ［德］伽达默尔：《诠释学Ⅰ 真理与方法——哲学诠释学的基本特征》（修订译本），洪汉鼎译，商务印书馆2010年版，第78页。

② ［德］伽达默尔：《诠释学Ⅰ 真理与方法——哲学诠释学的基本特征》（修订译本），洪汉鼎译，商务印书馆2010年版，第422页。

过滤器。”①

间距的作用经历了从“理解的障碍和需要克服的对象”到“理解的条件和意义生成的多样性”的转变，跟随这个变化的过程我们也能够发现阐释学中对于阐释和理解的观点的变化，一个从作者转向文本和读者的变化过程。理解者在与文本相关的各种弹性的间距中把握到了文本的基本意思和核心意思，但这并不能够代表对于文本理解的完成。在理解的合理性的基础上，我们更应该在这种间距功能性的基础上超越作者和文本，通过对于文本的理解和阐释而建构自身，完成自己“生存意义”的建构。这对于每个具体生存者的自身阐释是如此，对于国家文化的阐释也是如此。文化阐释和精神文明建设应当立足于具体的历史当下，和具体的历史文化发展相结合，以社会文化的发展和生存为重要目标。阐释学要想走出方法论的困境进而与生存论相联系，并且要走出局限而通往普遍性的阐释学，必须关注阐释学的“生存”维度，“一言以蔽之，人是在理解自己的历史中理解人自己”②。

阐释就是人基于自身认识对象世界的需要和通过对象来建构自身的一种生命本质活动，是人的能动的、生命的、本能的认识对象世界的活动，它是人存在的一种方式，“人总在寻求解释，因为解释源于人生的困惑。而且，解释成了人的‘生存方式’”③。人的物质生产和生命精神活动都离不开理解和阐释的推动，无论是大环境的人类文明历史、传统文化、社会制度等，还是小到个人的心理结构、情感体验、知识学习、生活经历等都有人不断阐释对象世界的过程，理解就是人的一种存在方式，正如伽达默尔所说：“理解就是人类生命本身原始的存在特质。”④ 人类正是因为不断地阐释、理解和总结经验，

---

① ［美］詹姆斯·里瑟尔：《诠释学与他者的声音：重读伽达默尔的哲学诠释学》，李建盛译，北京大学出版社 2021 年版，第 104 页。

② 殷鼎：《理解的命运——解释学初论》，生活·读书·新知三联书店 1988 年版，第 100 页。

③ 李咏吟：《解释与真理》，上海译文出版社 2004 年版，第 57 页。

④ ［德］伽达默尔：《诠释学Ⅰ 真理与方法——哲学诠释学的基本特征》（修订译本），洪汉鼎译，商务印书馆 2010 年版，第 370 页。

才能在破旧到革新、陌生到熟悉、兴趣到寻问、学习到掌握之间实现人类的进步，进而完成人类从上古时代到今天文明社会的转化。所以，理解的生存维度是哲学阐释学带给我们的重要理论贡献，正如利科所强调的："因此，理解就不是一个认识的模式，反之它是一个存在的模式（un mode d'être），一个通过理解而存在的存在方式。"① 所以，理解的"生存维度"在理解的超越性中显得最为重要，理解最终面临的都是一个生存的问题，这就需要超越作者和文本的本意来反思和建构主体自身。

进一步分析，理解要从作者转移到文本和接受者自身，要超越作者和文本进而完成对于自身的建构，除了"生存论"的原因，主要还与其他几方面相关：首先，是因为作者的原意的脱离。跨过了漫长的理解的"间距"，理解者所处的各种具体情况和作者的原初语境不再相同，这点我们在利科对间距的细致分析中可以深刻体会到。利科将阐释和理解的重心放在了文本上，这个"客观化"的文本自身，这样的文本具有三重的文本自主性（l'autonomie du texte）："关于作者的意向；关于文本产生的文化环境和所有的社会条件；关于最初的接受者。"② 它独立于作者的创作意图；独立于文本原初的话语语境；独立于文本最初指向的理解者而向之后的读者敞开文本自身，意义就固定在文本之中，以文本为中心，根据文本为我们敞开的意义的空间来找到自己的位置，把握和文本的距离。正是在这种独立性意义的基础上，我们更需要通过文本展现的意义来完成一种理解的超越，通过文本来反思和建构自身。

其次，是主体自我意识的觉醒和行动权利的解放。从阐释学史的角度来看，阐释学——"hermeneutics"的词源就与古希腊神赫尔墨斯（Hermes）往返于上帝和人间、进行圣人之言的翻译与传达有关，所以最早的阐释学一直和解经学（exegesis）是分不开的。在那时，

① Paul Ricoeur, *Le Conflit des Interprétations: Essais d'Herméneutique*, Paris: Seuil, 1969, p. 11.

② Paul Ricoeur, *Du texte à l'action: Essais d'herméneutique, II*, Paris: Seuil, 1986, p. 366.

阐释学执迷于准确的、完美的上帝之言的理解，所以读者在面对文本时的状态是非常消极和被动的，他们要完全服从于神之言。但是，这种神学阐释也避免不了言谈的多元性和含混性，特雷西说过："作为对终极实在的思考和反映，作为对存在之有限性的思考和反映，神学诠释也如所有其他诠释活动一样，必须始终是一种高度冒险的和不确定的追问方式。"① 经历了文艺复兴、新教改革和启蒙运动，经历了近代科学技术的发展进步，人们不再受制于神的压迫被动地去接受和认知文本，而是发现和发挥人自身的主动性和能动性，主动地理解和体会文本。同时，跳出"解经"的方法论而趋向其他文本的阐释学方法论的觉醒，这种主体意识的觉醒将人从神的桎梏中解放出来，不再执迷于圣人之言，主体意识的觉醒为理解的超越性带来了内在的动力和发展进步的需要。

再次，从文本的语言和文本自身结构的角度看，语言文字具有隐喻、象征、多义、含混等能够使得语义产生丰富性和多义性的特征。正是这语词的丰富性和多义性，使得读者能够通过语言文字结合自己所处的社会历史环境寻求自己对于文本的理解，进而超越文本的原初意义建构自己的理解。在文本自身的结构中也包括一些富有可能性和意义发展性的"未定点""空白"，它们作为一种强烈的"召唤"吸引读者进入文学交流和阐释的过程中，文本的意义在这种理解和阐释中不断生成。这些需要读者在理解文本时去不断填充和丰富，它们的存在对于文本的意义构成也是一种发展和超越。

最后，也是很重要的一点，从理解事件本身来看，任何理解都是一个过程性的、未完成的事件，每一次理解都是在"前理解"基础上的再创造。受制于读者有限的视域、经验和理解能力，同时也受到外部社会历史发展阶段的影响，对于文本的理解总是不能够完全和完尽。伽达默尔在分析文本和理解时给过精彩的分析，他说："'文本'在此必须被理解成一个诠释学的概念。这就是说，不要从语法学和语

① ［美］特雷西：《诠释学·宗教·希望——多元性与含混性》，冯川译，上海三联书店1998年版，第138—139页。

言学的角度来看待文本，亦即不要把它看作完成品，可以据此分析它的制作，并企图撇开它所传达的所有内容去阐释语言据以起作用的机制程序。从诠释学的立场看——也就是第一个读者的立场——文本就是单纯的中间产品（Zwischen produkt），是理解事件中的一个阶段，作为这样一个阶段，它必须包括某种抽象，亦即甚至把这个阶段也孤立化和固定化。"① 文本必须不断地与理解和阐释发生联系，必须经过长期不断的理解和阐释才具有存在的价值。例如，一个人在中学读《平凡的世界》和其在大学、成年后的不同阶段读，对于作品的理解是完全不同的，每次阅读都会产生新的、不同的体验，每一次对于文本的理解都是读者和文本具有开放意义的"阐释学对话"。其实，从这个角度看，这也是文学艺术阐释、经典文化阐释的无限魅力所在，它们能够在漫长的历史文化中留存，不断地给每个时代的人带来不一样的阅读感受和生命体验，这也是阐释的张力和生命力所在。一切对于终极性意义的追求都是幻想，理解不是一种一次性的行为，它是一个无穷无尽的意义不断生成的过程，是在历史和传统之中不断更新和生成意义的过程。

总之，这种基于间距的阐释思想对于我们理解与传承经典文化、学习阅读文艺作品和主体自身的自我建构都具有积极的现实意义，值得我们深入思考。现代哲学阐释学的发展为我们带来了丰富深刻的思考，阐释者要在具体的、历史的境遇中对文本进行理解，通过文本的中介进行自身生存意义上的建构。读者不仅要在"文本关联度""核心意义"的基础上追求理解的合理性，更要在一种读者—文本关系和生存论意义的基础上完成理解的超越性。

① ［德］伽达默尔：《诠释学Ⅰ 真理与方法——哲学诠释学的基本特征》（修订译本），洪汉鼎译，商务印书馆2010年版，第428页。

批评的胜境

“述而不作”的阐释学视角之阐释

任　龙*

摘　要：“述而不作”是孔子阐释学思想的集中概括。结合阐释学的相关理论，可以发现“阐述”与“复述”不仅是完全不同的两个义项，更代表着两类不同的阐释学认知。《论语》中的“述”包含对于原意的寻求，而追寻原意又有着种种不同的路径。无论认为原意是来源于文本还是来源于作者，无论想从外部世界还是意识本身去求取原意，原意都是难寻的。纯粹的复述难以企及，即便翻译活动表面上看来同复述十分近似，详细分析后也会发现两者其实相去甚远。“述”中有“作”、“作”中有“述”，“述”与“作”之中还蕴含着多样的权力梯级。

关键词：述　作　阐释学　原意

《论语》中的“述而不作，信而好古”是孔子的阐释学思想的一个相当重要的概括。将其纳入阐释学的理论脉络，结合相关的阐释学资源仔细对其加以解析，有助于我们更加深入地理解“述而不作，信而好古”的深刻内涵。“述而不作”中的“述”究竟是何意？人们力图加以复述的原意又在何处？有没有一种纯粹的“述”？“述”与

---

* 任龙，男，1990 年生，河北师范大学文学院讲师、硕士生导师，中国人民大学文学博士。主要从事西方文学与西方文论研究、卡夫卡研究。

“作”的内部又包含着怎样的层级关系？在对“述而不作”进行具体阐释的过程中，这些问题的解答同样会慢慢浮现。

一 “阐述”与“复述”

“子曰‘述而不作，信而好古，窃比于我老彭’。”① 《论语》中的这句话我们虽然耳熟能详，但仔细辨析却是大有深意。对这句话的理解存在一个关键性的基点，即如何理解“述”的含义。比较通行的看法是将“述”解释为“复述、阐述”。朱熹《论语集注》云：“述，传旧而已。作，则创始也。故作非圣人不能，而述则贤者可及。窃比，尊之之辞。我，亲之之辞。老彭，商贤大夫，见《大戴礼》，盖信古而传述者也。”② 述即“传旧”，作即“创始”，因而这里可以将“述”译为“复述”。在现代汉语的语境下，“述”也常被译为“阐述”。杨伯峻《论语译注》即称，所谓“述而不作”，就是“阐述而不创作”③。于是，“述”与“作”的关系就是复述、阐述前人的思想与发表自己的见解之间的关系，是传承与创新的关系。

此类说法看似清晰明了，然而一旦引入阐释学视角，我们则会发现其中的复杂性。“述而不作，信而好古”被研究者视为孔子的“诠释原则”④。这一点在《论语》的译介和传播过程中也相当明显。该句的一种英译本译为：“Kong Qiu said：‘Interpretation without creation, the love of ancient culture with a tendency to trust, I compare myself with Lao Dan and Peng Zu in private.’”⑤ 无论是“述而不作”所表达的内涵，还是将“述”字译为“interpretation”的做法，都把“述而不作”同阐释学这一思想脉络紧紧地联系了起来。

---

① 杨伯峻：《论语译注》，中华书局 1980 年版，第 66 页。

② （宋）朱熹：《四书集注》，北京古籍出版社 2000 年版，第 103 页。

③ 杨伯峻：《论语译注》，中华书局 1980 年版，第 66 页。

④ 刘耘华：《诠释学与先秦儒家之意义生成：〈论语〉〈孟子〉〈荀子〉对古代传统的解释》，上海译文出版社 2002 年版，第 40 页。

⑤ 罗志野：《〈诗经〉〈论语〉〈孟子〉英译》，东南大学出版社 2017 年版，第 124 页。

在对“述”字加以解释的过程中，“复述”与“阐述”常被视为同义词使用。问题在于，在阐释学的视域下，上述两个义项实际上存在着十分显著的差异。阐释学认为，“阐述”往往会带有阐释者的主观意图。“复述”则希图再现原意，强调排除阐释者的思想。张隆溪在辨析阐释学的词源时即指出：“阐释学（Hermeneutics）”的词源赫尔墨斯（Hermes）在希腊罗马神话中的身份有其特别之处：“希腊人和罗马人相信他既是雄辩者的保护神，又是骗子和窃贼的保护神，其模棱两可也就可想而知。”① 阐释、阐述的鼻祖赫尔墨斯同样庇护着骗子与窃贼，这一点恰恰显示出阐述行为不完全是客观的，其中包含阐释者的加工、建构乃至曲解。

既然不能不加辨别地混用“复述”与“阐述”两个词义，那么《论语》中“述而不作”的“述”究竟是“复述”还是“阐述”呢？回归原文，此句中“述”与“作”两个概念是对举关系。“不作”为“述”这一行动提供了基本限定，也就是说，只有达到“不作”，才是真正意义的“述”。如此看来，“述”排斥阐释者的主观创造，将其理解为“复述”应该更为恰当。古人所偏重的常常也是“复述”这一词义。朱熹所讲的“传旧”② 就是如此。皇侃亦云：“述者，传于旧章也。作者，新制作礼乐也。”③ 这与朱熹的说法别无二致。不过皇侃上升到统治者的高度去理解“述而不作”，指出“作”是新制作礼乐之义。“夫得制礼乐者，必须德位兼并”④，礼乐不仅要制定，还应推行。因而只有德行是不足够的，还须有权位。孔子有德无位，所以倾向于“述而不作”。

宋翔凤云：“老子曰：‘圣人处无为之事，行不言之教。’无为而有事，不言而有教，非居敬而何？……其书二篇，屡称圣人，即‘述而不作’也。又曰：‘执古之道，以御今之有，能知古始，是谓

① 张隆溪：《神·上帝·作者评传统的阐释学》，《读书》1984 年第 2 期。

② （宋）朱熹：《四书集注》，第 103 页。

③ （三国）何晏、（梁）皇侃：《论语集解义疏》，世界书局 1935 年版，第 63 页。

④ （三国）何晏、（梁）皇侃：《论语集解义疏》，世界书局 1935 年版，第 63 页。

道纪。'此'信而好古'也。"[①]"无为"与"不作"相联结，所凸显的仍是"述"的"复述"意涵。与皇侃相同的是，宋翔凤也是在治理天下的高度上去解释"述而不作"的。但不同之处在于，他不认为"述而不作"是有德无位所造成的不得已之做法，反而强调"述"的重要价值。以往对"老彭"的释义分歧重重，宋翔凤择取其中一种，联想到老子，将"述而不作"与无为联系到一起。皇侃将"作"视为治天下的理想方法，宋翔凤则侧重于"述"，认为"述"中透露出的无为而治的思想较之"作"要更为高明。他还特意点明"述而不作"的社会意义，与独自清修不同，"述而不作"做到了心怀天下。

二 原意何在

既然"述"意为"复述"，它所要做的，正是将原本的意义复述出来。那么，原意究竟在何处？一种观点是，原意来源于文本。因为阐释者与读者直接接触到的是文本，其他诸如世界、作者等要素较之于文本，均属于外在，是韦勒克和沃伦所说的"文学的外部研究"[②]。此类倾向作为新批评理论的总体倾向为我们所熟悉。按照这种逻辑，若想找寻原意，就必须在自足的文本中进行细读或称封闭式阅读(close reading)，将外部的因素排除出去。

另一种观点则认为原意来源于作者。赫施即倾向于这种观点，但他并没有忽视文本。他曾明确区分"含义"（meaning）与"意义"(significance）这两个不同的概念范畴："一件本文（text，即文本，下同）具有着特定的含义，这特定的含义就存在于作者用一系列符号系统所要表达的事物中，因此，这含义也就能被符号所复现，而意义则是指含义与某个人、某个系统、某个情境或与某个完全任意的事

① 程树德：《论语集释》，程俊英、蒋见元点校，中华书局1990年版，第436页。

② ［美］韦勒克、沃伦：《文学理论》，刘象愚等译，文化艺术出版社2010年版，第67页。

物之间的关系。”[①] 赫施并不是要抹消文本的含义，只是在他看来，文本的含义有更深的源头，即作者。含义的确存在于文本中，但含义是由作者运用一系列符号表达出来的，其创造者是作者。

他将那些认为原意来源于文本的观点概括为“语义自律论”。语义自律论强调作品是客观的、非个人的，任何人都无权决定作品，自然也包括作者在内。然而，在赫施看来，语义自律论存在固有的弊端。他用一种近乎讥讽的态度指出了这类观点的尴尬之处：“在此并不存在那种制约着批评家的逻辑必然，也就是说，单单为了能够去分析作者的作品就需要完全排除作者。”[②] 从逻辑上讲，不仅分析作者的作品无须排除作者，相反，一方面以分析作者的作品为目的，另一方面却试图排除作者，这样的想法无异于自找麻烦，简直有些令人忍俊不禁。

赫施认为，语义自律论的问题不只出在逻辑层面，此类理论本身自有其内在困境。“在对‘一件本文表明了什么’的最初热情中，人们并没有觉察到，一件本文的含义必定是相对于某个人而言的——它不是由作者所确定就是由批评者所确定，但是，人们最终还是推出了这样一种能够确定一件本文所能代表的所有意义的理论，语义自律论的思想之所以出现了如此不完满的具体表述，是因为它在消除作者的倾向中忽略了这样的事实，‘含义’是一件意识的事，而不是一些语词的事……在人的意识之外不存有任何一种意义世界。”[③] 赫施点明的是，尽管表面上看来意义存在于文本中，但深究下去则会发现，离开了人的意识，意义是无从谈起的。意义的落脚点是人，作品由人创作，被人解读，难以脱离人而达成独立存在。由此，意义存在于人的头脑中，并不在物质化的文本中。一个失去意识的人绝难把握文本的

① ［美］赫施：《解释的有效性》，王才勇译，生活·读书·新知三联书店 1991 年版，第 16—17 页。

② ［美］赫施：《解释的有效性》，王才勇译，生活·读书·新知三联书店 1991 年版，第 11 页。

③ ［美］赫施：《解释的有效性》，王才勇译，生活·读书·新知三联书店 1991 年版，第 12 页。

意义，也可以类比为，如果一个人没有某一门语言的语言能力，那么该语种的文本对他而言便只是一堆无意义的符文，无法在其头脑中激发任何意义。

既然原意要么由作者决定，要么由读者决定，那么赫施自然认为原意要到作者那里去找。如此一来，恢复作者的地位便成了当务之急。“如果本文含义不是由作者所决定的话，那么，就没有一种解释能够说出本文的含义……一个理论家如果要拯救正确性的原则，那么，他也就同样必须拯救作者。”①

进一步看，要到哪里去找寻作者的原意呢？仔细推究起来，寻觅作者原意的路径主要有两条。一是客体路径，这种观点强调社会环境对人的塑造作用，认为作者的思想是他们所处的社会环境的产物。社会历史批评就是这方面的代表，目前已蔚为大观的文化研究也与此有着千丝万缕的关联。想要探求作者的原意，需要做到的是知人论世，深入到作者的生活世界中去，细致地挖掘作者所受到的各方面影响。

客体路径能够为分析作者原意提供诸多有价值的材料，然而仍有不充分之处。此类思路主张到作者所在的外部世界中求取原意，但常常仅停留于外部。外部的材料的确是固有的，但这些固有的外部材料对作者主体究竟造成了什么样的具体影响，这方面却往往要靠研究者和阐释者加以解读。也就是说，外部材料与作者主体之间的关联经常需要依托于人为赋予。这样看来，虽然客体路径讲求客观实证，但实证的过程却未必完全客观。

二是主体路径，意识批评理论在这方面的确颇具影响力。意识批评的倡导者布莱认为，从外部寻觅作者的原意近乎缘木求鱼，想要把握原意，需要的是向内探求作者的主观意识。如何才能掌握作者的意识？布莱所设计的办法是让阐释者模拟作者的思绪。“批评是一种思想行为的模仿性重复。它不依赖于一种心血来潮的冲动。在自我的内心深处重新开始一位作家或一位哲学家的我思，就是重新发现他的感

① ［美］赫施：《解释的有效性》，王才勇译，生活·读书·新知三联书店1991年版，第14页。

觉和思维的方式，看一看这种方式如何产生、如何形成、碰到何种障碍；就是重新发现一个从自我意识开始而组织起来的生命所具有的意义。"① 阐释者努力感知作者的意识，梳理出作者意识的具体进程。于是，对文本的理解便成为一次还原的旅程，阐释者沿着作者的思路进行思考，将作者的思路重新演练一番，这一过程一旦完成，作者的原意也自然会得以浮现。

实际上，意识批评注重的是共情，希望阐释者把作者的行为视为或者模拟为自己的行为，令阐释者想作者之所想。基于此，布莱要求阐释者清空自己的思绪。"我的责任是放弃任何属于我的思想，使我的思想成为一种内在的虚空，留待他人的思想来填充。"② 阐释者此时要达到的效果实际上是试图充当作者的媒介，阐释者将自己的头脑借给作者，让作者通过阐释者之口说话。这样的情形与柏拉图"灵感说"所讲的神灵凭附十分近似，所谓的清空思绪，是为了使作者能够更容易地凭附于阐释者之上。

然而，"共情"之"共"恰恰标明始终存在两个（或多个）情感主体，阐释者之情与作者之情并没有真正达到合二为一，只不过是尽力做到两相协调。意识凭附状态下，阐释者的思绪也未必能完全被清空，化为一个没有一丝一毫自我意识的、纯粹物质化的媒介其实是极难办到的。仔细看来，布莱本人也感觉到了主体的难以弥合，他习惯采用的"河流"比喻对此有着清晰的呈现。"使我的批评成为一种精神之流，与我在阅读中跟随的精神之流平行、相像，使他人的思想和我的思想结合，仿佛顺着同一个斜坡流动的同一条河的两条支流。"③ "思想在我身上经过，像一道急流流过峭壁而并不与之混为一体一

① [比] 乔治·布莱：《批评意识》，郭宏安译，广西师范大学出版社 2002 年版，第 262 页。

② [比] 乔治·布莱：《批评意识》，郭宏安译，广西师范大学出版社 2002 年版，第 258 页。

③ [比] 乔治·布莱：《批评意识》，郭宏安译，广西师范大学出版社 2002 年版，第 259 页。

样，湿润着我这个人的不断活跃着的基础，并使之焕然一新。”[①] 无论彼此之间多么接近，“支流”始终仍是“两条”，阐释者的思想并不与作者的思想混为一体。问题是，布莱认为主体意识的个性化是意识批评的优势，其理由是多样的意识可以保证阐释者的批评成果不落窠臼、丰富多彩，从而使意识批评保持活力。“最大的错误是以为可以把所有的觉醒都归结为一种唯一的我思。恰恰相反，一种常有的经验告诉我，自我感觉是世界上最具个性的东西。”[②] 然而，正是因为作者意识是个性化、多样化的，阐释者才难以琢磨本不属于自己的作者意识或“我思”。这样看来，意识的最大特性——个性化——其实是阐释者理解作者意识的最大障碍，而不是优势。

布莱先行认为作者的意识具有一条清晰的轨迹，“批评家只须跟随这条线。它为他规定旅程”[③]。但事实上，这条意识的轨迹未必存在，很多时候作者本人的意识是相对杂乱的，并未形成线性的轨迹。从这个层面上讲，认为作者的意识有轨迹可循是一种人为的秩序化，阐释者自己整合梳理了作者意识，使其变得条理化，凸显出的仍是阐释者的主体意识。另外，即使作者意识的轨迹有时的确存在，也是难以寻觅的。倘若作者的意识真的完全清晰可见，那么阐释者便无须做出阐释与批评，人们只需自己去阅读文本即可明确其中的全部意涵，阐释活动于是变得毫无意义。还有，一旦阐释者的头脑真的完全变为作者意识的容器，那么阐释者只会讲或者只能讲作者想讲的话，阐释者本身便会陷入失语。他们没有自己的思维，阐释与批评根本无法进行，就算是有了自己的批评见解，也根本没有自己的语言去表达它们。

因此，无论认为原意是来源于文本还是来源于作者，无论想从外

① ［比］乔治·布莱：《批评意识》，郭宏安译，广西师范大学出版社 2002 年版，第 261 页。

② ［比］乔治·布莱：《批评意识》，郭宏安译，广西师范大学出版社 2002 年版，第 263 页。

③ ［比］乔治·布莱：《批评意识》，郭宏安译，广西师范大学出版社 2002 年版，第 262 页。

部世界还是意识本身去求取原意，原意都是难寻的。在原意不明的情况下，真正意义上的复述是很难达到的。虽然《论语》中讲的是"述而不作"，但实际上往往是"述中有作"，阐述中蕴含着阐释者的主观创作。阐释活动几乎都处于"阐述"层面，难以完全清除阐释者的思想而成为"复述"。正如黑格尔所言："把理解了的东西照原作者的词句一字不改地来叙述，那是不可能的；于是自然而然地离开了需要作这种复述的特殊目的而产生出花样繁多的无穷变更。"①

李零在解读"述而不作"时写道："在孔子的心目中，彭祖人特别老，思想特别老，而且述而不作，大概没有问题，否则他不会拿彭祖比自己。……十几年前，有人写过一本书，叫《被发明的传统》。它告诉我们，很多传统都很现代，其实是'被发明的传统'。特别是'复古'，很多都是这样的发明。"② 有的时候，我们所以为的"复述"与"好古"实际上却是重新挖掘和重新认知。在这种情况下，我们不是在简单地重复前人的思想，而是在创造、创作前人的思想。

三　翻译：一种近似于"复述"的情形

原意难以追寻也难以把握，也许严格意义上的"复述"只有诵读或复录。沿着这样的思路，我们可以发现一种与复刻式的复述较为近似的情形——翻译。翻译要求以原文为底本，表面上看来是切切实实的复述，但实际情况却要复杂得多。译文是忠实地复述原文吗？在《翻译者的任务》中，本雅明给出了否定的答案。本雅明从发展的角度来理解原作与译作的关系，指出"译文是从原著衍生出来的——更多地来自于原著的'来生'（afterlife），而不是'此生'（life）"③。如此看来，好的译作不仅是原作的发展，而且就应当是原作的发展。可以让"原著的生命在译本中达到不断更新、最终和

① ［德］黑格尔：《法哲学原理》，范扬、张企泰译，商务印书馆 1961 年版，第 78 页。

② 李零：《丧家狗：我读〈论语〉》，山西人民出版社 2007 年版，第 143—144 页。

③ ［德］本雅明：《作品与画像》，吴简清等译，文汇出版社 1999 年版，第 118 页。

最丰饶的繁荣”①。做不到这一点的译作，在本雅明看来均属拙劣之列。

认可发展，就是将译作中的变化看成完全正当的。因为只有发生质变和更新，才有资格被称为“原著的来生”。“因此可以得出这样的推论：如果其本质在于求得与原著的类似，那么任何翻译均是不可能的。”② 译介学理论中常提到的“创造性叛逆”与此有相通之处，译者需要发挥自身的主体性，在译语环境中寻找能够显现原作艺术效果的翻译方式。“在这种情况下，文学翻译与文学创作已经取得了相同的意义，文学翻译也已显而易见不再是简单的语言文字的转换，而是一种创造性的工作。”③

上述观点的侧重点在于指明翻译过程中译者的创造是能够被接受的，甚至是理应被支持的。即对“述”中包含“作”的现象表示理解与赞成。进一步而言，在翻译时“述”中不仅仅可以乃至应该包含“作”，而且“述”中必然包含“作”、不得不包含“作”。正如阐释者不可避免地会在阐释过程中带入自己的思想一样，翻译者作为主体，其主体意识同样很难在译本中抹除。而翻译者之所以需要发挥自身的主体性，一个重要的原因是词语具有衍生义。语言——尤其是文学语言——具有丰富的衍生义，单纯的直译无法在译语语境中调动起与原文语境相同的联想。所以，译者的创造性叛逆成为一种必然。正如本雅明所言：“在翻译中忠实地一一对译每一个个别的词语，几乎永远不可能完全复制它们在原文中的意义。因为就诗的重要性来说，其意义并非局限于字面意义，而是从其对用词的选择中衍生出来的。”④

退一步而言，即便仅在字面意义、传递信息层面，翻译工作中纯粹的“述”往往也是难以达成的。“信、达、雅”的翻译原则中，

---

① ［德］本雅明：《作品与画像》，吴简清等译，文汇出版社 1999 年版，第 119 页。

② ［德］本雅明：《作品与画像》，吴简清等译，文汇出版社 1999 年版，第 121 页。

③ 谢天振：《译介学》，上海外语教育出版社 1999 年版，第 131 页。

④ ［德］本雅明：《作品与画像》，吴简清等译，文汇出版社 1999 年版，第 128—129 页。

"信"常被认为是翻译的基础性要求。由此，直译赢得了人们的欣赏。但是，在实际的翻译工作中，直译很多时候是不易实行的。对于词义并不复杂、句式简明的句段而言，直译尚可被采用。不过一旦涉及复杂的句段，单纯的直译举步维艰。所谓"复杂"，既可能是文学文本的多义性，也可能是理论性著述的艰深晦涩。这时候，倘若译者不利用自身的理解对句段加以整合与再输出，而是固守直译，一味地想要还原句段原本的结构和词义，直译往往就会变成硬译。这样看来，翻译行为绝非纯然的"复述"。译本往往充当了译者对于原著的一种理解，也仅仅是诸多理解中的一种而已。

需要注意的是，本雅明是在更为哲学化的层次上提出对创造的支持的。在他看来，翻译的精义在于引发出语言中神秘幽微的成分，在更高的、纯语言的层面上促成原作与译作的互补。"真正的语言是这样一种语言：其中独立的句子、文学作品、批评判断永远都不可能互相交流，——因为他们依赖于翻译；各种语言本身却在其中通过其意义的形式互相补充、交融达到和谐。"① 在生命的层面上，译文与原文不可能同一，因为它们是真正的语言的不同分支，二者应该彼此交融而不应雷同，共同表达本质性的东西。通过这样的说法，本雅明传达出对意义的承认和肯定。他相信尽管本质性的、形而上的意义神秘且深邃，但它的确是存在的。

由此，虽然翻译行为看上去近似于纯粹意义上的"述"，仔细分析起来却仍是"述中有作"。换个角度讲，译者的创造性叛逆同样是一种"作"，而这种创作自然离不开对原著的"述"。所以，亦可称之为"作中有述"。倘若我们再度审视一番伽达默尔的"前见"概念，上述说法的范围还可得到进一步扩展。伽达默尔指出："其实历史并不隶属于我们，而是我们隶属于历史。早在我们通过自我反思理解我们自己之前，我们就以某种明显的方式在我们所生活的家庭、社会和国家中理解了我们自己。……因此个人的前见比起个人的判断来

① ［德］本雅明：《作品与画像》，吴简清等译，文汇出版社1999年版，第127页。

说，更是个人存在的历史实在。”[①] 作为历史性的个体，阐释者都有前见，“述”中包含着“作”。同样地，作者也有前见，想让创作完全脱离先前积累而凭空产生是不现实的。“作”也离不开“述”。

可以说，《论语》中的“述而不作”提出了这样一则疑问：“述”还是“作”？这一疑问本身即含有多义性。一方面，它表达了“是‘述’还是‘作’？”另一方面，它还能够表达“‘述’还是‘作’吗？”“‘述’也是‘作’吗？”结合上述论证，我们可以说“述”就是“作”，“作”就是“述”。“述”中自然而然地会裹挟阐述者自身的思想，同样也是在“作”。“作”则需要建立在他人思想的基础之上，当“述”过他人的思想后再去发表自身的见解之时，当提出前人的思想都存在一定程度的问题，而应该如何如何之时，某种程度上自己的思想也相当于用否定的形式对之前成果做出另一番接续，成了“述”的一部分。换个角度，我们又可以说“述”不是“作”，“作”也不是“述”。纯粹意义上的“述”是排斥“作”的，反之亦然。不过，纯然的“述”和纯然的“作”都是难以达成的。若剥除“述”中之“作”，复述者难免沦为朗读者抑或抄写员，主体性丧失。若剥除“作”中之“述”，所谓的“作”便脱离了基础和土壤，甚至脱离了基本的问题域，渐渐成为悬浮着的一串空洞的符码。

四　“述”与“作”的权力梯级

仅承认“述中有作”和“作中有述”依然是不够的，我们还需看到阐释活动背后富含权力层级。“述”与“作”的区分牵涉到大众与精英的分野，当追问哪些人才有“作”的能力之时，我们便渐渐进入了精英主义的视域。在这方面，约翰·凯里的理论是十分具有参考价值的。他以社会维度为切入点去研究文学问题，认为现代主义文

① ［德］汉斯-格奥尔格·加达默尔：《真理与方法（上卷）》，洪汉鼎译，上海译文出版社 1999 年版，第 355 页。

学的产生根源不在于文学内部，而在于知识分子与大众的区隔。19世纪末期，教育的普及使得知识精英的原有地位遭到了平民的撼动。作为回应，这些精英试图以提升文学的难度为方法阻碍大众阅读文学作品，借以维护自身的尊严，于是现代主义应运而生。此类精英主义观念很大程度上是尼采思想的回声："涉及权力关系的问题是：强者要成为弱者的主人，只要弱者无法保存自身的独立地位。"[①]"作"不只关涉到能力，更关涉到权力。

在评述温德尔·刘易斯之时，凯里讲道："毫不奇怪，报纸和广告也成为刘易斯谴责的对象。他谴责它们与电影院和收音机一起，破坏了存于大众中的个性。他声称，尽管现代人相信需要表达个性，可大多数人并没有个性可以表达，因为他们只有大众传媒强加给他们的群体意识。"[②] 这段话留给我们的问题是，即使除却大众传媒的作用力，主体自身到底拥有多少"作"的能力？几乎每一个主体每一天都在进行着各种各样的表达，但真正可以算得上纯粹独创的思想究竟能有多少？主体的确可以做到依照自己的想法行事，但很多时候，主体的想法本身会受到某些潜移默化的影响，其最深邃、最根本的思想常常并不是原生的，而是来自外部，来自已有的论说。即使主体在某一专业领域发表了属于自己的见解，但追根溯源，往往会发现其利用的思维模式、理论框架仍来自他人。从这个角度看，虽然每一个主体时常都能够流露出星星点点的"作"的成分，但想令"作"真正占据主导地位实际上也是相当难以做到的。

虽然想让"作"占据主导地位绝非易事，但变换一下思路，情况也许并不那么可悲。即便我们所做的大多只能以"述"为主，我们起码学习到了应该去学习的知识。如果出于精英主义思维而一味地轻视"述"，走向极端的话便可能导致以下这种情形，即再也没有人还知晓前人的思想，那会是一件更可悲，甚至可怕的事情。

---

① ［德］尼采：《权力意志》，张念东、凌素心译，商务印书馆 1991 年版，第 156 页。

② ［英］约翰·凯里：《知识分子与大众》，吴庆宏译，译林出版社 2010 年版，第 216 页。

不只“作”背后包含权力意味，“述”中也含有丰富的权力关系。其一，阐述者之间往往存在着福柯意义上的权力层级。伽达默尔曾说道：“宗教改革带来了诠释学的繁荣兴盛，正是诠释学才教导我们在理解流传物时正确使用理性。不论是教皇的学术权威，还是求助于传统，都不能替代诠释学的工作，因为只有诠释学工作才知道保护本文的合理意义以反对所有不合理的揣想。”[①] 阐释学有能力告诉读者哪些意义是“合理的”，哪些意义是“不合理的”。因为某一种阐释被尊崇之后，便会挤占其他阐释的位置。换句话说，只要某种“述”赢得了崇高的地位，其他的“述”便有可能失去得到认可的机会。福柯认为，哪位阐释者可以阐释某一文本，哪种阐释更具权威性，这些都与权力建构紧密相连。其二，对原意的追寻也会导致权力层级的产生。倘若在作者与阐释者之间做选择，人们大都倾向于认为原意来源于作者。这一点也会在阐释者之间建构出权力层级，与作者的距离越小、越有机会近距离接触到作者的阐释者，其层次往往也就越高。卡夫卡的女友朵拉谈及卡夫卡时曾经说道：“所有试图理解他的努力都是徒劳的，除非他允许你看着他的眼睛，或是握着他的手。”[②] 这种说法简直将卡夫卡之阐释推向了令后世阐释者近乎望而却步的程度。当然，除却上述的阐释者之间的层级关系，力图找寻原意还会造成作者高于阐释者这一先在的层级秩序。还有，某一阐释者自身的阐释活动也包含层级性。在福柯看来，选择哪些文本进行阐释对阐释者而言也是一个建构的过程。甚至，就算是真的存在纯粹的复述者，一旦他诵读或抄写多份成果，这一过程中的选取行为也牵涉到层级。

综上，我们试图用阐释学视角解读《论语》中的“述而不作”，但这份解读本身实际上也是一次阐释。正如某部文学著作是文本，而针对该文学著作的文学批评一旦定型，在读者那里也会成为新的文

① ［德］汉斯-格奥尔格·加达默尔：《真理与方法（上卷）》，洪汉鼎译，上海译文出版社1999年版，第356页。

② 曾艳兵：《卡夫卡的眼睛》，商务印书馆2012年版，第2页。

本。作为阐释的一种，对于“述而不作”的阐释学解读同其他阐释一样，难以彻底地达到原意。在罗兰·巴特和德里达等理论家看来，对于语言符号的所有阐释都只是能指，包括“对于语言符号的所有阐释都只是能指”这句话本身，也同样只是能指。一切均为能指的链条，能指的背后还是能指，永远接触不到所指。倘若如此，阐释不但不能达到原意，甚至连意义都变得遥不可及。然而，赫施的一句话在这种时候对我们颇有助益：“一个独一无二的语言符号对两个人来说就会呈现出相同的含义，该符号可能具有的含义是受惯例制约的。”① 就算再怎么强调能指的虚无缥缈，我们还是无法否认一个显明的事实——借助语言文字，人们是能够达成互相交流的。帕尔默也说道：“语言首先使我们能够拥有这种共享的理解，并使我们能够与之相互沟通。”② 这些说法一定程度上可以把我们从能指链的虚无中拉回来，让我们重新注意到，每一份阐释都应该具有属于它们自身的一点点意义。

---

① ［美］赫施：《解释的有效性》，王才勇译，生活·读书·新知三联书店 1991 年版，第 303 页。

② ［美］帕尔默：《诠释学》，潘德荣译，商务印书馆 2012 年版，第 298 页。

改革开放以来中国当代作家结构阐释

——以四大文学奖获得者为例*

王　炜　陈　龙　张立龙　文　缘**

摘　要：当代权威文学奖不仅是对作家成就的认可和宣扬，还促成了对当代经典作家与经典作品地位的筛选和确立。在某种意义上，中国当代权威文学奖的获奖者名单构成了中国当代文学经典秩序。因此，对中国当代重要文学奖得主的研究不仅可以呈现当代重要作家的基本面貌，揭示中国当代文学经典秩序的基本状况和主要特征，更有助于理解中国当代文学的生产结构与评价体系，进而把握中国当代社会文化整体状况。

关键词：文学奖　当代文学　作家结构　经典

以文学奖来介入文学发展是中国现当代文学的重要特质。在中国，文学奖可溯源至1872年《申报》的征文活动，其后各类征文评奖活动风起云涌，扩展壮大，影响并反映了时代的社会氛围与文化心

* 本文系马克思主义文艺理论与评论建设工程一般项目“改革开放以来中国作家结构分析——以著名文学奖获得者为例”的阶段性成果（课题主持：王炜；成员：陈龙、张立龙、文缘）。

** 王炜，中国社会科学院大学继续教育学院；陈龙，中国社会科学院大学文学院；张立龙，首都经济贸易大学劳动经济学院；文缘，中国社会科学院大学文学院。

理。改革开放以来，[①]“文学奖的设置被有意识地纳入到文学生产机制之中”[②]，全国性“文学评奖不但式样繁多，功能齐备，而且内涵丰富”[③]，范围扩大，地位增强，介入了中国特色文学制度的建设与发展，在中国当代文学发展过程中发挥了更为显著的导向作用和形塑力量，[④] 在很长一段时期内是独一无二的文学盛事。当代权威文学奖不仅是对作家成就的认可和宣扬，还促成了对当代经典作家与经典作品地位的筛选和确立。在某种意义上，中国当代权威文学奖的获奖者名单构成了中国当代文学经典秩序。因此，对中国当代重要文学奖获得者的研究不仅可以呈现当代重要作家的基本面貌，揭示中国当代文学经典秩序的基本状况和主要特征，更有助于理解中国当代文学的生产结构与评价体系，进而把握中国当代社会文化整体状况。

本文以中国当代最具分量的四大文学奖的 476 名获得者为研究对象，其中茅盾文学奖、鲁迅文学奖、曹禺戏剧文学奖、老舍文学奖得主分别有 47 名、268 名、127 名、34 名。本文通过搜集和分析这些作家的姓名、性别、年龄、出生地、受教育程度、获奖年份、获奖作品、成长经历等相关信息，剖析中国当代重要作家的基本结构，总结当代中国重要作家的主要特征。

---

① 范国英曾提及新中国成立到改革开放前，调控和管理文学的主要手段是文学批评，全国性文学评奖寥寥无几，由此造就了 1978 年“全国优秀短篇小说评奖”成为新中国成立 30 年来的创举。不过，作者似乎忽视了在中国现代文学史上已经出现过许多文学评奖活动。范国英：《新时期以来文学制度研究——以茅盾文学奖为中心的考察》，巴蜀书社 2010 年版，第 49 页。

② 任东华：《茅盾文学奖研究》，中国社会科学出版社 2011 年版，第 3 页。

③ 任东华、陈娟、文玲：《文学评奖与新时期文学经典化》，广东高等教育出版社 2021 年版，第 4 页。

④ 正如周扬所言，“评选不仅是进行表扬，还要有所倡导”（周扬：《按照人民的意志和艺术科学的标准来评奖作品》，《文艺报》1981 年第 12 期。转引自范国英《新时期以来文学制度研究——以茅盾文学奖为中心的考察》，巴蜀书社 2010 年版，第 56 页）。《茅盾文学奖评奖条例（修订稿）》也强调要“坚持导向性”（转引自范国英《新时期以来文学制度研究——以茅盾文学奖为中心的考察》，巴蜀书社 2010 年版，第 215 页）。

一　不同文学奖获得者的作品结构

（一）四大文学奖获奖作品体裁

四大文学奖项设立的宗旨和奖励作品的体裁存在显著差异，这也使得本文研究对象颇为多元。整体来看，四大文学奖作品多元，涵盖小说、剧本、散文、报告文学、杂文、诗歌和戏剧等。分别来看，茅盾文学奖主要为鼓励优秀长篇小说创作、推动中国社会主义文学繁荣昌盛而设立的，因此主要以小说为主；[①] 鲁迅文学奖主要奖励优秀中篇小说、短篇小说、报告文学、诗歌、散文杂文、文学理论评论的创作，奖励中外文学作品的翻译，推动中国文学事业的繁荣发展，因此鲁迅文学奖的作品体裁较为多元；曹禺戏剧文学奖是中国戏剧文学领域一项具有重要影响的奖项，主要以戏剧文学为主，是一种偏于艺术的文学奖项；老舍文学奖主要奖励北京作家的创作以及在京出版与发表的优秀作品，主要奖励长篇小说、中篇小说、戏剧剧本、电影、电视剧和广播剧，因此文学体裁也较为多元。文学体裁的多元化也促成我们的研究对象多元、全面，涵盖了中国当代文学的各类体裁。可以说，四大文学奖的获奖作品代表了中国当代文学的主要成就。

表1　四大文学奖作品的作品体裁

奖项名称	奖项数量（个）	文学体裁
曹禺戏剧文学奖	127	京剧、儿童剧、戏剧、戏曲、晋剧、歌仔戏、歌剧、淮剧、秦腔、粤剧、花鼓戏、莆仙戏、话剧、豫剧、越剧、闽剧、陕北秧歌剧、高甲戏
老舍文学奖	34	剧本、小说

① 茅盾先生在遗嘱中指出设置奖项旨在“繁荣长篇小说创作”，实现“社会主义文学事业繁荣昌盛”。转引自任东华《茅盾文学奖研究》，中国社会科学出版社2011年版，第3页。《茅盾文学奖评奖条例（修订稿）》重申要“注重鼓励关注现实生活、体现时代精神的创作，推出具有深刻思想内容和丰厚审美意蕴的长篇小说”。转引自范国英《新时期以来文学制度研究——以茅盾文学奖为中心的考察》，巴蜀书社2010年版，第215页。

续表

奖项名称	奖项数量（个）	文学体裁
茅盾文学奖	47	小说
鲁迅文学奖	268	小说、报告文学、散文、杂文、文学理论、文学评论、文学翻译、杂文、理论评价、诗歌

（二）四大文学奖颁奖年份与作品数量

本文所搜集的文学奖作品获奖年份涵盖了所有的颁奖年份。截至2021年，茅盾文学奖共举办10届，颁奖年份分别在1981年、1984年、1988年、1994年、1998年、2002年、2006年、2010年、2014年、2018年；鲁迅文学奖共举办7届，颁奖年份分别为1996年、2000年、2003年、2006年、2009年、2013年、2017年；老舍文学奖共举办5届，分别在2001年、2002年、2005年、2011年、2014年；曹禺戏剧文学奖共举办14届，从1994年至2001年，除1996年外，每年举办一届，其后分别在2004年、2006年、2008年、2010年、2012年、2014年、2019年举办。本文在整体上涵盖了四大文学奖的所有颁奖年份，包括了所有获奖作家，具有一定的代表性，能够呈示改革开放以来中国当代作家的基本状况和主要特点。

表2 **四大文学奖的颁奖年份与作品数量** 单位：部

茅盾文学奖		鲁迅文学奖		老舍文学奖		曹禺戏剧文学奖	
年份	作品数量	年份	作品数量	年份	作品数量	年份	作品数量
1981	6	1996	71	2001	5	1994	13
1984	2	2000	34	2002	4	1995	13
1988	7	2003	31	2005	5	1997	11
1994	4	2006	28	2011	7	1998	10
1998	4	2009	35	2014	13	1999	8
2002	5	2013	35			2000	10
2006	4	2017	34			2001	8

续表

茅盾文学奖		鲁迅文学奖		老舍文学奖		曹禺戏剧文学奖	
年份	作品数量	年份	作品数量	年份	作品数量	年份	作品数量
2010	5					2004	8
2014	5					2006	8
2018	5					2008	8
						2010	8
						2012	8
						2014	9
						2019	5

二　获奖作家的性别结构

传统的儒家性别文化所带来的性别分工，导致中国女性在职业发展方面存在局限，而作家作为一种职业，表现得更为明显。在对待社会性别分工的问题上，与世界上大多数男权文化一样，儒家主张男主外、女主内的分工模式，“女正位乎内，男正位乎外。男女正，天地之大义也”（《周易·家人》）。对儒家而言，“内”“外”不仅是一种社会分工，还带有道德价值判断的意义，具有尊卑等级、次第秩序之别。[①] 儒家性别文化区分第一性与第二性，将两性划归于地位不同的领域，宣扬女性能生育、体力弱、“多愁善感”、“缺乏理性”等，主要承担着生育、家庭、情感等私人领域中的责任，无力承担公共领域中的重担与风险，不能在公共领域中言说与行动；而男性的不生育、强壮、坚强、理智、深谋远虑、性格刚毅等决定了男性在政治、军事、科学等公共领域中的主导地位。因此女性被指定以家庭为主，男性则要以事业为主；女性的天职是母亲，参加社会工作是不务正业

① 邓小南：《“内外”之际与“秩序”格局：兼谈宋代士大夫对于〈周易·家人〉的阐发》，载《唐宋女性与社会（上）》，上海辞书出版社2003年版，第98页。

乃至非法僭越，女性言说和书写的权力更是遭到了束缚。①

随着社会的发展和进步，中国女性获得了个人发展的机遇和资源，逐步从家庭走向了社会，摆脱了传统的束缚。但传统性别角色仍然是女性提升社会地位、扩展社会角色、参与文学生产和传播女性话语的障碍，女性在社会活动中常常遭受角色冲突的困扰。这也在一定程度上导致作为一种社会工作和职业，女性作家占比很少。

（一）四大文学奖获得者的性别结构特点

数据显示，绝大多数获奖作家为男性，女性作家占比相对较少，老舍文学奖的女性作家占比在四大文学奖中最高。从获奖作家的整体性别结构看，绝大多数作家为男性，占比超过 80%；而女性占比相对较少，占比不足 20%。分四大文学奖项看，曹禺戏剧文学奖的女性获奖作家占比最低，为 12.5%；其次为茅盾文学奖，女性获奖作家占比为 14.89%；再次为鲁迅文学奖，女性获奖作家占比为 20.08%；老舍文学奖的女性获奖作家占比最高，在 34 位获奖者中有 13 位女性，占比为 38.24%。尽管如此，在上述任何一项文学奖中，女性获奖作家的比例都未能突破 40%，显示出性别失衡的数量状况。

表 3　**获奖作家的性别结构**

获奖作品		男	女	总体
曹禺戏剧文学奖	数量（人）	98	14	112
	占比（%）	87.5	12.5	100
老舍文学奖	数量（人）	21	13	34
	占比（%）	61.76	38.24	100
茅盾文学奖	数量（人）	40	7	47
	占比（%）	85.11	14.89	100

① 周小结、彭华：《儒家女性观对现代女性地位的负面影响》，《牡丹江大学学报》2010 年第 8 期。

续表

获奖作品		男	女	总体
鲁迅文学奖	数量（人）	211	53	264
	占比（%）	79.92	20.08	100
总体	数量（人）	370	89	459
	占比（%）	80.61	19.39	100

（二）四大文学奖获得者中的女性作家

在四大文学奖中，曹禺戏剧文学奖、老舍文学奖、茅盾文学奖、鲁迅文学奖的获奖女作家的人数分别为 14 人、13 人、7 人、53 人。从获奖年份来看，历次颁奖中女性作家作品的数量存在显著差异。就鲁迅文学奖而言，1996 年、2000 年、2003 年、2006 年、2009 年、2013 年、2017 年女性作家获奖作品的数量分别为 13 部、7 部、5 部、9 部、7 部、7 部、5 部；茅盾文学奖的女性作家获奖作品在 1988 年、1998 年、2002 年、2006 年分别为 2 部、2 部、2 部、1 部，而在 1981 年、1984 年、1994 年、2010 年、2014 年、2018 年，没有任何女性作家获奖；老舍文学奖女性作家获奖作品在 2001 年、2002 年、2005 年、2011 年、2014 年分别为 2 部、1 部、1 部、4 部、5 部；曹禺戏剧文学奖获奖作家作品在 1995 年、1997 年、1998 年、2000 年、2001 年、2006 年、2008 年、2012 年、2014 年、2019 年分别为 2 部、1 部、1 部、2 部、1 部、2 部、2 部、1 部、1 部、1 部，而在 1994 年、1999 年、2004 年、2010 年，没有女性作家作品获奖。

在这些女性获奖作家中，有 8 位作家获得了两次以上的奖项，其中 3 位作家获奖次数超过 3 次，如万方曾经获得曹禺戏剧奖、老舍文学奖、鲁迅文学奖；凌力曾获得老舍文学奖、茅盾文学奖；王安忆先后获得茅盾文学奖、鲁迅文学奖；张洁曾获老舍文学奖、茅盾文学奖；铁凝曾获老舍文学奖，并两次获得鲁迅文学奖；迟子建获得茅盾文学奖和 3 次鲁迅文学奖；罗周、范莎侠分别两次荣获曹禺戏剧奖。

这些数据显示了尽管整体上女性作家获奖人数仍然较少，女性作家的整体成就有待进一步重视和凸显，但是张洁、王安忆、铁凝等少数女性作家取得了令人瞩目的成就，得到了公认，代表了中国当代文学的顶尖水平。

表 4 历届四大文学奖女性获奖作家信息

	获奖年份	人数	姓名
鲁迅文学奖（53 人）	1996	13	东西、冰心、冷萌、徐小斌、斯妤、曹岩、江宛柳、池莉、赵玫、辛茹、迟子建、金辉、铁凝
	2000	7	何向阳、叶广岑、张抗抗、徐坤、梅洁、迟子建、铁凝
	2003	5	娜夜、成幼殊、王安忆、素素、魏微
	2006	9	林雪、潘向黎、范小青、荣荣、葛水平、蒋韵、裘山山、迟子建、邵丽
	2009	7	万方、乔叶、傅天琳、张雅文、李琦、盛琼、鲁敏
	2013	7	叶弥、周晓枫、海男、滕肖澜、王家湘、贺捷生、马晓丽
	2017	5	尹学芸、李娟、杜涯、马金莲、黄咏梅
茅盾文学奖（7 人）	1988	2	凌力、霍达
	1998	2	王安忆、王旭峰
	2002	2	宗璞、张洁
	2006	1	迟子建
老舍文学奖（13 人）	2001	2	凌力、铁凝
	2002	1	张洁
	2005	1	程青
	2011	4	叶广岑、徐坤、钟晶晶、马丽华
	2014	5	万方、叶广岑、文珍、林白、蒋韵
曹禺戏剧文学奖（14 人）	1995	2	张子影、沈虹光
	1997	1	田蔓莎
	1998	1	翟剑萍
	2000	2	田沁鑫、范莎侠
	2001	1	沈经纬
	2006	2	范莎侠、李莉
	2008	2	张明媛、万方
	2012	1	罗周
	2014	1	罗周
	2019	1	冯俐

三　当代作家的地域结构

文学与地理环境并非截然无关，而是相互影响和相互作用。文学地理学旨在研究文学与地理环境之间的互动关系。所谓的“地理环境”涵括了自然地理与人文地理。因此，文学地理学远非一般的自然地理学，而是综摄了人文地理学，实现了文学与地理学的平衡。根据研究者的归纳，文学地理学主要涉及：（1）文学与地理环境的关系；（2）文学家的地理分布；（3）文学作品的地理空间及其空间要素、结构与功能；（4）文学接受与文学传播的地域差异及其效果；（5）文学景观的分布、内涵与价值；（6）文学圈的分异、特点和意义。[①] 因此，研究当代作家的地理分布，归纳相关特点与规律，解释分布原因，旨在厘清作家所受自然地理与人文环境的影响，这将有助于我们摒弃抽象孤立的学理讨论，更为全面地呈现当代作家的各种具体生成条件，透视文学的地域性。

此中，本文尤其关注故乡对当代作家的影响效应。故乡是《金蔷薇》作家巴乌斯托夫斯基所谓的“最伟大的馈赠”。“故乡的影响对于一位文学家来讲总是刻骨铭心的。尤其是青少年时代所接受的故乡的影响，总是如影相随地伴随着他的一生，这也是他一生中所接受的最重要的，也是最基本的影响。”[②] 因此，当代作家的出生地及其与出生地相联系的自然因素、社会文化因素等背景是影响当代作家及其作品风格的重要因素。

（一）四大文学奖获得者的出生地分析

本文对当代四大文学奖获得者的出生地进行了统计分析。从四大文学奖获得者的总量看，在本文所选取的样本中，江苏省获奖数量最高，为 54 个，其中，鲁迅文学奖与曹禺戏剧文学奖的获奖数量也是

① 曾大兴：《文学地理学概论》，商务印书馆 2017 年版，第 1 页。
② 曾大兴：《文学地理学概论》，商务印书馆 2017 年版，第 133 页。

最高的；第二是河南，获奖数量为 40 个，其中茅盾文学奖的获奖数量为 9 个，是茅盾文学奖获奖最多的省份；第三是北京，获奖数量为 33 个，其中老舍文学奖的获奖数量为 9 个，是老舍文学奖获奖最多的省份，这与老舍文学奖只授予北京作家以及在京出版与发表的优秀作品有关；第四是山东，获奖数量为 29 个，其中茅盾文学奖 4 个、曹禺戏剧文学奖 4 个、鲁迅文学奖 19 个，皆相对较多；第五是河北，获奖数量为 26 个，其中，鲁迅文学奖的获奖数量较多，为 20 个；第六是陕西，获奖数量为 25 个，其中茅盾文学奖、鲁迅文学奖的获奖数量相对较多，分别为 5 个、12 个。除了上述 6 个地区外，浙江、湖南、四川、湖北、福建、辽宁的获奖数量也超过了 15 个，是获奖数量相对较多的地区。从不同文学奖类型看，在不同省份之间有着显著差异。茅盾文学奖获奖最多的 6 个省份分别为河南、江苏、陕西、山东、湖南、四川；鲁迅文学奖获奖最多的 6 个省份分别为江苏、河北、山东、河南、北京、浙江；老舍文学奖获奖最多的 4 个省份分别为北京、河南、江苏、河北；曹禺文学奖获奖最多的 5 个省份分别为江苏、河南、四川、陕西、湖南。

表 5　**四大文学奖获奖作家的出生地分布①**　单位：人

排序	地区	曹禺戏剧文学奖	老舍文学奖	茅盾文学奖	鲁迅文学奖	总体
1	江苏	8	4	6	36	54
2	河南	8	5	9	18	40
3	北京	5	9	2	17	33
4	山东	4	2	4	19	29
5	河北	1	3	2	20	26
6	陕西	7	1	5	12	25
7	浙江	6	0	2	15	23

① 由于部分作家的出生地信息不详或未在公开数据中查询到，因此本文仅统计了 425 名作家的出生地信息。

续表

排序	地区	曹禺戏剧文学奖	老舍文学奖	茅盾文学奖	鲁迅文学奖	总体
8	湖南	7	1	3	12	23
9	四川	8	0	3	10	21
10	湖北	3	1	2	13	19
11	福建	4	0	1	12	17
12	辽宁	2	2	1	10	15
13	安徽	2	0	1	10	13
14	江西	5	2	1	5	13
15	广东	6	0	1	4	11
16	上海	2	0	2	5	9
17	黑龙江	2	0	2	5	9
18	甘肃	5	0	0	3	8
19	山西	0	0	0	6	6
20	广西	2	1	0	3	6
21	云南	1	0	0	4	5
22	天津	0	0	0	4	4
23	新疆	0	0	0	4	4
24	内蒙古	0	2	0	1	3
25	吉林	0	0	0	3	3
26	宁夏	0	0	0	3	3
27	西藏	0	0	0	1	1
28	贵州	0	0	0	1	1
29	青海	0	0	0	1	1
总体		88	33	47	257	425

（二）不同性别获奖作家的出生地分布

从不同性别作家的出生地分布看，与总体情况基本相似，但也有不同之处。男性获奖作家出生地分布情况与获奖作家出生地分布总体情况基本相似，即江苏、河南、北京、山东、河北、陕西等也是男性获奖作家最多的省份。女性获奖作家的分布情况有些不同，江苏、北京、河南、辽宁、黑龙江、浙江的女性获奖作家相对较多。其中，从占比来看，辽宁的女性作家占比较高，在辽宁全部15名获奖作家中，一半以上（8名）为女性作家；黑龙江的9名获奖作家中，女性作家为6名，这显示出东北地区的女性作家相对较多。但山东、河北、陕西、四川、湖北、广东的女性获奖作家相对较少；在我们的统计数据中，部分地区如广东、甘肃、内蒙古、吉林等省区，从未有女性作家获奖。因此，整体来看，男性作家的地域分布基本与总体分布一致，但女性作家的地域分布与总体存在较大差异，作家数量相对较少的东北地区，女性作家数量却相对较多。

在施淑仪《清代闺阁诗人征略》记载的1262位女诗人中，江、浙、闽地女诗人居多，奉天却只有5位女诗人。这显示出在传统社会中，政治、经济、文化发达地区的女作家数量较多，“才女文化”自然产生于江南一带；而欠发达地区由于经济和文化发展滞后，社会风气相对保守闭塞，能够参与文学活动、进行文学书写的女性作家相对较少。但与之不同，现当代以来，欠发达地区的女性作家逐渐增多，包括少数民族地区也都有了本民族的著名女性作家作品。而且这些边缘地区的女性作家作品乡土气息浓重，题材新颖，风格独特，与中心地带、现代都市的文学存在非常鲜明的区别，取得了令人瞩目的成就。这是部分地区女性作家多次荣获四大文学奖的重要原因，也是新时期以来区域女性文学史研究成果较多的重要原因。①

表6　**不同性别获奖作家的出生地分布**　单位：人

地区	男性	女性	总体	地区	男性	女性	总体
江苏	43	11	54	上海	8	1	9
河南	32	8	40	黑龙江	3	6	9

① 王春荣：《当代女性文学版图上的辽海风光——辽宁女作家创作与批评研究》，《职大学报》2017年第2期。

续表

地区	男性	女性	总体	地区	男性	女性	总体
北京	22	11	33	甘肃	8	0	8
山东	27	2	29	山西	5	1	6
河北	24	2	26	云南	4	1	5
陕西	22	3	25	广西	3	2	5
浙江	18	5	23	天津	2	2	4
湖南	20	3	23	新疆	3	1	4
四川	19	2	21	内蒙古	3	0	3
湖北	18	1	19	吉林	3	0	3
福建	13	4	17	宁夏	2	1	3
辽宁	7	8	15	西藏	1	0	1
安徽	11	2	13	贵州	1	0	1
江西	8	5	13	青海	1	0	1
广东	10	0	10				

从不同地区的性别比状况看，所有省份获奖作家皆是男性占比相对较高，女性占比较低。从女性占比情况看，东北作家的女性占比相对较高，以黑龙江、辽宁最为典型，皆超过了50%。女性作家占比较少的地区有山东、河北、四川、湖北、上海；在山东籍29位获奖作家中，只有2位女性作家；在湖北籍19位获奖作家中，仅有1位女性作家；河北有26位作家获奖，其中也只有2位女性作家。

以辽宁为例，辽宁女作家群是新时期东北文学（尤其是东北女性文学）的重要组成部分。这些女性作家虽然数量上少于男性作家，但是总体成就毫不逊色于男性作家。孙惠芬、素素、林雪、马晓丽等先后荣获四大文学奖的女性作家不仅是东北女性作家的旗帜人物，也是东北文学的标杆。而在创作风格上，相较于男性作家，这些东北女性作家更注重生活的质感、自我心理体验。①

表 7　不同出生地的作家的性别分布

地区	作家数量（人）	男性占比（%）	女性占比（%）	地区	作家数量（人）	男性占比（%）	女性占比（%）
江苏	54	79.63	20.37	上海	9	88.89	11.11
河南	40	80	20	黑龙江	9	33.33	66.67
北京	33	66.67	33.33	甘肃	8	100	0
山东	29	93.1	6.9	山西	6	83.33	16.67
河北	26	92.31	7.69	广西	5	60	40
陕西	25	88	12	云南	5	80	20
浙江	23	78.26	21.74	天津	4	50	50
湖南	23	86.96	13.04	新疆	4	75	25
四川	21	90.48	9.52	内蒙古	3	100	0
湖北	19	94.74	5.26	吉林	3	100	0
福建	17	76.47	23.53	宁夏	3	66.67	33.33
辽宁	15	46.67	53.33	西藏	1	100	0
安徽	13	84.62	15.38	贵州	1	100	0
江西	13	61.54	38.46	青海	1	100	0
广东	11	100	0				

四　当代作家的年龄结构

（一）四大文学奖获得者的出生年份特征

从获奖作家的出生年份看，20 世纪 40 年代、50 年代、60 年代出生的作家人数最多。整体来看，20 世纪 50 年代出生的获奖作家数

① 王春荣：《当代女性文学版图上的辽海风光——辽宁女作家创作与批评研究》，《职大学报》2017 年第 2 期。

量最多，共有144人，其中，曹禺戏剧文学奖、老舍文学奖、茅盾文学奖、鲁迅文学奖的得主分别为35人、14人、14人、81人；20世纪60年代出生的获奖作家共计97人，其中，曹禺戏剧文学奖、老舍文学奖、茅盾文学奖、鲁迅文学奖的得主分别为9人、6人、8人、74人；20世纪40年代出生的获奖作家共有72人，其中，曹禺文学奖、老舍文学奖、茅盾文学奖、鲁迅文学奖的得主分别为29人、4人、10人、29人。四大文学奖得主之所以多出生于40—60年代，一方面源于作家在特定时代的独特个人经历与多年的丰富创作积累，另一方面也与四大文学奖颁发的年份有关。

表8 **四大文学奖获奖作家的出生年份** 单位：人

出生队列	曹禺戏剧文学奖	老舍文学奖	茅盾文学奖	鲁迅文学奖	总体
1920年前	2	0	4	9	15
1920—1929	0	0	5	13	18
1930—1939	7	3	5	23	38
1940—1949	29	4	10	29	72
1950—1959	35	14	14	81	144
1960—1969	9	6	8	74	97
1970—1979	2	1	1	18	22
1980年后	3	1	0	1	5

（二）四大文学奖获得者的年龄特征

从获奖作家的年龄分布看，共有247名作家在40—59岁获奖，占比约为60.1%，这说明大多数获奖作家的获奖年龄在40—59岁。在40—49岁、50—59岁、60—69岁获奖的作家数量分别为132人、115人、59人。除了上述年龄区间，有60位作家在40岁之前荣获了四大文学奖，其中曹禺戏剧文学奖、老舍文学奖、茅盾文学奖、鲁迅文学奖的得主分别为9人、3人、5人、43人。

表 9　**四大文学奖获得者获奖年龄分布**　单位：人

获奖年龄	曹禺戏剧文学奖	老舍文学史	茅盾文学史	鲁迅文学史	总体
40 岁以下	9	3	5	43	60
40—49 岁	27	7	14	84	132
50—59 岁	31	10	15	59	115
60—69 岁	13	8	5	33	59
70—79 岁	4	0	5	21	30
80 岁及以上	3	1	3	8	15

从获奖作家的平均年龄看，四大文学奖得主获奖时的平均年龄约为 53 岁。曹禺戏剧文学奖、老舍文学奖、茅盾文学奖、鲁迅文学奖获奖者的平均年龄分别为 52.6 岁、53.2 岁、53.7 岁、51.5 岁；从获奖作家的性别来看，男性作家获奖时的平均年龄为 53.1 岁，比女性作家获奖时的平均年龄（48.1 岁）大 5 岁，显示出女性作家的获奖年龄显著低于男性作家的获奖年龄。从获奖者的最小年龄看，最年轻的老舍文学奖得主为文珍，其出生于 1982 年，于 2014 年获得老舍文学奖；茅盾文学奖最年轻得主的年龄为 39 岁，有 5 位作家在 39 岁时获得茅盾文学奖，分别为古华、孙力、柳建伟、路遥、阿来；鲁迅文学奖最年轻得主的年龄为 30 岁，有两位作家在 30 岁时荣获鲁迅文学奖，分别是东西和田耳：作家东西出生于 1966 年，于 1996 年荣获鲁迅文学奖，作家田耳出生于 1976 年，于 2006 年荣获鲁迅文学奖。从获奖者的最大年龄看，最年长的老舍文学奖得主是王蒙，时年 80 岁；徐怀中是最年长的茅盾文学奖得主，时年 89 岁；冰心则在 96 岁荣获鲁迅文学奖，是最年长的鲁迅文学奖得主，同时也是四大文学奖最年长的获得者。

表 10　**四大文学奖获得者的平均年龄、最小年龄和最大年龄**　单位：岁

	平均年龄	最小年龄	最大年龄
曹禺戏剧文学奖	52.6	19	80

续表

	平均年龄	最小年龄	最大年龄
老舍文学奖	53.2	32	80
茅盾文学奖	53.7	39	89
鲁迅文学奖	51.5	30	96
男性作家	53.1	19	94
女性作家	48.1	30	96

五 当代作家的受教育程度

文学创作源于生活，作家创作必须深入生活。而在体验生活时，作家需要具备精湛的情感敏锐力，捕捉生活的精微之处。同时，作家的文学创作采取了特殊的形象和语言，有别于抽象专业的知识表述。因此，学历对作家创作能力而言绝非决定性因素，学历越高，并非文学创作水平就越高，二者并不必然构成正比关系。不过文学创作毕竟涉及对生活的认识和思考、对生活体验的总结和书写，受教育程度影响到作家思考的深度与广度，影响了文学技巧的水平高低，教育能够为作家提供相应的专业知识、认识方法、分析手段、写作技巧，故而学历虽非决定性因素，但并非对文学成就毫无影响。考察著名文学奖作家的受教育程度有助于呈现受教育程度对作家成就的影响关系，加深我们对中国当代作家的认识。

（一）四大文学奖获得者的受教育程度状况

为分析当代作家的受教育程度，本文还搜集了四大文学奖获奖作家的受教育程度。但由于在一些作家的公开信息中无法查找到其受教育程度信息，故而本文的相关讨论仅限于能够找到受教育程度信息的获奖作家。在476位四大文学奖获奖作家中，我们找到了270位作家的受教育程度的信息。整体来看，在270位作家中，受教育程度为初中、高中、大学、研究生的作家数量分别为5位、15位、170位、80

位。分别来看四大文学奖，获奖作家的受教育程度皆以大学及以上为主，在曹禺戏剧文学奖、老舍文学奖、茅盾文学奖、鲁迅文学奖的获奖作家中，大学及以上受教育程度的作家占比分别为 95.6%、88%、90%、93.1%。

表 11　**不同受教育程度文学奖获得者的状况**　单位：人

受教育程度	曹禺戏剧文学奖	老舍文学奖	茅盾文学奖	鲁迅文学奖	总体
初中	0	1	1	2	5
高中	2	1	3	9	15
大学	30	15	29	96	170
研究生	13	7	7	53	80

受教育程度在高中及以下的获奖作家比例均较低。除老舍文学奖获奖作家之外，在其他奖项的获奖作家中，受教育程度在高中及以下的人数占比均未超过 10%。其中，曹禺戏剧文学奖共有 2 位得主受教育程度在高中及以下；老舍文学奖共有 2 位得主受教育程度在高中及以下；茅盾文学奖共有 4 位得主受教育程度在高中及以下；鲁迅文学奖共有 11 位得主受教育程度在高中及以下。(见表 12)

表 12　**受教育程度为高中及以下的作家信息**

奖项名称	曹禺戏剧文学奖	老舍文学奖	茅盾文学奖	鲁迅文学奖
作家姓名	张明、陈涌泉	刘庆邦、毛银鹏	刘醒龙、萧克、阿来、陈忠实	傅天琳、冯骥才、刘庆邦、刘醒龙、加央西热、史铁生、林祖基、铁凝、韩作荣、邓一光、张新泉

（二）不同特征的四大文学奖获得者的受教育程度状况

从不同性别获奖作家的受教育程度看，女性作家受教育程度高于男性作家。在男性得主中，受教育程度在高中及以下的人数占比为

8.06%，而在女性得主中，受教育程度在高中及以下的人数占比为5.17%，受教育程度在大学及以上的人数占比明显高于男性，尤其是受教育程度为研究生及以上的获奖者人数占比超过三分之一，达到36.21%；相较而言，在男性得主中，受教育程度为研究生及以上的获奖者人数占比约为27.96%，比女性低了8.25个百分点。

表13 不同性别的文学奖获得者的受教育程度分布

受教育程度	男		女	
	人数（人）	比例（%）	人数（人）	比例（%）
初中	5	2.37	0	0
高中	12	5.69	3	5.17
大学	135	63.98	34	58.62
研究生	59	27.96	21	36.21

从不同出生年代的受教育程度看，在1949年之前出生的81位获奖作家中，有6人的受教育程度为高中及以下，而学历在研究生及以上的获奖作家有16人；在1950—1969年出生的158位获奖作家中，有13人的受教育程度为高中及以下，而学历在研究生及以上的获奖作家有47人；1970年之后出生的获奖作家的受教育程度均在大学及以上。因此，整体来看，在20世纪50年代与20世纪60年代出生的获奖作家中，学历在高中及以下的得主最多。

表14 不同出生队列的文学奖获得者的受教育程度分布

	1949年前	1950—1969年	1970年后
初中	0	5	0
高中	6	8	0
大学	59	98	4
研究生	16	47	10

六 结论

本文将中国四大文学奖的获得者作为研究对象，其中茅盾文学奖、鲁迅文学奖、曹禺戏剧文学奖、老舍文学奖的获奖作家分别有47人、268人、127人、34人，共计476人。这些获奖作家具有重要的代表性，代表了当代中国作家的主要成就，在很大程度上构成了中国当代文学经典秩序。本文搜集了这些作家的姓名、性别、年龄、出生地、受教育程度、获奖年份、获奖作品、成长经历等信息，通过整理这些信息，分析了当代作家的结构，总结了当代中国作家的主要特征。

从性别结构看，绝大多数（约80%）获奖作家为男性，女性得主占比相对较低；其中，老舍文学奖的女性得主占比在四大文学奖中相对最高；在四大文学奖中，曹禺戏剧文学奖、老舍文学奖、茅盾文学奖、鲁迅文学奖的女性得主数量分别为14人、13人、7人、55人，其中8位女性作家曾经两次以上获奖。这与传统的男主外、女主内的性别分工有关，正是这种性别分工的存在，使得在作为一种社会工作和职业的作家行业中，女性的占比很小。

从地域结构看，中国当代文学奖存在着显著的地域差异。一般认为，优秀的文学家与文学作品的产生离不开优质的人文环境的培育，而文学家的故乡是影响其成长的重要因素。从四大文学奖获得者的总量看，江苏、河南、北京、山东、河北、陕西是得主数量最多的地方。从不同性别作家的地域分布看，男性获奖作家的数量基本与总体情况相似，即江苏、河南、北京、山东、河北、陕西等也是男性得主数量最多的省份。而江苏、北京、河南、辽宁、黑龙江、浙江的女性获奖作家数量相对较多，例如在辽宁的15名得主中，有8名是女性；在黑龙江的9名得主中，有6名是女性。而山东、河北、陕西、四川、湖北、广东的女性获奖作家数量相对较少。从获奖作家的出生时间看，以20世纪40年代、20世纪50年代、20世纪60年代出生的得主数量最多。整体来看，20世纪50年代出生的获奖作家数量最多，达到 144 人。从作家获奖时的年龄看，247 名作家获奖时的年龄在 40—59 岁，占比约为 60.1%，这意味着大多数得主获奖时的年龄在 40—59 岁。从作家获奖时的平均年龄看，四大文学奖得主获奖时的平均年龄约为 53 岁，其中，曹禺戏剧文学奖、老舍文学奖、茅盾文学奖、鲁迅文学奖获奖得主获奖时的平均年龄分别为 52.6 岁、53.2 岁、53.7 岁、51.5 岁；从获奖时的最小年龄看，茅盾文学奖、鲁迅文学奖、曹禺戏剧文学奖、老舍文学奖最年轻得主的年龄分别为 39 岁、30 岁、19 岁、32 岁，不同文学奖得主获奖年龄之间的差异主要与获奖作品的性质有关。

从受教育程度的结构看，获奖作家的受教育程度均以大学及以上为主，在曹禺戏剧文学奖、老舍文学奖、茅盾文学奖、鲁迅文学奖得主中，大学及以上受教育程度的作家数量占比分别为 95.6%、88%、90%、93.1%。四大文学奖受教育程度在高中及以下的得主数量比例皆较低。除老舍文学奖得主之外，在其他奖项的获奖作家中，受教育程度在高中及以下的人数占比均未超过 10%。就性别而言，女性得主受教育程度高于男性得主。一般认为，作品常常源于作家的生活，体现作家对生活的认识和思考，因此，受教育程度虽然不是决定作家成就的最主要因素，却是一个不容忽视的因素。受教育程度在高中及以下的四大文学奖得主有 19 人，其中，曹禺戏剧文学奖有 2 位得主受教育程度在高中及以下（张明、陈涌泉）；老舍文学奖有 2 位得主受教育程度在高中及以下（刘庆邦、毛银鹏）；茅盾文学奖中有 4 位得主受教育程度在高中及以下（刘醒龙、萧克、阿来、陈忠实）；鲁迅文学奖中有 11 位得主受教育程度在高中及以下（傅天琳、冯骥才、刘庆邦、刘醒龙、加央西热、史铁生、林祖基、铁凝、韩作荣等）。

当然，中国当代文学生产机制和评价体系还在不断演进，本研究或许能够为未来中国当代文学发展和研究提供可资借鉴的数据和经验。

中西比较视域下的审美前理解

潘　越*

摘　要：“前理解”是解释学中的重要术语，主要是在理解活动发生之前主体就已经具有的对理解有着导向、制约作用的语言、历史、文化、经验、情感、思维方式、价值观念以及对于对象的预期等因素的综合。审美理解中，在本质力量与对象的同一性问题上，以儒、道、禅为代表的中国古代思想与西方思想是不同的。西方现代思潮尽管力图打破主客二分的思维模式，但从其论证方式上看，二分的模式依然是明显的：尽管能看到物我的统一，而这种统一仍要通过主客的区分才能实现。或许，这是语言的局限性所致。中国古代以类比、形象为特征的思维方式尽管也看到主、客的差别，但对这种差别并不执着，而是强调“天地与我并生，万物与我为一”的融合状态。概括地说，即中国古代思想强调对心灵本身的体悟，而西方思想则强调对对象的认知。

关键词：前理解　审美　阐释学　禅宗

艺术的理解与历史的理解是不同的。历史的理解不管主体怎么对前见进行悬置，他所理解到的内容都是当下的，都是理解力理解到

* 潘越，中国人民大学文艺学硕士，南加州大学中国古代思想史硕士，堪萨斯大学教育学博士，现任教于堪萨斯大学东亚系。

的。而艺术的理解并不以理解到的内容为目的，而是以理解的自由为目的，以主体境界的豁然开朗为目的。任何理解的结果都是有限的，有限的都是不自由的。只有在不自由之中看到贯穿其中的具有无限可能性的心灵的本质力量，体会到本质力量才是自由。心灵的本质力量类似于阿恩海姆所说的造成表现性的基础的力的结构。他指出，“那推动我们自己的情感活动的力，与那些作用于整个宇宙的普遍的力，实际上是同一种力。只有这样去看问题，我们才能意识到自身在整个宇宙中的地位，以及这个整体的内在统一”①。如果说历史的前理解中掺杂着大量主体的、主观的、轻率的因素，它更倾向于内容上的得到或排斥，那么审美前理解则更倾向于敞开自身的这种理解的能力结构。

一　审美前理解

简单地说，历史的前理解与艺术的前理解并不是两种东西，而是同一种东西。只是当它面对不同的对象，产生不同的理解要求之后，才走上了历史理解与审美理解两条不同的路。审美前理解与历史前理解有着同样的结构与机制。它们一样是由传统、语言、符号、经验等等沉积而成；一样由能动的心灵根据现实环境的要求来决定凸显哪一部分。不同的是，艺术的前理解结构更加纯粹，尽管它也对对象提出要求，但这种要求只是形式的，而且主体从来不希望在形式中得到什么，因而不为对象所迷惑、束缚。同样地，主体也有情感期待，但这种期待却是清净的，主体不会随着情感的升起而迷失了自我。

（一）审美预期

在艺术前理解中，如果说存在着情感预期或意义预期，那么这种预期也是实现心灵自由的形式。英加登把审美初始阶段的预期定义为

① ［德］阿恩海姆：《艺术与视知觉》，滕守尧、朱疆源译，中国社会科学出版社1984年版，第625页。

“原始情感”：“作为审美经验第一阶段的原始情感的典型性质……是内在的不安和不满足。它是原始情感，正因为从它的要素中发展出审美经验的下一个阶段，以及它的意向性关联物即审美对象的构成。”① 在审美的对象面前，主体不再企图理解什么或不再以理解为主，而是直接体会那生命的本真。前理解当中的接受、迎纳对象的能力不再把对象当成“我”的对象，而是直接在对象中看到了自己。所有的逻辑的、功利的理解此时都因为理解欲的停息、隐退而恢复平静。主体心灵的诗性内涵被对象感动、同化、共鸣而敞开。英加登把这一过程描述为：“作为原始情感的结果，我们注视的不是具有这些或那些性质的现实存在的事实，而是注视着这些性质本身，它们的格式塔，如果我们可以这样说。对我来说，它们作为对象的确定性在一个实在对象中出现变成无关紧要的了。特别是具有对我们产生审美影响的性质的事物是真实存在的（就像它在原始情感影响我们以前那样）还是只是一个幻觉，对我们来说都是无关紧要的。仅仅这种性质的出现，就完全足以观照它们的特殊本质并从而产生原始审美情感。”② 我们不再想理解什么，理解便是感受，而自由却既在这种感受之中，又在这种感受之外。审美的理解是浑整的。由于对象的艺术特质，主体的当下判断首先摆脱功利意义。前理解中的每一个环节，每一个知识的点滴，都不再受意义判断的支配。它们不再形成流动的幻象，使主体的注意力从功利的思考中解脱出来。前理解中所蕴藏的能力与趋势都不再有功利性的预期，因而成为一切可能性的承载者。主体无须选择，无须判断。

前理解中所直接蓄含的意义或潜在蓄含的意义，以澄明的、整体的样式呈现出来。思维并没有停止，情感也没有停止，但主体不局限于思维，不局限于情感，而是实现了静观。这些情感是由形式、预期而生的，但它们已不是能够左右主体的利害关系。而是成为作为

① ［波］罗曼·英加登：《对文学的艺术作品的认识》，陈燕谷译，中国文联出版社1988年版，第200页。

② ［波］罗曼·英加登：《对文学的艺术作品的认识》，陈燕谷译，中国文联出版社1988年版，第204页。

"类的存在物"的人的生存状态的象征。"我所体验的情感也不是完全实在的，因为它是纯精神的，不起作用的。我体验这些情感就好像这些情感与我无关，而且可以这样说，好像不是我在体验它们，而是处在我这个位置上的一个人类的代表，一个被指派去体验典型情绪的无人称的我。这些典型的情绪很快平静下来，不留痕迹。"① 我为之折服、为之惊骇、为之战栗，但我的主体地位是平静的，安宁的。这时，审美实现了。

所谓整体地展开，也不是不分主次、详略，而是在对象的引导之下，意向性地展开。比如，欣赏《拉奥孔》《米洛斯的维纳斯》《特里斯丹》《蒙娜丽莎》。我们看到的是人的世界，或悲壮，或安详，或秀美，或崇高，它们展现出这种情感特质，但并不把它们表达到极致(极致有媚俗语之嫌，且往往不能引起艺术知觉，很多理论家对此有述)，而是以充分的暗示，让我们自己在理解中把这种情感特质填满，并安静地无利害地品味这种情感。前理解的活动是由对象的表情、动作、心理、情节等唤起的。艺术的前理解可以不知不觉地补好维纳斯的双臂及面庞、胸部的瑕疵。我们看到拉奥孔痛苦的表情，升起对抗苦难的悲壮感。以虚幻的、全面的方式去体会它。虚幻是因为主体并没有真正经历被恶蟒攻击的事件，唯其如此，主体才可以有所玩味地体会；全面是因为前理解中有此经验，主体因为此经验虚幻而不被其困扰，因而可以全面地体会。对象所表现的，正是我们生存的经验的浓缩与概括，它一直以某种形象、符号存在于我们的前理解之中，如今被唤醒，被我们重新想象着体验了。

必须承认，前理解中的各种意义的无利害的呈现，不是自发的，而是在同对象的交流中产生的。同时也必须指出，同一个人对同一对象的反复玩味，他所得的情感意义，可能无限多，但这些都不是最终的，最终的审美的享受在于主体对于这些情感的自主的静观，以及在静观中体验到的我们的存在原本自由及我们的一切功利、情感判断所

---

① ［法］米·杜夫海纳：《审美经验现象学·上》，韩树站译，文化艺术出版社 1996 年版，第 34 页。

源自的能动的本质力量。任何没有脱离意义判断与情感的理解都因主体的不自主而不能说是审美的，比如战士看戏向穆仁智开枪，又比如儿童在电影中对于好人坏人的分别。同样道理，我们认为，一千个哈姆雷特可能代表一千种审美感受，却只能代表一种审美自由（假设每一位读者都实现了真正的审美理解）。

（二）原意问题

此处，我们也引入作者原意问题。所谓的作者原意，是指作者寓于作品中的情感与意义，这种情感与意义完全是作者在此时此地自己的（如果有人说作者原意是全部艺术家共通的，那就肯定不会是“作者自己的”原意，欣赏者也无所谓能不能找到作者的原意了）。我们认为，这种原意是有可能存在的，并且是有可能被重新体验到的（比如悲壮、哀怨之类），但也仅仅是可能而已。这一方面是因为作品是精练地概括的；另一方面，审美的前理解也因为功利意识的隐退而呈现出丰富的内涵。心灵是富于潜能的，而艺术的理解是作品直接对心灵说话，是两个心灵世界的交融。

对于作者原意的看法其实涉及对于前理解的看法。如果读者要在作品中搜寻某种意义的话，他的前理解一定是有所指的活动。而在我们看来，前理解的对于意义的执着将严重地妨碍心灵自由的实现。这是因为，艺术的理解是在对于对象整体的观照下，前理解自身得以整体地展开，而一般的理解则有选择、有针对性地展开。这其实是功利与非功利的差别。天无私覆，地无私载，唯其无私，无所不覆，无所不载。一有功利内涵，心灵的全体大用就隐蔽而不得彰显了。因此，我们不能同意美国解释学家却尔在论述对于文艺作品的理解时的观点。在讨论本文意义时，他曾举了一个例子：

> 埃德蒙·威尔逊曾经断言，亨利·詹姆斯的小说《拧紧螺丝》中的家庭女教师是一个性压抑的精神病患者，小说中的魔鬼不是真正的魔鬼，而是女教师的幻觉。亚历山大·琼斯却坚持认为，小说中的魔鬼并非是女教师的幻觉，而是事实上的真实存

在。克里斯廷·布鲁克-罗斯则持另一种观点，她认为，小说中的魔鬼的真假虚实是不明确的。如果以上三种看法中有一个是正确的，那么其余的两个是否就是错误的呢？或者，这三种看法能否全是正确？如果它们都不正确，是否至少可以被人们接受？小说中的魔鬼能不能既是真实存在，又是女教师的纯粹幻觉呢？

由此他论证道：

诸如此类的各种彼此冲突的解释，向我们提出一个具有普遍意义的问题：是否一部作品只有一个唯一正确的理解？是否一部作品通常有几个正确的，可以接受的、被人认可的理解？我们在原则上能否决定一部作品的正确解释？是否我们找不到一种不仅在事实上而且在逻辑上同样存在的理解——亦即依据我们对一部作品的认识或者对它的意义的分析而得到的理解？是否要求一部作品的各种合理的理解中有一个是正确的理解的思想是荒诞不经的？

显然，却尔把一般理解与审美理解混淆了。小说中的魔鬼是真是假，只是一种思维判断，而不是审美判断。即便读者由此出发，进行深入的考证，得出“魔鬼是女教师的幻觉”的结论，或是证实“魔鬼是真实存在的”，也都无助于对作品的理解。审美理解不是科学研究，也不是案件侦查，对于作品所言说的情节的真实性过分追究，只会损害对其审美价值的发掘。当然，情节的清晰、合理对于某些读者来说，是必要的，但也仅此而已。正确的审美理解不是指“唯一的”理解。作者的原意也不见得是作者在文字中所说的意义。否则，欣赏艺术作品就不如去做算术题了——做算术很容易得出唯一的和确定的含义。而我们已经设定，欣赏在于达至自由。事实上，作品有没有真正的原意，在我们的审美理解中本来是不成其为问题的。因为，每一次理解都是“我”的独特的经验，而“我”的自由并不在这些经验本身，否则，我们就可以说“心灵的自由有很多种”了。但心灵的自由真的有很多种吗？这种说法如同说“真空中有很多空一样”是啰唆的。我们只能说，达到心灵自由的途径有很多种，通向自由的情感有很多种。与分析哲学的观点相反，我们认为，没有音乐美，没有绘画美，只有一种感受的美。这种美存在于主体的每次具体的审美理解之中。分析哲学的观点实际上是把实现美感的手段与美感本身等同起来了。

如此说，并不是提倡空洞的、抽象的美，恰恰相反，我们认为，美总是具体地存在于主体的审美活动之中的。如同姚斯所说，“一部文学作品，并不是一个自身独立、向每一时代的每一读者均提供同样的观点的客体。它不是一尊纪念碑，形而上学地展示其超时代的本质。它更多地像一部管弦乐谱，在其演奏中不断获得读者新的反响，使本文从词的物质形态中解放出来，成为一种当代的存在”①。

二　一种富于启发意义的方式
——禅宗对待前理解

提到禅宗，人们通常会想到“机锋”“话头”“棒”“喝”“呵佛骂祖”之类的“公案”。对于禅宗思想、禅宗美学的研究多数都从此处下手。但这些莫名其妙的行为举动到底是为什么，一般的研究者却很少论及。他们所做的多是现象上的联系式的研究，把这些怪怪奇奇的公案、语录作为出发点，从而阐发所谓的“禅宗思想的发展变化”。殊不知，真正的禅宗标举活泼自在，形式上变动不居，是无法概括思想的，所谓“举似一物即不中”矣。但为研究方便，也只好命之为思想。

但禅宗之为宗，还是有来历的。这种来历不是刻意叛逆传统佛教，也不是迎合一般士人的玄谈之好，更不是僧人好懒偷闲，而是佛教般若思想指导下的修持方式。这种方式的指导思想与前理解研究有

① ［德］姚斯：《文学史作为向文学理论的挑战》，载《接受美学与接受理论》，周宁、金元浦译，辽宁人民出版社 1987 年版，第 26 页。

很多可以对比的地方。

（一）特殊的前理解

据禅宗的观点，人人都有佛性，但由于世俗观念的蒙蔽（无明），我们感觉不到它的存在。“无明”这个词，含义很广，既可以指“恶行”，也可以指一般人的日常状态，类似海德格尔所说的“被抛”或“烦”的状态，还可以指对于存在产生自觉，但仍然有所执着的状态。可以看出，后面两种情况都归于思维、欲求，类似我们所说的前理解。这种“前理解”可以用唯识论中的“末那识”来说明，它是一切欲望的根本，从中产生出人的种种分别、对立、贪执，这些欲求只会得到暂时的满足，我们的思维意识受到它的支配而难得自由。换句话说，即使我们什么也不想理解，也还是处于前理解之中，这是一种生存意义上的前理解。

在对待无明的态度上，一般意义上的佛家思想，通过种种“法门”来去除无明，求得“觉悟”。而禅宗则认为，自家佛性圆满具足，如如不动，在圣不增，在凡不减。甚至佛性也存在于无明之中。而任何有为的追求，都因心有所使而受到局限。拘泥于“法门”，会延缓我们对自心佛性的体证，甚至会妨碍对于自心佛性的体悟。禅宗的努力，就是要打掉人对于语言、思维意义的信仰，从而开示出回归心灵自由的路径。因乎此，禅宗一反常规，响亮地提出，“明心见性，直了成佛”；也因乎此，禅宗祖师们才语惊百世地说出佛是“干屎橛”，菩萨是“担粪汉”之类的话来；还因乎此，才有那些“不立文字，教外别传”的奇异公案。

在此，我们看到禅宗思想对于前理解探索的启示。在自由与有限的关系上，有限即自由，自由即有限。套用过来，我们似乎可以说，前理解中也寄寓着本质力量，两者本是一体，寻求审美理解、精神自由的努力，不是向外去寻找什么，而是主体自身本质力量的发现。

（二）自由的心灵

禅宗认为，人人都有佛性，但佛性是不可言说的。从六祖慧能的承法偈，到捏鼻、吹火、关门、削指、斩猫等公案来看，祖师对于佛性的提示是不拘一格、随机应变的。这种方式，如果要简单地概括，我想应该以般若部经典《心经》与《金刚经》中的两段话最为扼要并且与我们的论题相关。一是“不生不灭，不垢不净，不增不减”；二是“非法非非法”。前者是讲心灵的最高状态，后者是讲去除无明的一般原则。所谓“不生不灭，不垢不净，不增不减”是说心灵的本来面目无所杂染，无形无相，增之而不多，减之而不少，染之而不污，洗之而不净。增减、垢净、生灭都是有形有相的，有形有相则是有限的，它只能概括于心灵之中，而不能概括心灵。《景德传灯录》载石头希迁禅师开示说：“……即心即佛，心，佛，众生，菩提，烦恼，名异体一。汝等当知，自己心灵体离常断，性非垢净，湛然圆满，凡圣齐同，应用无方，离心意识。……”禅宗把一般认为神秘玄妙的佛性拉下龛位，认为自性清净，在圣不增，在凡不减，乃至“搬柴运水，行住坐卧，无处不在”，大大提升了人的主体地位。

“非法非非法”则是去除执着的否定方式。其目的是破除一切执着。“非法”是不取法相，“非非法”是不取非法相。其逻辑是，有“法”，则要破除它，于是“非法”；“非法”也是一种存在状态，所以要破除它，于是“非非法”。这种否定环环相扣，让人的一般思维没有立足之地。它的肯定与否定是同时的，日常思维在此是立不住脚的。禅师们就是通过这种方式逼学人跳出日常思维之相，实现心灵毫无挂碍的自由。这种即此即彼、非此非彼的状态，便是不落两边，不取中道，在禅宗看来，乃是心灵自由的极致。

与伽达默尔、杜夫海纳、姚斯等人相比，禅的方式更加彻底。它跳出建立在彼此差异前提下从此到彼的变化过程，认为自由存在于人的所有活动中，其根本归于心灵的自在：本性自足，不从他觅，无思无虑，当下即是。所谓“随立之处，尽得宗门；语言啼笑，屈伸俯仰，各从性海所发”。语言啼笑，屈伸俯仰，当然都是一种“有”，但禅对它既不排斥也不执着，以一种既否定又肯定、不肯定不否定的态度，实现了对现实的超越。

如果我们分析主体的本质力量，就可以看到两样东西：一个是具体的形式，比如历史、传统、语言以及知识；一个是形式所承载的能力。西方解释学所侧重的是形式的影响。前理解与理解的关系，概括地说，不过就是已有的形式体系与新形式的关系。而中国的传统则侧重于能动性本身，无论形式如何变化，它所承载的能动性是不变的。这个认识可以从唐代三平义中禅师的偈语中看出来：即此见闻非见闻，无余声色可呈君。个中若了全无事，体用无妨分不分。大意是说，佛性就在我们的见闻之中，又不是见闻的内容。不需要也不可能到别的地方去寻求。如果明白这个道理，就没有什么特别需要做的了。体用二相，分与不分都可以。中国传统思想一直都在围绕心性展开，因此在主体能动性方面的认识与西方不同，或者说，比西方系统、深刻得多。

禅宗兴起之后，这种深刻的认识又被引入哲学以外的文化传统中。诗论即是其中一例。

（三）严羽的妙悟说与心性阐释：中国古代的前理解

一般来说，禅宗讲悟是指“顿悟”——强调突然发现本性，豁然开朗。石头希迁禅师曾说，“吾之法门，……不论禅定精进，唯达佛知见，即心即佛，……”而通常文论研究的禅宗，则是指“参禅”“静处”，正属于“禅定精进”的范畴，是强调发现本心的过程。所谓“参禅”，是指禅僧抱定一个“话头”，时刻提撕，念念不忘。借此集中精神，突破无明。这是禅、艺相关处之一。比如参话头“狗子有佛性也无”“庭前柏树子”等，日常思维全没有下手之处，而又需抱定，纯熟之时，打成一片，凝成一团。心灵的力量才可能直接显现。而我们平常的思维，貌似有所得，其实都是从语言的表面意思上滑过去，被它给骗了。正是终日用心而不识其本来面目。

艺术的理解同样不停滞于思维所得到的意义。不同的是，它不太诉诸心灵的内敛，而更强调对形象的直观。对于一首乐曲，人们只去感受它的情绪，而不去追问它的意思。对于一幅中国画，人们只去体会它的意境，而不去追求它的真实。对于一首诗，人们只去品鉴它的韵味，而不去追究它的事实。这并不是说，艺术作品中没有意义或意义不重要，而是说，艺术的价值不在这里。禅把这种非意义的倾向推而广之，一直沁入日常生活当中。然而，能接受诗“不涉理路”的人也许很多，能理解语言的不关意义的人却不多。我们整天忙忙碌碌，多是围着意义打转，而对于那使意义成为意义，使语言成为语言的东西都忽略了。

正是为此，我们对姚斯的反思的期待视野有所保留。因为，反思是建立在有“意思”的前提下的，而意思的明确只能带来求知欲的满足，而不能带来心灵的自由。更何况，意思永远是相对明确的。有一个类比也许可以说明问题：我们可以看到，到处都有人在拿当今的科学傲视古人，可是他们不想想，如果古人可笑，那么，笑人者自己成为“古人”之时，岂不一样可笑！他们的“高明”之处，不过是把被嘲延迟了几年而已。反思所得到的意义与此类似，不足以成为我们满足的理由。

与此相反，古人的艺术到今天依然被人们欣赏，今人在古人的艺术面前，只有惊叹、折服，而不敢妄加品评。这是因为，思维的所谓进步，对艺术理解来说，没有太大帮助。而审美理解的达成与思维关系不大，甚至根本就没有关系。古代的诗人深刻地了解这一点，不管是性灵还是苦吟，都在体会上下功夫。儒家之内省，道家之心斋，诗人之潜咏，都是从破除思维惯性上入手。

唯唐代禅宗大兴以后，诗人、文论家们才开始以禅喻诗。其中最有影响的，要推严羽。严羽之论又以“妙悟”为纲。严羽之所谓妙悟，推崇的正在一个“参”字。这种参法，又讲程度之“熟”。他的说法是：

> 功夫须从上做下，不可从下做上。先须熟读楚词，朝夕讽咏以为之本；及读古诗十九首，乐府四篇，李陵苏武汉魏五言皆须熟读，即以李杜二集枕藉观之，如今人之治经。然后博取盛唐名家，酝酿胸中，久之自然悟入。虽学之不至，亦不失正路。此乃是从顶𩕄上做来，谓之向上一路，谓之直截根源，谓之顿门，谓之单刀直入也。

> 论诗如论禅：汉魏晋与盛唐之诗，则第一义也。大历以还之诗，则小乘禅也，已落第二义矣。……大抵禅道惟在妙悟，诗道亦在妙悟。且孟襄阳学力下韩退之远甚，而其诗独在退之上者，一味妙悟而已。惟妙悟乃为当行，乃为本色。……试取汉魏之诗而熟参之，次取晋宋之诗而熟参之，次取南北朝之诗而熟参之，次取沈宋王杨卢骆陈拾遗之诗而熟参之，次取载元天宝诸家之诗而熟参之，次独取李杜二公之诗而熟参之，又取大历十才子之诗而熟参之，又取元和之诗而熟参之，又尽取晚唐诸家之诗而熟参之，又取本朝苏黄以下诸家之诗而熟参之，其真是非自有不能隐者。

从严羽的“妙悟说”来看，妙悟是一种透彻的理解，直接到达心灵的本源之体，乃有随缘自在、卷舒自如之用。我们认为，这是中国古代审美思维的特色之一。诗人们要打破知见（前理解）的束缚，彻见“透彻玲珑，不可凑泊”的诗境，既不能向推理中寻觅，也不能放任流俗。（禅宗认为，以思维推断得出的感受是不自由的，因为，自由就是本心，任何使本心“着相”的行为，都属于“心外求心、头上安头”。从这一点来看，伽达默尔的“对于前理解的意识”实质上是以某种隐蔽的前理解去研究被意识到的较为明显的前理解。这样是不能实现心灵自由的。）最好的办法，便是参悟。在严羽之前，早有吟哦、背诵的传统，而严羽则借禅家之“参”，强调取古人成章妙句，反复吟咏，以求“久之自然悟入”。

为什么取古人佳句“酝酿于胸”“熟参”，便能悟入？我们认为，这涉及心灵与承载心灵的形式之间的关系。心灵以形式显现，形式呈现心灵。前面我们已经论证，理解的发展史其实是具有无限可能性的心灵与有限现实之间矛盾的发展史，这种矛盾在艺术中表现为形式与心灵的矛盾——中国古代文论中的“言意之辨”是这一关系的典型体现。对象如果对我们的审美感觉发生了作用，那它一定是直观的，我们向对象期待的是瞬间达成的自由，而不是研究思考之后得出的结论；可是，在我们不能马上领略对象的意味而思考又无计可施的时候，怎么办？毕竟，试图审美地理解的意识与凝聚在对象中的本质力量是有距离的。严羽正是在这一点上活用了禅宗的“参”。在禅宗看来，我佛不二，心物不二。所谓“青青翠竹，悉是法身；郁郁黄花，无非般若”，在审美领域，艺术作品当然更是心灵的适当体现了。按马克思主义观点，艺术作品是人的本质力量对象化的一种形式，我们理解艺术作品，就是在作品中理解自己。严羽就是抓住了这一点：不管能不能马上悟出妙处，首先要反复玩味——“参”“熟参”。不是以心解心，而是以心会心，直到功夫纯熟，心心相印，就“自然悟入”了。

2021 年阐释学重要文献辑录摘要

陈 龙*

一 文学

1. 张江：《再论强制阐释》，《中国社会科学》2021 年第 2 期。

中国阐释学的建构，首先必须在解决诸多具有基础性意义的元问题上有新的见解和进步。强制阐释作为一种阐释方式，在各学科文本研究与理论建构上，已有极为普遍的表现。偷换对象，变幻话语，借文本之名，阐本己之意，且将此意强加于文本，宣称文本即为此意。如此阐释方式，违反阐释逻辑规则和阐释伦理，其合法性当受质疑。阐释是有对象的，对象是确定的。背离确定对象，阐释的合法性即被消解。在心理学意义上，强制阐释有其当然发生的理由，但绝非意味着强制阐释就是合理且不可克服的。就像谬误难以避免，但并不意味着它就是合理且不可克服的一样，更不意味着它就是真理。具有强大理论与逻辑力量的阐释无须强制。阐释是动机阐释。坚持阐释对象的确定性，坚持阐释学意义上的整体性追求，对阐释动机的盲目展开以有效的理性约束，是实现正当及合理阐释的根本之道。在文学领域以外，对由主观动机发起的强制阐释尤当保持警惕。坚持从现象本身出

* 陈龙，中国社会科学院大学文学院讲师、中国社会科学院文学与阐释学研究中心研究员、中国社会科学院大学阐释学高等研究院研究员、南开大学-中国社会科学院大学 21 世纪马克思主义研究院研究员。

发，坚持阐释的整体性观点，坚持阐释的多重多向循环，是合理规范阐释强制性的有效方式。

2. 张江：《“衍”“生”辨》，《社会科学战线》2021 年第 11 期。

与西方后现代阐释理论主张阐释是无限制的意义生产不同，中国阐释学中“衍生”一词，在“阐宏使大”中蕴含“约束规范”之意，使阐释在扩张与守约之间找到平衡。在文字学意义上，“阐”“衍”同义，“阐衍”“阐化”“衍化”均为传统经学常用之语；在阐释学意义上，“衍”是阐的方式，阐乃由衍而阐，“衍”显明“阐”不同于“诠”“解”之个性，更发展出古代释义“阐衍”与“诠解”两条主要脉络、离散与递归两种思维方式。“衍生”较之“生产”，更能确当表达文本阐释在合理性约束下的扩张与流溢，也提示我们全面客观地认识西方后现代阐释理论。“衍生”当为中国阐释学理论体系中具有节点性意义的重要概念。

3. 张江：《“通”“达”辨》，《哲学研究》2021 年第 11 期。

在汉语文字中，“通”与“达”互训互证。“通”更重于过程，“达”更重于结果，“达”由“通”开始，“通”以“达”标示完成。从阐释学角度来说，“通”“达”包含的开放与澄明、融合与确证，追求在最终理解上的“共”与“同”，是中国阐释学的重要特征。“通”“达”蕴含的以开放为核心、以循环为特性、以融合为效果、以确定为准则、以追求“共”与“同”为目的的阐释学意蕴，与西方阐释学有基本一致的取向。故可将“通”“达”之义作为阐释学的一种普遍标准。

4. 朱立元：《关于阐释对象及相关问题的几点思考——兼与张江先生讨论》，《学术研究》2021 年第 7 期。

张江《再论强制阐释》一文借鉴现代心理学重要成果，提出了批判强制阐释、建构中国当代阐释学一系列新见解，总体上值得肯定。笔者对其强调阐释中阐释对象的确定性等核心观点基本赞同，因为否定阐释对象的确定性，必然造成阐释实践中对许多重大问题的阐释发生困难。但是，该文对海德格尔、伽达默尔“前见”与“前掌握”的区分根据不足，分别用心理学“期望”与“动机”概念对这两个概念的含义所作的阐释也并不符合他们的原意。该文把自我确证作为阐释的本质、普遍心理依据和人性、人的生命本能，不够全面、完整，应当增补“同情”（同情、理解他人）作为自我的另一种本性、本能和公共阐释的基本心理基础，它与“自我确证”同等重要，相辅相成，缺一不可。

5. 李春青：《在“追问真相”与“意义建构”之间——论阐释的确定性及其他》，《学术研究》2021 年第 10 期。

张江教授的《再论强制阐释》一文对“强制阐释”问题做了进一步深入阐发，在阐释对象的确定性、“强制阐释”现象产生的心理原因以及克服“强制阐释”的具体措施等方面提出了新的见解，对推动阐释问题的学理性探讨和建构中国当代阐释学具有重要意义。但该文在阐释的有效性及“文学阐释”等问题上所持观点尚可进一步商榷。主张阐释对象的确定性并没有问题，但这种确定性不能理解为意义的唯一性，它还包括文字背后隐含的丰富意蕴。对于阐释而言，“追问真相”是“意义建构”的基础，文学阐释不仅仅是寻求“共鸣”，而同样是一种“意义建构”。

6. 李春青：《“文质模式”与中国古代经典阐释学》，《山西大学学报》（哲学社会科学版）2021 年第 1 期。

“文质模式”是儒家理解社会政治、历史和文学艺术的独特视角，是一种极为重要的阐释模式，集中体现了儒家的政治理念与人格理想。在孔子那里，“文质模式”原本是关于君子人格的规范性标准，其内涵是传统贵族精神与新兴士人趣味的复合体。在汉儒那里，这一模式就演变成了考察社会历史的阐释框架，衍化为一种政治标准。而到了汉魏之际，这一模式进而演变为衡量诗文书画风格特征的尺度，成为一种审美趣味。值得注意的是，这一阐释模式意义与功能的演变始终与古代士人阶层身份意识紧密相关。

7. 李春青：《论“趣味共同体”——文学阐释的条件与限制》，《社会科学战线》2021 年第 3 期。

与一般的文本阐释不同，文学阐释的公共性常常不是以观念的形式而是以趣味的形式存在的，这就意味着趣味并不是纯粹个人性的，它同样具有普遍性。对“趣味”的阐释或者通过“趣味”进行阐释乃是文学阐释不同于其他文本阐释的主要特征。文学阐释首先应该是一种趣味阐释，其次才是政治的或者意识形态等观念阐释。趣味的普遍性或公共性是历史的产物，因而是有限度的。这种限度来自某种决定着趣味产生并使之存在其中的公共领域，对此我们称之为“趣味共同体”。“趣味共同体”具有共时性和历时性双重特性，有着广泛而复杂的关联，是趣味阐释赖以进行的具体条件，因而也是文学阐释学应该予以高度关注的问题。

8. 李春青：《论文学阐释的有效性》，《文艺研究》2021 年第 9 期。

文学阐释是关于文学文本的隐含意义及其与外部社会文化因素之关系的言说，其合法性常常遭到来自“审美中心主义”的质疑。“反对阐释”的观点始终存在着。无论是从文学研究的角度还是从阐释学的角度来看，文学阐释都有着悠久的历史。文学研究存在着两大基本路向：一是对文学审美特性，即风格、修辞、语言、结构等因素的分析；二是对文本隐含意义，即它表征了什么、意味着什么的探寻。前者被称为诗学批评或美学批评，后者则被称为文学阐释。文学阐释有效性的判断标准来自阐释共同体的“常识”和“共识”。由于阐释共同体是具体的社会存在，具有历史性，因此，文学阐释的有效性也受到历史条件的制约，对同一部作品不同时代会有不同的阐释。文学的文本意义也正因为阐释的这种历史性而显现出无限的可能。

9. 李春青：《论“中国文学阐释学”之义界》，《河北学刊》2021 年第 6 期。

“中国文学阐释学”之提法，常用作指称中国古代诗文评的方法、思想和实践。这里，则是指一种尚处于建构过程中的文学研究方法论或文学阐释理论。这种文学研究方法论或文学阐释理论在充分借鉴并吸收西方哲学阐释学和文学阐释学（接受美学）一些重要理论观点的基础上，对中国经典阐释传统和文学阐释传统也有充分的继承，而且主要是以中国文学现象为参照对象，是中西两种文学阐释传统相结合的产物，有着自己独特的学术品格，故称“中国文学阐释学”。

10. 陶东风：《从前理解、强制阐释到公共阐释》，《学术研究》2021年第10期。

前理解是阐释的前提，它是由历史和文化塑造和建构的。这意味着前理解既是不可避免的，同时又是可以在阐释的历史发展过程中得到反思、丰富和修正的。不能把前理解非历史化、神秘化或自然化。从交往论的思路看，阐释是一种基于语言公共符码的公共交往行为。基于对语言符号的指意与解码规则，语言文化共同体长期以来形成了一系列基本共识，违背这种共识就会导致牵强阐释。牵强阐释的核心是牵强，缺乏基本的文本依据并违背了阐释共同体的一般共识，而“强制阐释”的核心是强制，它是通过权力强行推行的一种牵强阐释。由于文学语言的特殊性，对文学文本的阐释分歧常常出现在其象征含义、隐喻含义等方面。公共阐释概念的哲学建构为经验类型的社会阐释树立了评判标准，如果从反思社会学角度对公共阐释、公共理性及相关概念进行社会历史反思，并以此来补充哲学层面的公共阐释概念，则可以揭示理想型公共阐释出现的社会历史条件。

11. 王宁：《强制阐释与阐释的合法性》，《社会科学辑刊》2021年第3期。

关于“强制阐释”及其批判是一个具有原创性意义的理论话题，这一话题并非国际学界本来就有的，而是由中国学者张江自己设计并提出的，并吸引了相当一批重量级的国际学者的关注，国际主流学界围绕这一话题开展的讨论以及与中国学者的对话开启了中西文学理论平等对话的征程。强制阐释的现象已经流行很广，而且涉及人文社会科学的各个分支学科，它有可能成为一种学术范式。因此，即使是强制阐释本身，也有合法的强制阐释与不合法的强制阐释之分；此外，还有成功的强制阐释与失败的强制阐释之分。合法的强制阐释可以导致理论的创新，而不合法的强制阐释本身就会被人们忽视，更无法引起人们的关注和讨论。同样，成功的强制阐释所导致的是一种新的理论概念或范式的诞生，而失败的强制阐释则由于其本身不能自圆其说而很快就被人们忽视进而彻底遗忘。

12. 南帆:《论阐释的辩证平衡》,《社会科学辑刊》2021 年第 5 期。

张江教授的《再论强制阐释》接续了《强制阐释论》的主题,并且拓展了理论纵深。借助心理学研究,张江深入揭示了“强制阐释”的任性、固执包含的心理原因,细致地阐述了阐释的活跃与“强制阐释”之间的辩证平衡。阐释史表明,某些“强制阐释”带有“生产性”特征,一些不正确的认识仍然可能补充和扩张思想空间,重新确定阐释对象;另一些条件下,“强制阐释”也可能产生积极后果,譬如利用种种惊世骇俗的阐释惊醒世人。“强制阐释”始终是一个刺眼的偏见,但是,完整地考虑周围思想环境的种种复杂关系,或许可以合理地认识、处置甚至利用这个偏见。

13. 曹顺庆、翟鹿:《强制阐释与比较文学阐释学》,《天津社会科学》2021 年第 6 期。

强制阐释已成为当今文学研究中的普遍现象,也是一个亟待解决的问题。在比较文学学科领域,西方理论对中国文学、中国文论的强制阐释一直存在,并产生了明显的阐释变异。从阐释学视角进入比较文学研究,可以将比较文学中的双向阐释纳入比较文学的研究范式。作为比较文学学科提出的新话语,比较文学阐释学包括六个基本方法论:理论阐释作品、作品阐释作品、理论阐释理论、翻译阐释学、跨文明阐释学和阐释变异学。比较文学阐释学可以为我们提供一个反思当前强制阐释问题的新视角,化问题为机遇,通过对比较文学研究中的阐释实践进行系统性建构,为目前中国比较文学研究开辟一片新领域。

14. 陆扬:《论阐释的四种模式》,《文学评论》2021 年第 5 期。

当代阐释理路可选取四种主要思路,不妨命名为小说家、哲学家、批评家和理论家的阐释模式。在小说家,阐释尽可以海阔天空大胆假设,但是文本最初的历史和文化语境不容忽视。在哲学家,具体来说是实用主义哲学家,认为意义原本就存在,严格运用某种方法可将之阐释出来,那是荒唐透顶。在批评家,不温不火的阐释呼应共识,然而平庸无奇,阐释一样需要想象,是以但凡有文本依据,所谓的“过度阐释”并不为过。在理论家，阐释本质上应是超越私人性质的“公共阐释”，须具有“共通理性”。凡是往事，皆为序章，一切阐释洞见，说到底是建立在百分之九十九的汗水之上。

15. 丁国旗:《也谈阐释的“整体性意义”》,《学习与探索》2021 年第 7 期。

张江教授的《再论强制阐释》为中国阐释学或者说具有中国特色的阐释学提供了从事相关阐释理论与实践研究的基本遵循，是对阐释学理论的一次最为集中的系统化论述。针对在《再论强制阐释》中所讨论的四个方面的内容，本文选取阐释的“整体性意义”这一内容做出了进一步解读。在坚持必须面对“文本”这一基本前提下，从“对象性”关系的建立、庖丁解牛的实践、诗与绘画的界限三个维度，详细论述了阐释主体与阐释对象要建立起“对象性”关系、对阐释对象要有“整体性”认知、要善于抓住阐释对象的关键问题等进行阐释以获得文本“整体性意义”的根本途径。

16. 刘方喜:《强制阐释的意义生产工艺学批判》,《社会科学辑刊》2021 年第 5 期。

强制阐释的主观化、相对化与无视语言这种意义生产工具的物质性、社会性约束相关，并与消费社会转型中接受的绝对化相互影响。处于上升期的资本主义具有客观倾向，在逐步走向衰亡的进程中则呈现出主客体二分而越来越主观化的倾向，反启蒙、反理性主义的接受美学尤其后现代解构主义的强制阐释主观化的无边膨胀，乃是晚期资本主义试图通过消费社会转型克服而又无法摆脱的现实危机的表征。生产的机器工艺方式开启了现代文化大众化、平等化发展趋势，而文化生产为资本增殖服务的社会方式则又与之存在对抗性。消费社会中生产者、作者地位的下降不过表明他们更深地从属于资本而已，而貌似被抬高的读者作为消费者也只是资本增殖的一个环节而受制于资本。在晚期资本主义时代，重构马克思生产工艺学批判，批判性地反思强制阐释的主观化等倾向，具有多方面重要意义。

17. 李建盛:《从“〈诗〉无达诂”到“诗无达诂”：一个诠释学问题的探讨》,《清华大学学报》(哲学社会科学版) 2021 年第 6 期。

“《诗》无达诂”现在被人们称为中国古代一个重要的诠释学命题，多数论者结合和根据哲学诠释学或接受理论对它进行比较和阐释，特别突出强调“《诗》无达诂”的理解开放性和差异性维度，但忽视了这个命题的其他诠释学含义，存在着盲目对应比较、简单优劣评价以及随意挪用的现象。这个命题包含丰富深刻的内容，可以做更深入全面的阐释；不能单纯从经学转变的历史考察“《诗》无达诂”的应用性经学阐释向“《诗》无达诂”的审美性诗学阐释的转变，而必须重视“文学的自觉时代”的文本自觉和本体诗学的发展在这个转变中具有的举足轻重的作用。中国古代诠释学命题与现代诠释学理解既有某种暗合之处，也有诸多显著的差异，我们既要深入理解“《诗》无达诂”的中国阐释传统，也要完整地把握西方诠释学的理论和逻辑，才能在差异性的中西比较阐释中实现某种诠释学的“视域融合”。

18. 李建盛:《作为一个诗学命题的“知人论世”说及其诠释学问题》,《江淮论坛》2021 年第 4 期。

孟子提出的“知人论世”说本不是“论诗”而是讲如何“尚友”，但在从汉代到当代的理解和阐释中逐渐成了一个重要的诗学命题，特别是近年来，诸多论者赋予这个命题以崇高的地位，并认为它“构建了中国诗学的千年阐释传统”。由于孟子“知人论世”说表达的模糊性具有差异性理解的诠释学空间，论者们做出了各种不同的理解和阐释。各种不同的理解都有其合理性，使这个命题的内涵变得更加丰富，但也存在不少可以深入探讨的问题，主要体现在未能充分意识到“知人论世”说作为一个诗学命题的诠释学限度，未能充分考虑理解者的历史性和时间性在阐释中的作用，更重要的是认为理解的目标在于客观地“逆古人之志”或把握作者的意图，忽视了对作品本身的理解和阐释，而这些都是对作为一个诗学诠释学命题的“知人论世”说应该深入探讨和阐释的问题。

19. 赖大仁、朱衍美:《文学阐释的特性与“本体阐释”问题》,《学术研究》2021 年第 12 期。

文学阐释的特性取决于文学的特性，真正的文学阐释应当建立在对文学特性的深刻认识和自觉遵循的基础上。文学阐释有两种不同观念与类型，传统文学阐释建立在过去古典文学观念基础上，与其他各种实用文类的理解与阐释没有多大差别；现代文学阐释建立在现代文学观念与建制的基础上，强调文学的虚构想象性特点和审美化意义价值。有必要着重探讨文学阐释区别于其他阐释类型的特殊性或“异质性”特点。文学的本体阐释主要有两个方面的问题：一是如何理解和把握文学的本体意义，涉及对“文学阐释”与“非文学阐释”的认识；二是关于文学作品的本体阐释，涉及如何理解与阐释文学作品中所蕴含的意义。文学的本体阐释应当契合文学的特性，即文学作品的文本特性、意义特性和价值特性，这样的文学阐释才更有意义价值，真正的文学阐释学理论建构，也应当建立在这样的基础上。

20. 张伟：《媒介批评与当代文论体系的话语生产——兼及“强制阐释”媒介发生的可能性》，《探索与争鸣》2021 年第 12 期。

作为技术媒介介入文学批评场域的形式表征，媒介批评的提出不仅是文学批评对“媒介文艺论”的回应与调适，更是非语言符号对文学批评语言专属地位的挑战。作为媒介时代兴起的文学批评样式，媒介批评形构了复合符号的批评文本形态及其集成式叙事策略，构建了媒介转化与批评实践集于一体的隐形批评结构，创造了集体协商的批评机制与公约性话语生成模式，同时也增强了感官审美体验在文学批评中的比重。媒介批评的现代发生既源于科技发展的文化供给，同时也离不开日常生活审美化与消费意识等语境参数的潜在规约，其作为文学批评范式的现代凸显为当下文论建设中的“强制阐释”论提供了新的议题，使得基于媒介层面考察强制阐释问题成为可能。

21. 高楠：《“对象的确定性”的整体性阐释》，《学习与探索》2021 年第 7 期。

继 2014 年《强制阐释论》之后，张江教授又推出《再论强制阐释》一文，把中国阐释学建构推向深入，并使对西方强制阐释的批判锋芒更加犀利。“对象的确定性”被逻辑地置于阐释起点位置，并通过“整体性意义”这一重要中介范畴的建构，使阐释的确当性与强制阐释的非确当性得以进一步厘清。心理学的期望与动机论的引入，明晰了强制阐释的心理机制，揭示出阐释运作的复杂性，使阐释学得以在更高层次的具体研究中展开。随之，一个重要的阐释学论题被令人瞩目地显示出来，即本体论阐释学与主体论阐释学的建构及交互关系的阐发。

22. 金惠敏、陈晓彤：《公共阐释及其感知生成——一个现象学—阐释学的增补》，《学习与探索》2021 年第 7 期。

公共阐释与感知的关系是理解活动中的一个重要问题。狄尔泰与海德格尔分别以生活体验与此在知觉尝试突破理解活动中感性与理性的二元范式。从现象学、新现象学到后现象学的发展进路中，施密茨与唐·伊德以感性知觉的具身性与技术性超越了胡塞尔的先验知觉与纯粹意识，从而为理解意识的客观化奠定基础。感知在理解活动中的持续在场与当代生活世界的新变，说明公共阐释需要一种新的表达形式以捕捉这种新质，梅洛-庞蒂与维利里奥为此提供了一种思考的方向。现代阐释学的发生与现象学紧密联系，在现象学—阐释学内部的裂变与发展中对这一问题作出考察，可以对感知在理解与阐释活动中的位置展开辩证思考，同时也为中国当代阐释学理论的实施提供补充性的阐发。

23. 泓峻：《“强制阐释论”的基本立场、理论建树与学术关怀》，《社会科学辑刊》2021 年第 3 期。

强制阐释产生的原因、发生的影响以及怎样使当代阐释学和人文社会科学研究走出强制阐释的误区，一直是“强制阐释论”的问题意识所在。六年来，“强制阐释论”虽然不断深化与调整，但理论首先应当来源于实践、阐释对象的确定性、阐释者的中介地位、公共理性为阐释设定边界等作为其基本立场却没有改变。“强制阐释论”的理论建树主要体现在对于强制阐释发生原因的深入解析、对阐释伦理的强调、对阐释公共性问题的深入思考以及对中国阐释学思想的总结与借鉴等方面，而学术研究是否还保有科学性与客观性一直是其学术关注的焦点。

24. 杨慧林：《理解奥登的一个思想线索：从“共在”到“双值”的潜在对话》，《人文杂志》2021 年第 7 期。

诗人奥登在西方思想传统中的独特渊源及其从“共在”所延展的论说，或可通过克里斯蒂娃对“颠覆性小说”的解析得到理解。而克里斯蒂娃将“关系”取代“本体”、“类比”取代“同一”的文学表达视为“逃离”传统形而上学的“语言实践”，这不仅可以串联当代西方的相关思考，也直接回应着“相待而成”的中国古代智慧。本文试图在这样的关联和比较中，为奥登的思想提供一种说明。

25. 谷鹏飞：《实践阐释学论微》，《学术研究》2021 年第 5 期。

实践阐释学是以实践哲学为基础，以阐释对象、阐释主体与阐释语境的结构性关联与意义生发关系为核心，以阐释的伦理性、现实性与批判性为特征，统一阐释方法、阐释价值与阐释本体的一种新型阐释学形态。这种新型形态的阐释学，其“伦理性”主要表现在以“实践智慧”为基础，体认现实活动本身及其善的合目的性导向，重返实践与生活及历史的价值关联，蕲求知识与德行、理论与践履在阐释活动中的统一；其“现实性”主要表现在将文本背后的现实性及其实践关联，而非阐释者在世的生存论结构、作者的意图抑或文本自在的客观意义，视为文本意义的来源；其“批判性”主要表现在对阐释的伦理性与现实性进行批判反思，重申阐释的批判性话语权，实现阐释学在事实（解释世界）、价值（规范世界）与实践（改变世界）三个层面的统一。实践阐释学的这种经由“批判性”而最终勾连“伦理性”与“现实性”为一体的新型阐释学形态，既可为解决西方当代阐释学困境提供有效路径，也可为实现中国阐释学的当代性转化及创建中国阐释学提供本体基础。

26. 陈定家：《伽达默尔“效果史”意识的互文性阐释》，《阐释学学刊》2021 年第 2 辑。

伽达默尔《真理与方法》中的“效果史意识”，作为其阐释学之关键词中的关键词，是一个颇令人疑惑的复杂概念，同时也可以说是理解其阐释学独特内涵的一把钥匙。在伽达默尔看来，阐释学自身的历史，就是一部有关“理解”和“解释”的“效果史”，因为任何阐释学思想不可能对自身的历史性无动于衷或视而不见，只有在理解的范围之内显示出“历史效果性”时，它才会成为“适宜的阐释学”。作为一种倡导开放性和包容性的阐释学观念，“效果史意识”与互文性理论有诸多暗合之处，尤其在一些后结构主义理论家那里，互文性理论打开了本体论的领域，使人类的一切话语都联系起来。从这个意义上说，任何“阐释”都是某种互文性的理解与阐发，都是某种基于“效果史”的“互文性”转化与创新。

27. 刘耘华：《“之间诠释学”：比较文学方法论新探索》，《中国比较文学》2021 年第 7 期。

本文提出“之间诠释学”的方法论理念并阐述其主要内涵，指出该理念所标举的差异对话及其所蕴含的“孕育力”和“创造力”，一方面来自相互否定与竞争所生发出来的“之间”，另一方面则始终奠基于“结合”的本能驱动。两者相杀相爱、相反相成，才能造就新新不已、生机勃勃的精神生命洪流。

28. 卓今：《阐释学与批评的实践问题》，《文艺争鸣》2021 年第 1 期。

关于阐释与批评二者之间的关系，这个问题目前困扰着阐释学理论研究者。200 年前的德国哲学家施莱尔马赫在他的《阐释学与批评及其他著作》中提到了这两个词的关联性，他认为阐释学和批评二者都是语言学学科，两种理论是相辅相成的，因为一种理论的实践必须以另一种理论为前提。前者是正确理解他人的书面话语的一般艺术，后者是根据充分的证据和数据正确判断文本和部分文本的真实性的艺术。

29. 卓今：《文学阐释学的“圈”问题及其双向困境》，《求索》2021 年第 2 期。

每个阐释者的认知、想象力、情境共振、专业知识都会与其他阐释者构成某种既定的“圈”，这个“圈”一方面最大限度地发挥个人才能，并在某一领域专业化、精细化；另一方面极大地限制和围困人的精神自由度。由于知识内部繁衍、行业壁垒造成的因循守旧，从而变得越来越纯粹单一。每一位阐释者都不知不觉处在矛盾中，既有必要维护个人长期养成的独特气质，保证观点的真诚、感受的真实，同时还要超越这个“圈”，使自己融入社会公共性阐释的总体性之中。

“圈”问题的双向困境还体现在“偏见”与纯粹客观鉴赏的困境，文化趣味固化与文化动态发展的困境，主体预设与文本客观性呈现的困境。文学阐释者要破“圈”，需要跨越经典的层级和分类，摒弃情感上因激情和魅力的吸引，淡漠利益上的优惠，将阐释主体的认知水平提升到纯粹理性。

30. 卓今：《文学阐释学发凡》，《南方文坛》2021 年第 2 期。

文学阐释学有一种内在的文化互动功能，它包含了观念重构，重构的资源来自表现为文本的他人的生活经验、表达方式、价值标准和审美取向。为了拓展自己的经验视界，通过对某个文本进行阐释，打开视野，在他人经验之上丰富经历，提升智慧，获得愉悦、美和善的陶冶，在获得心灵自由的同时也认识到自身的局限。由于每个个体判断力的差异，即使面对同一个对象也会产生各自不同的见解（独识）。要把个人的经验视界拓展到普遍性层次需要创作者与阐释者共建。

31. 杨宁：《文学阐释公共性的现实困境、学理依据及实践出路》，《中州学刊》2021 年第 10 期。

公共阐释论对西方文论的强制阐释现象进行了有力批判，建构了有别于西方现代阐释学的本土阐释理论。公共阐释论虽然提供了一种有效的理论生成路径，但具体到方法论层面，依旧有很多理论环节没有打通。这一问题的背后存在着诸多方面的原因，其中包括文学理论的合法性危机、文学批评的学科化诉求、西方文论发展的“语言转向”以及中西方文论的话语权争夺等。公共阐释既有别于基于个体的文学鉴赏，又有别于基于作者的意图还原。语境的特殊性、语言的公共性以及历史的积淀性都在一定程度上保证了阐释的公共性成为可能。文学阐释的最终目的是要解决文本内部的问题，因而在阐释实践上不仅要从文本出发，更要从对批评方法的研究转向对文本问题的研究。“多研究些问题，少谈些主义”是重建文学阐释公共性的基本路径。

32. 廖述务：《文学客观阐释论的路径及限度》，《文艺争鸣》2021 年第 12 期。

西方阐释学起源于神学及语文学阐释学。到 19 世纪，它的范围逐渐扩大，较多涉及文本阐释机制问题。以施莱尔马赫、狄尔泰为代表的古典阐释学主张回到作者思想源头，尽可能客观地理解文本意义。海德格尔、伽达默尔等现代阐释学家则强调阐释意义的历史性与相对性。海德格尔认为，知识开始于并活动在“成见”之内，且始终被主体置身的具体境况卷入。伽达默尔较多涉及文学阐释学，在他看来，一部文学作品的意义从未被作者意图穷尽，不稳定性正是作品之特征。

33. 马草：《道德化与先秦两汉儒家〈诗经〉阐释学的建构》，《南开学报》（哲学社会科学版）2021 年第 1 期。

先秦《诗经》的阐释经历了由礼仪阐释、政治阐释到道德阐释的历程。政治阐释的个性化、碎片化消弭了《诗经》的普遍价值，使其面临合法性危机。孔子及儒家把道德作为《诗经》的合法性来源，确立了道德阐释模式，《诗经》阐释学发生转向。先秦道德阐释有四项基本原则：意图优先性、去语境化、以情为本和去音乐化。汉儒试图重建《诗经》的历史性，以之为道德阐释的合法性来源，形成了本事阐释。本事阐释力图恢复创作的事件性，还原诗歌的创作意图，呈现《诗经》的历史本真性，确立道德教化的历史依据。《诗经》被视作历史，读者体味其中的道德启示，习得情感的恰当表达。大部分本事出于虚构而非历史事实，建立起来的是虚构的历史语境。

34. 翟文铖：《从强制阐释看中国百年文学批评的症结》，《文艺争鸣》2021 年第 6 期。

并不是每一种新理论都具有阐释现实的力量，大部分就如同大街上的裙子，流行了一波就自动消失，留不下什么痕迹。但是个别理论，诞生之后就显示了强大的阐释力，并在应用中不断完善，不断传播，在时间的淘洗中显示了健旺的生命力。很明显，强制阐释理论属于后者——自出现之日起就不断被讨论，被运用，引发了学术界持久的探讨热情。

35. 郑伟：《阐释、自得与公理——宋明理学“诗可以兴”的阐释学》，《社会科学战线》2021 年第 3 期。

区别于汉儒解经的还原性认知活动，宋明理学“诗可以兴”的读书法表征了一种以体验为中心、具有强烈自省精神的阐释理念。在“诗可以兴”的视野下，理学的“自得”话语联系着阐释者的此在生命体验，“公理”范畴则指向了阐释的公共理解问题。宋明理学在天理层面上达成世界同一性的基础，而理学阐释的核心即在于贯通“自得”与“公理”，从而实现阐释者的此在与存在、阐释之个体性与公共性的统一。总之，宋明理学较为完整地反映了中国古典阐释学的文化品格，具有不可忽视的现代意义。

36. 孙麾、陈开举：《中国阐释学的兴起》，社会科学文献出版社2021年版。

创建中国阐释学学派，对于阐释学，对于中国学术，都是一个开创性的事业。对阐释学而言，这将是一次崭新的重塑与捍卫；对中国学术而言，其将是全新的创制，而非任何意义上的恢复或重建。本书汇集了相关领域的学者的相关成果，围绕问题交流、讨论、碰撞，在哲学阐释学的基本概念、基本范畴和基本问题上做出厘清，既涉及西方阐释学的核心概念，如 Auslegen、Hermeneutik 与 interpretation，也包括中国语言的表达，如“阐”“诠”和“解”的确切含义等。

二 哲学

37. 洪汉鼎：《论哲学诠释学的阐释概念》，《中国社会科学》2021年第7期。

阐释（Auslegung）是当代哲学诠释学（Hermeneutik）最核心的概念，其本质为文本与阐释者之间发生的共时性而非同时性的意义生发和效果历史事件。阐释作为事件，就是传统与现代、陌生与熟悉、国外与本土之间沟通的桥梁，又是传承与创新同一的事件。阐释可分“长程”和“短程”，短程指存在论，长程则指方法论。阐释作为此在的存在方式，系短程，而长程则是指阐释的具体实践问题，其中包括阐释与意义、阐释与真理以及阐释与对话及其限度诸问题。这些问题究竟如何理解，譬如阐释的意义是作者的意图、读者的赋予，还是文本本身的意义？阐释的真是一种无限接近而永远达不到的，还是说这种真永远随不同境遇而发展，用黑格尔的话说，阐释的真是恶的无限，还是真的无限？以及是否有公共理性，共识是否可以达到？针对这些问题，提出一些初步探讨，仅供学界思考。

38. 李红岩：《“解释世界”与“改变世界”》，《学术研究》2021 年第 10 期。

解释世界是改变世界的先导。马克思恩格斯一再强调理论的优先性与先导性，强调理论与实践的统一性。在某种意义上，解释世界的方式更加重要。马克思恩格斯著作中散见的与思维形式相关的论述，对于探索建构当代中国阐释学，极具启发性和指导性。阐释学是研究与揭示思想或思维形式的学问。马克思恩格斯从自然史与人类史相互融通的视角阐释人类史。阐释学的核心概念是阐释、诠释、解释、说明。阐释在于呈现开放状态，诠释在于确定认识对象，解释在于分析对象，说明在于揭示功能与要素。四个概念依次递进，其间蕴含着非标准逻辑与标准逻辑的区隔及关系。

39. 杨慧林：《哲学家/传教士之“赌”的文化隐喻与思想空间》，《世界宗教研究》2021 年第 1 期。

从西方哲学与神学中的“上帝之赌”到现代诗人的“骰子一掷”，关于“神圣”的不同表达其实都可以还原为表达的逻辑和语法，进而为中西之间的思想互释打开新的空间。本文从莱布尼茨对《周易》的应和、克里斯蒂娃对“阴—阳对话”的解说、西方思想与“正反相合、相待而成”的独特关联入手，试图梳理出一条“言语引导思想”的有趣线索。

40. 李河：《“强制阐释论”与阐释的开放性》，《学术研究》2021 年第 12 期。

张江教授的“强制阐释论”值得商榷。第一，“强制阐释论”的“强制”蕴含着“文本阐释学”与“阐释政治学”的双重含义。阐释政治学意义的“强制”问题应该引导我们思考后发国家普遍面对的“赛义德难题”，即后发国家的学术主体性重建能否迈过“从应当到能够”的鸿沟。第二，不赞成张教授提出的“场外征用”概念及其所依据的“场内/场外”二分法。这种理解把阐释问题封闭于文学文本的领域，遮蔽了“阐释学的普遍性”或“阐释学的开放性”，而阐释学的普遍性和开放性在思想史上恰恰是“普遍阐释学”超越“局部阐释学”，以及“作为哲学的阐释学”超越“阐释技艺学”的逻辑结果。第三，张教授为矫正“强制阐释”而提出的“本体阐释”或“文本的自在含义”等概念是向早期阐释学所承诺的素朴阐释信念的回归。

41. 陈来：《诠释学中的“前见”——以〈真理与方法〉为中心的分析》，《文史哲》2021 年第 3 期。

启蒙运动的前见概念强调书写物的前见，海德格尔的前理解注重的是理解者的前理解，而伽达默尔既强调理解者的前见，也关注历史文本作为传承物的意义。伽达默尔反对启蒙运动完全否定前见，但不是完全肯定前见的内容，而是把前见分为合理的前见和非合理的前见，主张理解者和传承物的相互作用构成理解。他的“视域说”重视把自身视域带入作者视域，共同形成大视域，强调理解者的视域与文本视域的融合。他认为自己的前见构成现在的视域，自己的前见中既有当下处境，也有传统的影响，故解释者的处境既有当下处境，也有传统的影响。

42. 刘成纪：《中国早期哲学的象思维及阐释学、美学引申——兼论阐释对象的确定性等问题》，《学术研究》2021 年第 11 期。

阐释学是一门关于理解和解释的学科。现代以来，人们一般将它的适用范围限定在文本解释的层面，但文本是对人在世经验的记录和阐明，所以阐释学的真正目标并不在于解释文本自身，而在于通过文本解释世界。或者说，解释世界是阐释学的根本任务，只有在这一层面它才能真正成为哲学。从中国哲学史看，中国人对世界的认知和理解奠基于《周易》的象思维，由此形成的卦象体系代表了中国人对世界认知的基本框架。就其对阐释学的影响看，象的非概念化及其被人的感知经验限定的特性，决定了由此形成的世界知识是一种非确定和有限的知识，但也正因为这种非确定和有限性，为中国人从经典出发解释世界提供了无限可能。中国传统阐释学之所以生生不已，充满活力，原因就在于被象建构的文本具有意义的开放性。它从哲学向美学的递变，则是因为基于象思维的世界认知无法去除审美因素，显现出“认识论审美化”的典型特征。

43. 景海峰：《从圣经释义学看经学》，《现代哲学》2021 年第 5 期。

儒家经学是围绕着“六经”或“四书五经”展开训释所形成的一整套学问，它的核心内容关乎人与人自身的关系，从国家社会群体到个人身心性命，均离不开人的活动的实践性和日常生活的处境化，这就决定了其本质是人学而非神学。同为解释经典，圣经释义学是以宗教信仰作为其重要基础的，在神圣向世俗过渡的进程中，《圣经》释义所积累的经验和问题线索成为现代诠释学产生的先导。儒家经典的解释史及其现代掘发，虽然与圣经释义学的文化背景和历史境遇很不相同，但同样作为解经学，在其迈向现代学术体系的过程中，一定也面临着相似的问题。通过对比与分析二者的异同，可以帮助我们认识经学的解释学特征，以便更好地理解和促进其当代的转化。

44. 景海峰：《诠释学的历史性与儒家经典起源》，《学术月刊》2021 年第 4 期。

利科提出了历史意义的三重诠释，在历史事件的陈述、构成传统的历史解释之外，还有一种理解的历史性或诠释学的历史性。这种历史性是对历史叙事本身的反思，构成一种哲学的追问与精神性的溯源，而不是仅仅停留在对于事实性的考辨上。从这样的历史性理解出发，我们可以暂且超离实物、图像和文字，以及各种历史材料本身所带来的有限性之束缚，而由对象物演变的逻辑来还原或者想象历史演变所可能存在的路径，以勾勒出从“无言”世界进入“有言”世界的图景。儒家的经典以六经为根本，而六经的起源与儒家所建构的文明史、历史观是交叠在一起的，仅从历史的事实性考论入手，我们无法说清楚这些材料的真实来源，尤其不能解释这些文献何以变成了具有某种神圣性特征的典籍。所以，儒家经典的起源就不只是文献自身的历史，它也包含了观念的演化史和精神的扩展史，是一个不断的诠释和一系列思想填充活动的结果。从口传记忆到书写记忆，从片段无序的材料到结构谨严的文本，从一般性的历史文献到体系化的哲学经典，这个漫长而又复杂的历程，既是六经成型的前史，也是六经的演化史与建构史，正是在原本混沌迷离的状态中，六经系统才慢慢地成长起来，儒家经典的基本面貌也变得越来越清晰化，最终以华夏文明之根本正典的身份呈现于世。

45. 景海峰：《儒学与诠释》，《国际儒学》2021 年第 1 期。

六经是中华文明的根与魂，儒家历史地位的确立是和六经系统联系在一起的，因为对六经材料的全面清理和整体诠释，使得儒家和三代文化发生了紧密的关系，成为这一传统的接续者和传承人。在对这些经典进行注疏与解释的活动中，儒家发展出了一套有关“经”的学问，从根源性、普遍性和统领性的功能而言，经学在实质上就是儒学的主干，代表了儒家在中国文化中的主体地位。强调经学的主脑作用，并不是要简单地扭转儒学的现代化路向而重新回到经学时代的老路上去；主张经学以经典为中心，也并非要恢复六经的神圣权威和独断地位。在现代化的语境下，除了还原历史本来面貌的事实陈述之外，更为重要的是，如何在当代文化的境遇之中体现这一叙事的真实价值。

46. 傅永军、刘岱：《作为诠释学基本问题的应用》，《山东大学学报》（哲学社会科学版）2021 年第 5 期。

伽达默尔的诠释学真理观无疑为近代以来被自然科学所把持的真理理解带来一全新视角。从游戏视角切入真理，可以为之提供一个新的理解思路，并更好揭明其诠释学真理观的内在诉求。将游戏与真理关联，需要明确诠释学异化经验这个基本前提，并经由语言游戏作为中介。如此，诠释学真理便进入语言游戏论域而在语言中获得其普遍化形式，并在语言理解实践中得以呈现。在这层意义上，诠释学真理可以理解为游戏论真理或“真理游戏”，更确切地说是语言游戏论的真理。从游戏进入真理，这也有助于通过游戏的独特性质之界定为其真理观所遭遇的相对主义批评提供一条新的辩护路径。游戏过程是一个自由和责任共存的过程，正是被游戏责任限制，所以游戏者并不能任意地进行游戏，作为真理游戏参与者的理解者亦不能任意进行理解和解释。

47. 张文喜：《历史阐释：政治、叙事与言辞结构》，《理论探讨》2021 年第 2 期。

19 世纪欧洲的历史意识面对一个问题是：历史研究的规范应当如何满足于对所论题材的理解，而不仅仅吁求对它们的解释。在阐释的阐释者与阐释者之间获得历史阐释权威性的竞争具有分享权力的政治意涵。它从特定群体之中获得合法性且在群体之上施行它的权威。历史阐释真理性就会因其政治权威诉求而受到贬低，但将政治权威视作历史阐释的工具并予以抑制或升华是能够产生实质意义的。后现代历史叙事学以为，唯物史观只有借助于辩证法的形式论证方面才有可能证成。它所牵涉到的关于历史实在的内容未被现实化之前，辩证法之叙事话语形式就是它的内容。若错失这种“形式的内容”，就意味着唯物史观叙事能力或意义本身的缺失。后现代历史叙事学的要害是受制于历史解释的形式特征，但它也更易在 20 世纪的历史转折点上自行暴露出形式主义的虚妄。当形式主义被当作免遭非难地为所欲为的方法，这里成为时代错误的正是作为形式主义的方法。

48. 牛文君：《精神科学的逻辑演进——以诠释学为中心》，《学术月刊》2021 年第 12 期。

随着自然科学革命的推进和传统人文领域的式微，精神科学的奠基逐渐被提上日程。精神科学、人文科学有没有自身的逻辑和方法论？这是 19 世纪下半叶以来哲学面临的重大问题，并在当今学术语境中依然显示出紧迫性。人文科学最初由维柯奠基，以诗性逻辑阐明人文知识的合法性，却忽略了知识的起源和有效性之区分；狄尔泰通过建构描述心理学和诠释学的方法论，在精神科学的奠基与证成上迈出关键的一步，不过他仍然没有摆脱传统认识论的框架；在精神科学的自我确证之路上，伽达默尔接力前行，其哲学诠释学证明了精神科学与理解的本质关系，确立理解的对话结构和精神科学的问答逻辑，由于这种逻辑主要局限于存在论/本体论层面的描述，故而隐含着认识论和实践价值上的相对主义危机。应在更高层面上展望一种存在论和认识论—方法论相统一的精神科学的对话逻辑，这种逻辑融合交互性、反思批判性、开放性和伦理性等元素于自身，不仅标识出精神科学的特质，也能为不同学科领域的交叉综合与创新提供助益。

49. 牛文君、张小勇：《人文与诠释——维柯人文科学奠基的诠释学理解进路》，《社会科学战线》2021 年第 5 期。

人文知识与理解、诠释密切相关，最早对人文知识之科学性加以证立的，当数维柯。人文科学的探索和奠基过程中蕴藏着丰富的诠释学意涵，贯穿于现代科学方法论批判、人文科学认识论—方法论建构以及通向诠释学本体之维与实践之维的共通感和经典教化理论之中。文章力图在思想史的宏阔背景中，同时立足于学界前沿，对维柯的人文科学提供一种诠释学的理解进路，在广度和纵深上呈现这一奠基过程的理论要义，阐明其诠释学品格和现代价值。

50. 杨东东：《面向事情本身的诠释何以可能？——兼论伽达默尔与哈贝马斯的争论》，《世界哲学》2021 年第 3 期。

“面向事情本身”是现象学的基本原则。这一原则经由海德格尔的过渡而获得了存在论视角，被理解为此在不耽于当下之存在而不断面向未来的筹划之态。哲学诠释学的全部理论皆奠基于这一基本立场之上。理解与诠释本就是此在根本性的生存活动，是此在在与传承物的问答对话中随着其生存经验的不断拓展而开放新意义的过程。然而，就如何反思地揭示错误前见而言，哈贝马斯对伽达默尔的保守方案提出怀疑，力图借助一种更富操作性的批判诠释学方案补充哲学诠释学颇为侧重的本体论取向。而事实证明，他们的争论恰是走在了面向事情本身的路上。

51. 孙伟：《融合历史语境的中国哲学阐释路径》，《南京大学学报》（哲学・人文科学・社会科学）2021 年第 4 期。

中国哲学的研究需要通过一种融合历史语境的哲学来实现，这就要求一方面用历史性的视角来回溯思想的产生根源和发展历程，认清思想的历史情境因素；另一方面，也是更重要的，是要通过哲学研究来深入思想本身，分析其内在的概念和术语，以形成与古人思想平等而交互性的对话。中国哲学的这种融合历史语境和生活世界的哲学研究方法，在某种程度上也回应了欧洲哲学几千年来尤其是在现当代的发展历程，体现了中西方哲学都在努力寻找一条融合思维与存在、抽象与直观、哲学与历史、概念世界与生活世界的研究道路。

52. 路强：《边界与阐释：中国传统哲学思想生态演绎的反思》，《学术研究》2021 年第 1 期。

在当代的生态哲学或环境伦理学研究中，将中国传统哲学思想引入这一语境的成果屡见不鲜。但值得注意的是，由于这两种思想无论是产生背景，还是问题指向，均有着很大的历史差异。这些成果的产生很大程度上就是一个不同理论之间相互阐释的过程，因此，需要特定的方法论为原则，才能避免产生阐释的误区。具体而言，需要回到中国传统哲学的概念原点，确立相应的诠释边界，同时，找到其中对于生态环境问题的普遍性意义，进行合乎诠释原则的理论转化与延伸，才能合法而有效地形成具有中国文化特色的生态哲学与环境伦理学。而不能随意将一些看似相仿的概念与理论进行生硬的捏合与比附，以至于产生违背学术常识的理论曲解。

53. 郑伟：《宋明理学“公理”论的阐释学意义》，《山西大学学报》（哲学社会科学版）2021 年第 1 期。

公理论表明宋明理学具有明确的公共性意识，理学家践行“觉民行道”的使命，总是努力地将自家之所得扩充为可以普遍共享的真理，这即是向着阐释之公共性生成的过程。在这个过程中，理学家以“公理”来思考世界秩序，以“公共之心”来达成人与世界之间相通、相恕的关系，由此将对话建立在这种世界同一性的基础之上，并将阐释者的个体生命通向了宇宙生命共同体的存在体验。理学阐释作为一种生命体验或功夫，它的对话精神和公共性品格就是循着这样的逻辑而来的，这为中国当代阐释学的建构提供了宝贵的民族经验。

54. 黄小洲：《狄尔泰的历史解释学及其困境》，《武汉大学学报》（哲学社会科学版）2021 年第 4 期。

狄尔泰发展出一种历史解释学。历史理性批判是一种对人类认识自己、认识其创造的社会和历史的能力的批判。生命在狄尔泰整个哲学中占据基础性的地位。每一个人是一个个体，而民族国家也可以看作一个个体。狄尔泰的历史解释学就从早年过分强调个人主义的生命体验延伸到对客观精神广阔世界的普遍理解。如果说在客观精神中狄尔泰靠近了黑格尔，那么当他涉及历史规律、价值或目的的解释时，他就马上表现出拒斥黑格尔、拒斥启蒙历史哲学的态度，而重新走上浪漫主义—历史主义的路径。狄尔泰身上的浪漫主义—历史主义与启蒙主义—实证主义产生了深刻而尖锐的对立，从而使他深陷无法调解的困境。

55. 黄小洲：《伽达默尔解释学视域中的黑格尔遗产》，《学术月刊》2021 年第 12 期。

西方现代哲学的整个发展历程表明，重要的议题不是不要黑格尔，而恰恰是如何与黑格尔展开有意义的对话。伽达默尔公开表示要继承黑格尔的遗产，他的哲学解释学本质上是一种“新黑格尔主义”。在伽达默尔眼中，形而上学是黑格尔的重要思想遗产，是一个民族文化庙宇中的至圣神。致力于恢复辩证法的名誉，这是伽达默尔解释学的郑重承诺，他赞美黑格尔的辩证法永远是一个令人兴奋的源泉。黑格尔给伽达默尔在科学时代反思科学的界限留下了丰富的思想资源。把黑格尔思想视为一种敌视自由和进步的理论，这是对黑格尔的误解。伽达默尔特别以黑格尔对法国大革命自由思想的继承来做辩护。

56. 张能为：《解释学在何种意义上与日常语言哲学相通——介于伽达默尔与维特根斯坦之间》，《社会科学战线》2021 年第 7 期。

科学实证主义与欧洲大陆人本主义在哲学主题和性质上是截然不同的两大哲学派系，而作为两大哲学派系代表性人物的维特根斯坦和伽达默尔思想之间，却产生了值得重视的“汇通”或“聚合”现象。在语言哲学转向大背景中，语言意义理解和分析构成伽达默尔与维特根斯坦共同的哲学论题与思想基础，语言中心论地位不再是一种类似于洪堡式的陈旧方式陈述，而是在语言实践性和人的实践哲学反思上得以重新确认，理解是一个游戏事件，语言游戏思想是人的存在事实经验上的实践性具体化展开。语言意义问题与事物存在本身之间的共在性思考，即在是否具有事物存在本身的普遍意义之形而上学上，则依旧表现出伽达默尔与维特根斯坦语言哲学的根本区别。作为一个个案事实，存在于伽达默尔与维特根斯坦思想间的相通性，既由解释学与日常语言哲学的内在联系引发出关于传统哲学性质和方向的思考，也由两位哲学家“聚合”的方式和意义激发出关于科学主义与人本主义两大哲学派系走向乃至人类未来哲学发展的长远深思，并昭示出实践哲学抑或会成为人们一切知识和活动的思想基础与哲学方向。

57. 邵华：《作为实践哲学的解释学——论伽达默尔的实践哲学》，《哲学分析》2021 年第 1 期。

伽达默尔的解释学思想和实践哲学具有密切的联系。他受古代实践哲学传统的影响，强调实践哲学和实践的互动关系，这决定了实践哲学不同于理论哲学和制作哲学的特点。这种关系启发了他对解释学特征的看法，以“参与”理想取代科学的客观性理想。他力图将实践哲学和解释学融合起来，形成解释学的实践哲学。这种实践哲学立足于当代历史处境，反思不同于科学技术理性的实践合理性，批判技术理性、工具理性的统治给人类造成的危机。他的解释学的对话理想对于当代实践问题，如不同文明如何共存，如何对待与传统的关系等，也有重要借鉴意义。

58. 宋宽锋：《诠释学的两种取向与哲学史的两种研究方式》，《天津社会科学》2021 年第 1 期。

有关诠释学与哲学史研究方式之间的思想关联的深度探讨相对缺乏，与此相一致，尚不存在作为一种特殊诠释学的哲学诠释学，即有关哲学的经验或哲学史研究的经验的诠释学。从哲学史研究方式的视角反观“方法论取向的诠释学”和“存在论取向的诠释学”，可以看出，前者内在地包含着三种把握“文本”之意义的方式，即心理的重建、语境的重建和祛语境化的文本解读，后者呈现的则是一种“再语境化的文本解读方式”。两种取向的诠释学所内蕴的“文本”解读方式与哲学史研究的两种方式之间具有一种大致对应的关系。

59. 桑明旭：《恩格斯的解释学思想及其当代意义》，《武汉大学学报》（哲学社会科学版）2021 年第 5 期。

西方马克思主义对恩格斯的误读、批评与马克思主义理解史上解释学视域的开启密切相关，过度强调文本理解过程中读者与作者的间距，也就放大了恩格斯与马克思的思想差异。在方法论层面对此深度回应，要求我们回到恩格斯本人的解释学立场。事实上，恩格斯尽管没有使用过“解释学”概念，但在其关于“理解”“解释”的相关论述中，尤其是在马克思主义经典文本的序言、马克思遗稿整理出版的说明以及与诸多马克思主义“误解者”的论战中，却表达了极其丰富的解释学思想。这些思想涵盖了理解的本质及其对象、理解的条件及其限度、文本的意义及其来源、理解的相对性与绝对性、正确理解的可能性、理解的对错之分及其判断标准等诸多解释学基本问题。当前，深入挖掘和系统梳理恩格斯的解释学思想，对深度驳斥西方马克思主义对恩格斯的诘难、准确把握马克思恩格斯的思想关系以及“回到马克思”“让马克思走进当代”的关系、正确审视不同解释学流派、系统构建马克思主义解释学等一系列重大理论问题来说，具有极其重要的启示意义。

60. 王运豪：《从辩证法角度对施特劳斯解释学的批判》，《现代外国哲学》2021 年第 2 期。

施特劳斯强调解释学的客观性，他要求读者要像作者一样地阅读作者，通过此种阐述，他意图重返古典哲学。但是这可能并不是一种有效的解释方式。从辩证法的角度，施特劳斯的解释学陷入知性思维之中。他坚持作者与读者、智者与俗众、隐微与显白以及古典与历史主义的对立，而忽视了它们之间的相关性以及统一性。这致使施特劳斯的解释学存在片面性。本文指出，辩证的解释学才是一种真正有效的解释方式，它能综合地考虑不同的因素。

61. 汪洪章、朱玉英：《尼采与怀疑解释学》，《复旦外国语言文学论丛》2021 年第 2 期。

“怀疑解释学”这一概念最初是由保罗·利科提出的。他将尼采、马克思、弗洛伊德看作怀疑解释学的奠基人。怀疑解释学旨在通过一种解释的艺术，揭示人类意识中的幻想及虚假不实的成分，将虚假意识还原为人类意识中潜藏着的种种原始动机性质的力量，或曰原动力。尼采的去神秘化方法，就是要通过解释，来探讨人类意识中虚假不实成分产生的真正动机。他追本溯源，认为这动机背后隐藏着的其实就是权力意志。尼采一生主要探讨道德、科学等意识谎言的解构问题，解析它们所依据的共同假设——虚构的超感性世界。他努力揭示隐藏在道德和科学背后的虚弱的“权力意志”，试图重新理解、建构艺术。他认为，艺术以及为艺术所肯定的生命背后潜藏着强大的权力意志。尼采式解释表明其思想重心从理性向非理性、从意识向无意识、从确定性向不确定性之转移。

62. 干春松：《“心之所同然”：戴震的“人性论”与实践解释学》，《船山学刊》2021 年第 1 期。

戴震对程朱理欲论的批评建立在他对经典的重新解释基础上。他反对理欲对立，认为欲望和情感这些人类生养的基本需要，是理解人和人性的关键，他由此来阐发他关切民生和百姓疾苦的理论志向。戴震的思想具有浓厚的社会批判和启蒙色彩，对戴震思想的理解可以丰富我们对清代考据学之义理特性的认识。

63. 班班多杰：《藏传佛教般若中观中国化的诠释学解读》，《中央民族大学学报》（哲学社会科学版）2021 年第 5 期。

佛教中国化问题的提出和讨论由来已久，并且延续至今仍在研讨，但由于缺乏其衡定的学理准则，还存在众多疑问需要厘清。如果按旧有的语义和路数探究下去，尽管还有很多新的史料可能披露，但因方法论上的瓶颈所限，很难在理念上有新的突破。这说明佛教中国化的研判面临着学理衡定和范式转换的挑战。本文以大量尚未汉译的藏传佛教般若中观论的系列藏文史料链为依据，以藏传佛教般若中观发展的历史脉络为线索，辅以汉地佛教在地化的时空间距为参照，以西方诠释学与中国传统诠释话语双轮驱动的视角聚焦佛教在中国西藏与汉地自我诠释与意义增长的本体论事实。本文提出佛教中国化过程经历了以印度佛教的文本原义与作者原意为主的方法论诠释，即我注六经；以中国汉地和西藏的读者及文本为主的本体论诠释，即六经注我，从而形成了印度佛教与中国佛教主体间性的双本体论结构体系，二者既一又异，通而不同，由此走了中国佛教三大语系各自的本土化历程。藏传佛教般若中观论域中六大特色命题的产出及各教派人士见仁见智的解读便是典型案例之一。本文的结论是，既要肯定和注重印度佛教文本义理事情本身的共相诠释学解读，又要肯定和强化中国佛教诠释者基于自身生活世界而对印度佛教文本义理内容创造性建构的本位性、合法性、合理性的殊相诠释学的认同。本文在此双重诠释基础上提出“共殊本体诠释学”概念。意在我们应从学理、历史、现实三位一体的向度，推动中国三大语系佛教各自照着讲、接着讲、我在讲的历史进程。这正是我们力求达到的学术境界。

64. 陈龙：《成神论的跨文化旅行——论唐君毅对别尔嘉耶夫的阐释》，《道风》2021 年第 55 期。

唐君毅极为重视别尔嘉耶夫的成神论，主张它一方面统合人文主义与宗教，拒斥神人隔绝，肯定人的普遍价值，异于天主教与新教，接近儒家人文主义，另一方面较诸儒家人文主义，仍存在诸多缺陷，如未能全幅肯定人的价值；以耶稣为独一拯救中介，易堕入排他救赎论。借由重建唐君毅的阅读史，对勘双方文本，可见在“自由”、“神人”、“人神”、“谦卑”、“普遍拯救”、终末论等概念上，较诸别尔嘉耶夫原文，唐君毅的阐释既有偏差，亦含独见。这源于其“内在超越性”观念。此观念基于儒家性善论，并吸纳和改造了康德与黑格尔的哲学，属“本体神学”的奠基性神话的产物。但基督教阵营对唐君毅的批评亦囿于本体神学。故而耶儒对话亟须克服本体神学，以解构超越性与内在性、“神人”与“人神”的纠葛及其背后的形而上学语法。唯其如此，成神论才可能在跨文化旅行中获得方法论意义。

65. 苏振甲：《重建生活世界——论伽达默尔解释学作为实践哲学的当代意义》，《武陵学刊》2021 年第 6 期。

解释学作为实践哲学，是其发展到当代的新的哲学形态，它恢复了亚里士多德实践知识的应有地位。它通过发展现象学和海德格尔对存在问题的阐发，把康德的实践理性作为解释学的重要内核予以确认，并创造性地把它推进到生活世界。解释学将亚里士多德的实践哲学传统作为自身的理论根源，揭示出此在存在于其中的整个生活世界所独有的真理性内涵，在传承性、普遍性以及调谐性方面体现出自身的当代意义。

66. 刘春鸽、秦明利：《黑格尔“传统”概念的诠释学意义》，《阐释学学刊》2021 年第 2 辑。

伽达默尔的哲学诠释学理论面临着双重困境：理解规范性的不足和艺术经验的直接性，其原因在于伽达默尔在对启蒙理性以及现代审美意识进行批判的过程中，将理性与传统、直接性与反思对立了起来。黑格尔的“传统”概念能够为解决上述困境提供思路。一方面，黑格尔哲学致力于解决启蒙理性与传统的二分问题，能够为理解的规范性提供保证；另一方面，黑格尔在对浪漫派美学进行批判的同时，重视其反思性的维度，有助于诠释学走出直接性的困境。同时，在现代主义背景下，黑格尔的传统观和历史思想在保证艺术的真理性方面也具有诠释学意义。

67. 李红：《分析哲学与诠释学的融合：阿佩尔先验语用学研究》，中国社会科学出版社 2021 年版。

分析哲学和诠释学代表了两个不同的哲学主题，反映了不同的哲学情绪，长期以来，这两种哲学处于相互对峙的状态，并在互相对抗中发展出了科学主义和人文主义的不同风格。20 世纪 50 年代以来，这两个哲学流派从僵持走向了沟通和对话，分析哲学也接受了分析哲学的方法，二者交叉和融合的趋向越来越明显地体现在各自的发展中。本书以阿佩尔的哲学为个案，分析了分析哲学和诠释学的渊源及其特征，从方法论的维度阐明了分析哲学和诠释学之间相互沟通和对话的可能性和必要性。

三　法学

68. 魏东：《刑法解释方法体系化及其确证功能》，《法制与社会发展》2021 年第 6 期。

刑法解释方法对刑法解释结论有效性的确证功能的类型化与体系化，应当成为功能主义刑法解释方法论的重要命题。只有在刑法的文义解释方法、论理解释方法、刑事政策解释方法依次对解释结论的合法性、合理性、合目的性的确证功能全部实现之时，才能最终确证刑法解释结论有效性“三性统一体”。刑法解释方法确证功能的体系化逻辑只能是将三类刑法解释方法的竞争关系论与平行论改造为功能结构关系论与共生融合论：首先需要进行文义解释，确证解释结论的合法性底线基础价值和合法空间；其次需要进行论理解释和刑事政策解释，在合法性底线基础价值之上进一步求证合法空间可包容的合理性和合目的性优化价值并遴选出“最优化价值”，以确保实现刑法解释结论有效性“三性统一体”。刑法解释方法确证功能的体系化路径只能是先进行文义解释，后进行论理解释和刑事政策解释，在解释过程中，可以进行解释性循环。解释性循环并不否定刑法解释方法确证功能体系化。

69. 魏东：《刑法解释学的功能主义范式与学科定位》，《现代法学》2021 年第 5 期。

当代中国刑法解释学必须尽快实现由原初的功能主义转向结果与方法并重整全论的功能主义的范式转型，以结果与方法并重整全论、刑法解释方法确证功能体系化、刑法解释结论有效性整体主义、司法公正相对主义为重要创新维度，真正构建起具有中国本土化特色的功能主义刑法解释学理论体系，为切实解决中国问题提出中国方案；必须以“宏观同质、微观互补”的刑法教义学与刑法解释学关系论为基础维持刑法解释学的学科独立性，强化刑法解释学的方法论特色，在刑法解释学中要有意识地吸纳刑法教义学原理并促进刑法解释学教义化，从而更进一步充实刑法解释学的理论包容性和诠释有效性，同时在刑法教义学中要有意识地吸纳刑法解释学原理以进一步增强刑法教义学的诠释学方法论内容和动态阐释力。

70. 王志远、张玮琦：《从“宏大叙事”到“视域融合”：刑法因果关系问题的诠释学分析》，《云南民族大学学报》（哲学社会科学版）2021 年第 1 期。

传统因果关系理论着眼于为刑法因果关系问题提供稳定而统一的判断标准，然而因为其底层逻辑上的缺陷，最终所提供的实际上仅是对于刑法因果关系的描述。究其根源，是因为其自古典刑法以来所沿用的宏大叙事理解方式，这使得传统因果关系理论的根本问题不在于其具体理论是否能够细致地应对各种情况，而在于范式上需要完成彻底的转变。从诠释学的路径出发，能更有的放矢地揭示出对刑法因果关系问题的理解如何产生以及这种理解应当如何表述。视域融合的理解方式更贴合于刑法因果关系问题的本质，能够有效地沟通对因果关系问题的理解中的实然与应然。在具体理论层面，客观归责理论更适合视域融合理解方式的展开，能有效支撑刑法因果关系问题的范式转变。

71. 焦宝乾：《历史解释与目的解释的区分难题及其破解》，《法商研究》2021 年第 5 期。

在法律解释方法分类中，传统的常见做法是将历史解释与目的解释并列起来。但学界并不当然认同这种区分，由此，围绕历史解释与目的解释的区分，引出几个值得追问的难题：历史解释与主观目的解释是不是一回事？目的解释能否简约为客观目的解释？发生学解释与历史解释、主观目的解释究竟是何关系？问题争议的根源，说到底是在研究中把法律解释方法与解释目标问题混淆起来，并且在客观上历史解释与目的解释之间存在难以割舍的关联。因此，应回归到历史解释与目的解释的传统区分。这样既可免去学说中涉及的那些麻烦，也能够让人更清晰、简明地认识这两种法律解释方法。

72. 汪海燕、陶文婷：《刑事案件类案检索机制研究——由解释学检视展开》，《山西大学学报》（哲学社会科学版）2021 年第 5 期。

类案检索机制体现了“类案同判”的公正理念。从解释学考察，相关规定在周延性上存在不足，如类案范围未完全明确、类案价值体现规定不详、类案及相关材料属性不明。由解释学延伸，类案检索既是我国案例指导制度的组成部分，也是被追诉人的一项诉讼权利。在普通案件中，类案检索活动应在庭审辩论与裁判说理的保障下，形成“控方—辩方”“控辩—法院”的多向交流秩序。认罪认罚案件中，若被追诉人基于类案裁判规则撤回“认罚”，法院应当允许且不能作出不利评价；而在法院主动检索并基于检索结果否定量刑建议时，其应向控辩双方履行告知义务，且类案裁判规则的运用须为被追诉人利益。

73. 董坤：《刑事诉讼法解释学：范式转型与体系建构》，《比较法研究》2021 年第 4 期。

新的时期，刑事诉讼法学研究呼唤研究方法的多元并进和研究范式的转型升级。在此背景下，研究者应将法解释学融入刑事诉讼法学研究领域，一方面，通过对法条的语词、逻辑和结构开展大量解释学研究，拉近诉讼理论与实践的距离，控制公权力滥用解释权，检验和规范司法解释等规范性文件的制定；另一方面，在吸收其他部门法既有法解释学研究成果的基础上，从解释对象、解释方法和解释原则等方面构建刑事诉讼法解释学的基本体系。在推进刑事诉讼法解释学的发展过程中，应当注意修法与法律解释的关系，注重解释学对法律修改的智力支持以及对修法的反制影响；同时，还应加强法解释学在如何应对立法不足、填补立法漏洞以及促推理论创新等方面的研究。

74. 王利明：《法律解释学导论》（第三版），法律出版社 2021 年版。

“法无解释不得适用。”在我国社会主义法律体系初步形成以后，我国法治建设所迫切需要的是如何准确解释和适用现有法律。法律解释弥补了法律规范的不足，保持了法律规则的开放性，从而为调整日益复杂的社会关系提供准确的法律适用依据。从体系构成上看，法律解释方法包括狭义的法律解释方法（如文义解释、体系解释、目的解释等）、价值补充方法（包括不确定概念和一般条款的类型化）和法律漏洞填补方法（如类推适用、目的性限缩和目的性扩张等）。本书以上述各种法律解释方法为主线，对各种法律解释方法的适用条件、适用步骤，各种解释方法的适用顺序以及适用中应遵循的规则等展开研究。同时，还大量引用真实案例，以更直观地展示各种法律解释方法的运用过程，对法官、律师、公司法务、其他司法工作者及学生学习法律解释学具有重要的指导和参考价值。

四 经济学

75. 祁大为：《经济学隐喻及其实践方式的解释学维度》，《自然辩证法通讯》2021 年第 11 期。

由于经济学对象不具备与自然科学对象同样的客观性，经济学知识诉求从客观性逐步转向了对象性，这一过程中，经济学隐喻对研究对象的解释潜能在研究者的实践过程中凸显出来。基于此，本文重点阐释了经济学隐喻的实践真理性和经济学隐喻其“理解”的实践方式，论述了经济学隐喻在面对变动不居的经济世界时，展现出了良好的透视力和解释力。

76. 王维平：《解释学视角的〈资本论〉经济哲学研究》，中央编译出版社 2021 年版。

第一，从解释学总体方法的视角切入，分析了《资本论》解释学视角的规定、解释学方法对《资本论》研究的启迪、双向解释学视角对《资本论》的价值挖掘，并侧重从解释学循环和效果历史意识对《资本论》经济哲学思想做了阐释。第二，从哲学视角切入，诠释了《资本论》贯穿的唯物史观和对唯物史观的思想贡献，分析了《资本论》体现的唯物辩证法思想、人学思想。第三，从政治经济学的视角切入，诠释了《资本论》的劳动价值理论、剩余价值学说、资本循环机制理论、虚拟资本理论。第四，从伦理学的视角切入，诠释了《资本论》蕴含的劳动伦理、分配伦理、生态伦理、科技伦理思想及其当代价值。

五 译文、译著

77. ［美］约翰·卡普托：《激进诠释学：重复、解构与诠释学筹划》，李建盛译，北京大学出版社 2021 年版。

《激进诠释学：重复、解构与诠释学筹划》使诠释学和解构主义之间的合作比以往的任何尝试都更加紧密。在约翰·卡普托看来，诠释学意味着没有先验理由的激进思想：在场的形而上学有机会抹平存在的断裂和无常之前关注存在的断裂和无常。卡普托认为解构整体上属于诠释学的筹划。全书内容分为三个部分：第一部分论述克尔凯郭尔的重复与胡塞尔的构成如何融入海德格尔的经典诠释学著作《存在与时间》中。第二部分探讨德里达对胡塞尔和海德格尔探究的激进化。卡普托极力推出一种更激进的海德格尔德里达诠释学解读。第三部分论述激进的思考并不像其批评家所指责的那样是一种虚无主义的操练，而是对我们经验中内在固有的鸿沟和差异的一种更新的警惕。卡普托筹划一种后形而上学理性概念的可能性，一种播散的伦理学，一种从本体—神—逻辑中解放出来的信仰观念。

78. ［美］詹姆斯·里瑟尔：《诠释学与他者的声音——重读伽达默尔的哲学诠释学》，李建盛译，北京大学出版社 2021 年版。

《诠释学与他者的声音——重读伽达默尔的哲学诠释学》论述了哲学诠释学的哲学背景和发展脉络，整体系统地重新解读了伽达默尔的著作，特别是探讨了常常为人们所忽视的伽达默尔的后期著作，细致解释了伽达默尔哲学诠释学中的关键概念，尤其是阐明了批评家们所误解的有限性、实事性、历史性、真理、他者等关键概念。作者不仅追溯了伽达默尔思想的哲学起源，而且提出了具有说服力的思想见解，为初学者和专家提供了具有持久性价值的诠释学指南。

79. ［德］伽达默尔：《伽达默尔著作集》（第 1、2 卷），洪汉鼎译，商务印书馆 2021 年版。

《真理与方法》是伽达默尔的代表作，出版于 1960 年。自它问世以来，不仅西方哲学和美学受到它的重大影响，而且这种影响迅速波及西方的文艺批评理论、历史学、法学和神学等人文社科领域，是当代一部重要的经典哲学著作。本书分为诠释学Ⅰ和诠释学Ⅱ两卷，诠释学I现为《伽达默尔著作集》第 1 卷。本书的副标题为“哲学诠释学的基本特征”。哲学诠释学是在把传统诠释学从方法论和认识论性质的研究转变为本体论性质的研究的过程中产生的。诠释学这种根本性转变的发动者是德国哲学家海德格尔，海德格尔通过对此在的时间性分析，把理解作为此在的存在方式来把握，从而使诠释学由精神科学的方法论转变为一种哲学。伽达默尔秉承海德格尔的本体论转变，把诠释学进一步发展为哲学诠释学。

80. ［德］保罗·利科：《诠释学与人文科学——关于语言、行为与解释的论文集（新译本）》，洪汉鼎译，中国人民大学出版社2021年版。

在这本书中，利科提出了其现象学诠释学的观点，提出了这一观点与其传统前辈们之间的关系及其对社会科学的重要意义。本书分为三个部分：第一部分考察了诠释学的历史、核心主题及其所面临的突出问题。利科在第二部分提出了自己当前的建设性观点。文本概念的提出构成了语言和解释的系统化理论的基础。第三部分探讨的是有关社会学、精神分析和历史等领域中的理论意义。

81. ［美］顾明栋：《诠释学与开放诗学》，陈永国、顾明栋译，商务印书馆2021年版。

本书研究中国的阅读和诠释理论，但由于阅读与书写密不可分，因此，本书又是一部对书写创作的研究。本书除了系统探索中国的阅读诠释理论之外，也重点关注一种在现代西方理论进入中国以前中国人即已发现，并在数千年中不断探索的文化现象。根据西方现代主义和后现代主义的诠释理论，这一现象可被称为"开放性诠释"。当然，古代中国人并没有对这一现象赋予现代的概念性范畴。本书将其核心定义为"诠释的开放性"，对其进行系统的思考，并试图找出有助于建立跨文化的阅读诠释理论与诗学的概念性见解。

82. ［德］Klaus Vieweg：《意识的"自我检验"——作为内在批判的解释》，蒋明磊译，《天津社会科学》2021年第1期。

黑格尔的诠释学原则可以刻画为"内在批判"，以"特定的否定"这种方式解读文本，获得新知。这一原则在《精神现象学》中得到充分的阐述，意识的二元性，更确切地说意识自身的"颠倒"乃是这里的关键。通过对"自我意识的自由"一节特别是其中的怀疑主义的深入剖析，黑格尔自我检验的诠释方法得到了例示。回到黑格尔的视角，有助于我们重新理解哲学与诠释学的关系，对于扬弃方法论诠释学与本体论诠释学的对立以及防止滑入独断论和相对主义也有不少启发意义。

83. ［德］G. 肖尔茨：《哲学诠释学历史中的变革》，《世界哲学》2021 年第 5 期。

20 世纪发生在诠释学领域的争辩，其根源在于理解活动之概念的多义性，而对此多义性的把握，则必须回溯诠释学的发展史。历史地看，诠释学的发展聚焦于两个变革阶段，一是 1800 年左右从启蒙时代到新人本主义的过渡，二是 20 世纪初新的诠释学萌芽之产生及其后效。系统检讨诠释学历史中这两个关键的变革阶段，有助于理解哲学诠释学对传统诠释学的承袭与断裂，以及当代诸种诠释学之间的同一与差异。